山西财经大学统一大市场系列丛书

行政垄断规制与企业投资
——基于《公平竞争审查制度》的准自然实验

杜丽贞　著

中国财经出版传媒集团
中国财政经济出版社

图书在版编目（CIP）数据

行政垄断规制与企业投资：基于《公平竞争审查制度》的准自然实验/杜丽贞著. ——北京：中国财政经济出版社，2023.3

（山西财经大学统一大市场系列丛书）
ISBN 978-7-5223-2013-7

Ⅰ.①行… Ⅱ.①杜… Ⅲ.①市场竞争-检查-规章制度-研究-中国 Ⅳ.①D922.294.4

中国国家版本馆 CIP 数据核字（2023）第 032975 号

责任编辑：孙 琛　　　　　责任校对：徐艳丽
封面设计：王 颖　　　　　责任印制：党 辉

中国财政经济出版社 出版

URL：http://www.cfeph.cn
E-mail：cfeph@cfeph.cn

（版权所有　翻印必究）

社址：北京市海淀区阜成路甲28号　邮政编码：100142
营销中心电话：010-88191522
天猫网店：中国财政经济出版社旗舰店
网址：https://zgczjjcbs.tmall.com
北京财经印刷厂印刷　各地新华书店经销
成品尺寸：170mm×240mm　16开　15印张　208 000字
2023年9月第1版　2023年9月北京第1次印刷
定价：68.00元
ISBN 978-7-5223-2013-7
（图书出现印装问题，本社负责调换，电话：010-88190548）
本社质量投诉电话：010-88190744
打击盗版举报热线：010-88191661　QQ：2242791300

前　言

公平开放的市场竞争环境是市场经济运行的基础保障,是确保市场对资源配置起决定性作用的基石。我国作为典型的转型经济体国家,行政指令式的经济干预仍以多种形式存在于市场环境中,行政审批权限、财政资源支持等在不同程度上造成了我国市场经济中的准入壁垒、要素定价扭曲、资源配置低效化现象。学术界通常将行政权力向市场主体延伸所形成的垄断势力统称为行政垄断。《公平竞争审查制度》的出台旨在对行政垄断予以限制,而行政垄断规制标准则将矛头直接指向以政府为主体的行政垄断行为。《公平竞争审查制度》的实施能否以及如何抑制行政垄断?其抑制行政垄断的过程是否最终引发微观主体的资源配置过程尤其是投资行为与技术进步?这是亟须分析和研究的重要理论与现实问题。

本书基于《公平竞争审查制度》实施的自然实验场景展开研究,探讨行政垄断影响下企业在投资水平、资源配置和技术进步上是否受到公平竞争审查制度的影响。长期以来,我国地方政府之间主要围绕 GDP 展开竞争,投资是促进地方 GDP 增长的重要因素,因而投资是地方政府行政垄断保护的关键内容。与此同时,企业投资是微观市场中的企业参与市场竞争、提高自身竞争力的前提。因此,聚焦企业投资行为的改变,通过相关的经验证据可以有效地验证我国反垄断政策框架下《公平竞争审查制度》的实施效果。

我国微观市场主体层面的垄断从势力来源上可以分为自然垄断、经济垄断和行政垄断。自然垄断的市场势力来源于行业重投资、重资产的特征,经济垄断的市场势力来源于技术领先、竞争获胜,而行政垄断则是行政干预向微观渗透带来的差别化优势。行政垄断因其很难被发现、限制与根除，成为最受争议的垄断形式。行政垄断势力的形成不仅来源于政府直接干预、政府政策支持，也可能形成于政府的"父爱主义"或政企关联。为了探究公平竞争审查制度对行政垄断规制带来的微观影响，本书分别从区域层面、产业层面、企业层面三个层次多个视角进行研究，力求从宏微观层面破解这一难题。具体而言：第一，区域层面。由于以GDP为核心的晋升锦标赛激励着地方政府保护当地企业投资，通过设置壁垒、提供政策扶持、将资金引至易获得国家关注的项目以彰显政绩，客观上易造成过度投资，其背后是行政庇护下的资源输送和决策低风险。公平竞争审查通过限制地方政府不合规的优惠政策，消除区域间准入壁垒等手段切断了地方政府与关联企业的资源输送渠道以及保护路径，其在区域层面是否抑制了行政庇护企业的投资？这是值得关注的话题。第二，产业层面。近年来，在虚拟经济蓬勃发展的背景下，我国的实体经济产能过剩、产业链低端、创新能力不足等导致实体企业的资本流入收益率相对较高的金融、房地产等行业，出现了"脱实向虚"的现象。由于行政权力对经济的不当干预，市场资源往往向庇护企业倾斜，从产业链视角看，下游竞争与上游垄断的格局并存，行政垄断对产业链上游的保护使上游企业资金充裕、投资风险低，导致资金流入金融领域，甚至自身成为影子银行将信贷资金进行二次配置。过量的企业资金已然成为金融化的推手，《公平竞争审查制度》是否能够通过切断企业低成本资金获取渠道来实现抑制企业金融化的作用？这是值得探究的问题。第三，企业层面。研发投入是一个企业立足于市场竞争的核心与关键。行政垄断的保护既给予了企业足够的资金用于企业研发创新，同时也削弱了企业通过研发获得市场竞争力的意愿。公平竞争审查是否会对行政垄断庇护下的企业研发投入产生影响，是刺激竞争增加其研发投入获取市场竞争力，还是风险增加挤出了长期研发投入以应对风险？从微观上又是否通过切断资源输送或者提升竞争威胁的方式来改变企业投资决策？这是值得深究的问题。

本书的主要研究结论如下：

第一，从区域层面看，行政垄断程度与区域投资水平呈现高度正相关，而《公平竞争审查制度》的实施对行政垄断较高地区的投资产生了较强的相对抑制作用。与此同时，异质性研究结果表明，《公平竞争审查制度》实施对高行政垄断地区企业投资的抑制作用在过度投资水平较高、全要素生产率较低、市场集中度较高、市场化进程较低、利润较高、收入较为稳定、政府补贴较多、融资约束较低以及银行借款较多的企业样本中更为显著。表明当企业受行政庇护程度更高、企业所在的市场机制越不完善以及企业的内外源融资较为充沛时，公平竞争审查制度对高行政垄断地区企业投资水平起到了更为显著的抑制作用。这不仅验证了行政垄断的确是通过市场壁垒、利益与资源输送以形成行政垄断最终促进了企业投资，而且进一步验证了公平竞争审查对这些渠道均有良好的治理效应。

第二，从产业层面看，企业越处于产业链上游，其金融化水平越高，《公平竞争审查制度》的实施会对上游垄断企业带来更强的金融化抑制作用。异质性研究发现，《公平竞争审查制度》实施后，受行政庇护企业的资金优势逐渐消失，此类企业的融资约束程度显著提高，能够获得的财政补贴以及能够从银行获得的超额贷款也大幅降低，具体表现为当企业所在组的融资约束程度较高、财政补贴较高以及超额银行借款较多时，公平竞争审查对上游企业金融化的抑制效应更加显著。渠道检验结果显示，与下游企业相比较，《公平竞争审查制度》实施后上游企业的应收账款净额显著降低，企业信贷资源的二次配置显著收紧，现金持有量也显著增加，由此表明公平竞争审查切断了上游企业的行政庇护，提高了此类企业面临的市场竞争和可持续经营的风险，从而迫使上游垄断企业的管理层通过减持金融资产提高企业的自由现金流。

第三，从企业层面看，《公平竞争审查制度》对受行政庇护企业的研发投入具有更高的相对抑制作用，且这种作用是风险增加产生的挤出效应。当企业所在地区的区域分割指数较高、企业规模较小时，这种挤出效应更为显著。渠道检验结果显示，与没有行政垄断保护或行政保护程度较低的企业相比较，行政保护程度较高的企业在《公平竞争审查制度》实施后市场势力下降得更多，经营风险增加得更快，从而导致此类企业的管理层通过削减长期研发支出的方式增加企业的自由现金流，以降低企业短期资金匮乏引起的破产风险。

第四，无论是企业投资总量还是具体到投资对象，投资问题在本质上仍然是风险和资金的问题，本书发现，公平竞争审查制度的确是通过影响行政垄断庇护企业的风险水平与资金支持来阻断政府对企业投资的扶持。这种阻断虽然针对庇护企业而言属于不利因素，但从长期来看，却有利于市场恢复价格机制和竞争机制，发挥资源配置基础功能。

本书的创新点在于：

第一，研究视角的创新。系统性地探讨与研究了中国背景下公平竞争审查对微观影响的路径。不同于既有法学相关研究从制度层面的探讨，而以企业为切入点研究行政垄断规制的影响。"中国问题"的复杂性与无可借鉴性决定了研究中国问题需要以更高维度、更综合的交叉学科视角寻求解决方案。深化社会主义市场经济体制改革，对于西方经济理论和法学理论来说，均难以适用于我国国有经济比重高、产业政策与调控频繁的转型经济体背景，"摸着石头过河"的中国改革实践需要有适应我国国情的学术理论出现。本书结合了宏观与微观视角，综合采用法学、经济学和会计学的跨学科交叉研究范式，结合我国行政垄断与行政过度干预的背景，对公平竞争审查的微观影响进行了详细的理论分析与阐述，明确了其影响的微观路径，为公平竞争审查的进一步实施与完善提供了新的经验支持。

第二，研究内容的创新。弥补了公平竞争审查相关实证研究领域的不足。行政垄断规制如何影响企业投资行为尚未有明确的答案，本书以公平竞争审查为切入点研究，丰富反垄断领域研究。竞争政策如何改变行政垄断的运行机制未能得到完善的理论回答，既有研究多数围绕市场结构、市场垄断展开研究，但我国的市场结构并不仅仅是垄断地位影响所形成，还有行政干预导致的，不仅表现为行政直接干预还表现为通过国企、政治关联干预经济，在这一背景下，反垄断领域的内容不再是简单的市场结构问题，而是体制机制问题。公平竞争审查制度属于反垄断宏观布局中的重要一环，法学研究在理论探讨上已有长足的发展，但少有以量化实证的研究方法分析制度微观效果，制度实施绩效也缺乏应有的经验评估证据。本书的研究成果正是对反垄断领域的经验补充，不仅丰富了反垄断框架的内容，也为进一步改进反垄断政策提供充分的理论依据和经验证据。

第三，研究方法的创新。创新性地将公平竞争审查制度应用于微观场景并解决内生性问题。不同于一般反垄断领域的实证研究，本书以公平竞争审查实施的准自然实验场景展开研究，基本克服了该领域实证研究难以解决的内生性问题。公平竞争审查制度的实施为本研究提供了绝佳的准自然实验契机，使本书能够将研究深度拓展至如何限制行政垄断以及规制政策如何影响微观主体行为的层面。因果推断历来是实证研究的难题，外生事件冲击将提供极为宝贵的研究场景，公平竞争审查制度实施在实证研究设计上优于反垄断法实施的地方在于，规避了2008年金融危机的影响且2016年实施后至2020年疫情发生前刚好有完整的3年时间，满足了多重差分DID模型的应用要求。与此同时，创新性地结合倾向匹配得分、固定效应模型等能够缓解内生性的方法应用，强化本书的因果推断，将极大地增强本书研究结论的可信度与政策价值。

本书的局限性在于未能获取每年因审查而修订、撤销的政策数量的数据，这使得本书的研究深度和广度上受限。此外，由于DID模型设定要求外生冲击具备严格的外生性，其产生的冲击分组也应当具备外生性质，但是公平竞争审查制度从实施层面无法获得性质优良的分组，本书只能从行政垄断程度的视角推断企业被庇护的可能性，这也是本书可能的研究局限。

未来在公平竞争审查领域可以进一步探讨的方向有：（1）《公平竞争审查制度》如何影响要素市场流动以及要素价格扭曲，要素向企业传导将直接影响企业的经营成本；（2）《公平竞争审查》的第三方评估制度如何实施及其对企业的传导机制与微观影响；（3）在获取更深层次研究数据的基础上应用因果推断更为明确的研究方法（比如断点回归法），强化因果的同时引入新的视角探讨公平竞争审查的微观影响问题；（4）获取关于政府政策文件清理的相关数据，形成独特且明确的识别机制将有助于推动公平竞争审查研究下向纵深发展。

作者
2023 年 1 月

目 录

第1章 绪论 ……………………………………………（ 1 ）
  1.1 研究背景和意义 ……………………………………（ 1 ）
  1.2 文献综述 ……………………………………………（ 8 ）
  1.3 研究目标和研究内容 ………………………………（ 19 ）
  1.4 研究思路、技术路线与方法 ………………………（ 22 ）
  1.5 研究创新 ……………………………………………（ 25 ）

第2章 概念界定与理论基础 …………………………（ 28 ）
  2.1 概念界定 ……………………………………………（ 28 ）
  2.2 理论基础 ……………………………………………（ 45 ）
  2.3 本章小结 ……………………………………………（ 56 ）

第3章 制度背景分析 …………………………………（ 58 ）
  3.1 公平竞争审查制度的历史沿革 ……………………（ 58 ）
  3.2 公平竞争审查制度的制度设计优势 ………………（ 61 ）
  3.3 公平竞争审查制度的核心内容剖析 ………………（ 62 ）
  3.4 公平竞争审查制度的经济效应 ……………………（ 65 ）
  3.5 本章小结 ……………………………………………（ 73 ）

第4章 行政垄断规制与企业投资水平 ………………（ 74 ）
  4.1 问题的提出 …………………………………………（ 74 ）

  4.2 理论分析与研究假设 ……………………………………（78）
  4.3 研究设计 …………………………………………………（82）
  4.4 实证检验与结果分析 ……………………………………（87）
  4.5 本章小结 …………………………………………………（106）

第 5 章 行政垄断规制与金融资产配置 ……………………………（107）
  5.1 问题的提出 ………………………………………………（107）
  5.2 理论分析与研究假设 ……………………………………（111）
  5.3 研究设计 …………………………………………………（117）
  5.4 实证检验与结果分析 ……………………………………（121）
  5.5 本章小结 …………………………………………………（149）

第 6 章 行政垄断规制与企业研发投入 ……………………………（151）
  6.1 问题的提出 ………………………………………………（151）
  6.2 理论分析与研究假设 ……………………………………（155）
  6.3 研究设计 …………………………………………………（161）
  6.4 实证检验与结果分析 ……………………………………（166）
  6.5 本章小结 …………………………………………………（190）

第 7 章 研究结论与政策建议 ………………………………………（191）
  7.1 研究结论 …………………………………………………（191）
  7.2 政策建议 …………………………………………………（193）
  7.3 研究局限与未来展望 ……………………………………（197）

参考文献 ……………………………………………………………………（198）

第1章 绪 论

1.1 研究背景和意义

1.1.1 研究背景

"强化反垄断、深入推进公平竞争政策实施,是完善社会主义市场经济体制的内在要求"(习近平,2021)[1],公平、有序的竞争环境是市场经济体制的核心,除了维护好市场竞争秩序,更重要的是处理好政府与市场的关系,促进全面深化市场经济体制改革的目标实现。正确处理政府与市场关系,本质在于多大程度、多大范围地实现市场在资源配置起决定性作用的问题;关键在于有效厘清政府这只"看得见的手"在市场关系中既是裁判员又是运动员的角色。政府通过行政手段不当干预经济或市场主体,形成的行政垄断现象通常是经济效率提升的最大障碍。

当前我国已经在多数竞争领域实现了完全市场化,但是看得见、进不去的"玻璃门"现象仍广泛存在。从宏观上看,在我国现行的"强政府"型的经济运行体系中,政府虽多次强调深化市场经济体制改革、强化市场在资源配置中起决定性作用的鲜明目标,但政府不可避免地使用各种政策手段诸如税收政策、货币政策、产业政策等干预市场和微观主体,客观上或出现有损于市场竞争,降低市场主体运行活力、市场定价机制异化(陈林等,2016)[2]、资源配置效率不高的问题。从微观上看,以 GDP 为核心考核目标的地方政府官员在"政治锦标赛"作用下有很强的外在动机去实行地方保护（银温泉和才婉茹，2001；于良春和余东华，2009）[3][4]，通过设置准入与准出限制，导致一定程度的市场分割（范剑勇和林云，2011）[5]，如设定歧视性标准、限制商品要素流通、区域封锁、不当干预企业经营、不当优惠政策、设置行业壁垒和保护企业垄断等。从全局和长远利益看，这些均会扭曲市场配置资源的作用（罗富政和罗能生，2019）[6]，扭曲价格形成机制（谢攀和林致远，2016）[7]，提高制度性交易成本，造成消费者福利损失（郑毓盛和李崇高，2003；刘培林，2005）[8][9]，抑制社会创新活力。此外，行政干预市场的方式已从早年的直接设卡限制商品流动，向出台地方性的规章、制度、条例等形成行政性地方准入准出壁垒转变，这一更为隐蔽的方式在圈定经济利益的同时也形成了行政垄断下的地方保护。已有研究发现，行政垄断是妨碍企业效率提升、地区产能重复配置、阻碍企业创新的重要原因（于良春和张伟，2010；孙早等，2014；杨继东和罗路宝，2018；王彦超和蒋亚含，2020）[10-13]。

我国的市场经济体制脱胎于计划经济，行政化色彩难以从市场经济体制中完全抹去，虽然在某些涉及国民生计的关键领域，或出于宏观经济健康发展考虑需要发挥政府之手的功能，但行政垄断已在很大程度上影响了部分企业的生存和发展。天则经济研究所发布的研究报告《中国行政性垄断的原因、行为与破除》指出[14]，通过对电信产业、石油产业、食盐业、石油产业地租、石油产业资源租、石油产业融资成本、银行业、铁路业等多个行业、多种类型的社会福利损失进行分类估算，认为2010年由行政性垄断带来的社会福利损失至少有18965亿元。万学忠（2016）[15]认为在2015年因行政垄断造成的效率损失约为20000亿至33500亿元，约占国内生产总值的3%—5%。上述社会福利损失通常通过三个渠道形成：第一，市场占优地位的市场垄断引发的价格提高、产量减少所带来的福利净损失；第二，行政管制下的卖方高价，导致社会福利由消费者向垄断企业集中；第三，行政管制下的买方低价，导致社会福利由资源所有者向垄断企业集中（天则经济研究所，2013）[14]。这种资源和经济利益的流向并不是朝着行业内拥有领先技术、占领创新优势的企业，而是流向拥有行政垄断庇护的、与行政权力亲密的企业，若企业需要支付与生产经营无关的"非生产性成本"，那么，其用于生产和创新的资源投入就会被挤占，若企业能以较小的非生产性资源投入换取较高的企业利润，那么企业将缺乏创新的内生动力（万华林，2011）[16]。这种市场机制的异化，导致资源要素分配的异化、定价机制的扭曲，从根源上抑制了市场竞争机制和价格机制调节作用的发挥，而且弱势企业很难通过时间的推移以及技术、人员、资金等条件的改善来改变市场地位，难以摆脱逆向淘汰的命运。因此，行政垄断不仅会在宏观上造成社会福利损失，还会影响微观企业配置资源的动机，进而影响企业行为（Akdoğu 和 MacKay，2008；张卫国等，2011；王永进和施炳展，2014；杨继生和阳建辉，2015）[17-20]。

公平竞争审查制度是反垄断框架下针对行政垄断的"一剂猛药"。公平、有序的市场环境已然成为企业生存的迫切需求。2008 年实施的《中华人民共和国反垄断法》（以下简称《反垄断法》）已在充分竞争领域发挥了重要作用，但其仍难以触及体量庞大的行政垄断领域。有效的竞争政策不仅要对市场中限制竞争行为予以规制，还要对政府干预市场竞争行为予以防范。公平竞争审查制度这一破除行政垄断利器应势而生，2016 年 6 月正式发布的《关于在市场体系中建立公平竞争审查的意见》（国发 2016〔34〕号），要求在全国范围内建立公平竞争审查制度。公平竞争审查制度旨在解决特殊背景下市场对资源配置的效率问题。"晋升锦标赛"的特殊背景造就了地方政府之间的竞争围绕 GDP 展开，而拉动经济增长的重要手段之一便是投资，且对地方政府而言更易操控。自分税制改革之后，地方政府的自由裁量权既造就了锦标赛背景下的"中国经济增长奇迹"，又形成了大量的要素价格扭曲、低效投资、过剩产能、过高杠杆等问题，其背后均是政府挥动"投资指挥棒"的结果。具体而言：

第一，投资是地方政府拉动经济增长的工具，也是行政垄断实施地方保护的关键所在。政府结构与权力约束将影响经济增长（Shleifer 和 Vishny，1993；De Long 和 Shleifei，1993；La Porta 等，1998）[21-23]，而公平竞争审查目标正是约束政府的不当经济干预行为，尤其是改变长久以来"晋升锦标赛"体制下的政企投资动机。地方政府往往通过引导当地企业投资或限制股权转让、异地投资等方式圈定地方经济利益，以巩固政治业绩，企业也同样以此方式获取政府补贴、低价要素资源（如土地）、政府审批优惠等，甚至地方政府通过先征税、后补贴返还的方式干涉企业资源配置过程以获得建设资金的支持（Chen 等，2017）[24]。公平竞争审查可以切断地方政府通过违规补贴、违规返税等手段变相支持企业、引导企业实现政府投资目标的渠道，改变原有的政企关系，约束政府过度干预经济的行为。

第二，投资领域是地方政府无序竞争的重灾领域，也是供给侧结构性改革的重点内容之一。2015 年 12 月 18 日中央经济工作会议提出"三去一降一补"任务部署，即去产能、去库存、去杠杆、降成本、补短板五大任务。无序投资形成的过剩产能、过度泛滥的"父爱主义"导致的僵尸企业等问题成为解决中国发展"效率"问题的桎梏。产能过剩问题的背后是资源的无序错配，是投资效率低下的直接反映。由于我国地方政府与企业之间存在千丝万缕的关系，企业未必选择以利润最大化的方式进行生产，以忽视投资风险、产业规律的方式支持地方政府竞争，忽视了地方的比较优势，造成重复投资、过度投资（张亚斌等，2018）[25]，导致各项要素在行政垄断干预下无法配置给效率最优的主体，而是流向了"权力"主体。清理过剩产能只是针对已有投资结果的"亡羊补牢"，而公平竞争审查则能真正改变政府通过行政手段向企业持续输血的局面，从源头上约束政府行为，是推进供给侧结构性改革向纵深发展的利器。

从宏观产业层面上看，政府行为与投资有着密切的关联，已是不争的事实。但是，在微观企业层面，公平竞争审查对政府行为的约束如何向企业投资层面传导，却未能得到充分的研究。既有研究仍处于制度设计层面，探讨如何改进审查形式、审查对象、责任落实等从而形成更完善的顶层设计（张占江和戚剑英，2018；侯志强，2019；袁日新，2019）[26-28]，而缺乏实行公平竞争审查对微观企业投资的相关研究。虽然已有研究指出，公平竞争审查出台于去杠杆、去产能的宏观背景之下，其对无序的产能构建、低下的投资效率均有着良好的治理效果（刘斌和赖洁基，2021）[29]，从源头上对行政权力予以约束有助于促进竞争并实现资源的优化配置，但是在微观企业层面如何解释无序投资的形成？企业在行政垄断的助推或干预下如何背离利润最大化目标？行政垄断如何扭曲市场资源的供给从而改变微观投资行为？这些问题均未得到有效回答。因此，探究公平竞争审查的微观经济效果，应明确公平竞争审查对微观企业的影响方式与路径，公平竞争审查制度通过哪些渠道和机制影响微观企业行为？当企业面临外部竞争环境的改善时，将如何调整自身的资产配置、投资机会利用等投资行为以应对竞争？公平竞争审查制度是否提升了微观企业的资源配置效率？是否改变了企业短期逐利向长期价值增长的投资理念？这些问题的背后是深刻的"政府—企业—市场"三者之间的博弈与约束过程，本书试图从《公平竞争审查制度》应对行政垄断作为切入点，从微观企业投资角度来回答公平竞争审查实施所带来的微观经济后果，并据此以期为引导实体企业发展、资源配置效率提升、投资结构调整与优化提供理论依据。

1.1.2 研究意义

（1）理论意义。

第一，为中国特色的转型经济理论提供有益探索。既有研究视角集中在市场竞争如何优化配置资源（Schumpeter，1942；Arrow，1962；Aghion等，2005）[30-32]、市场结构如何影响经济效率（张杰等，2014；刘放等，2016；张莉等，2019；孙洁和殷方圆，2020）[33-36]等，这些市场结构层面的宏观研究往往是以完全竞争为基准的，西方经济理论与法学理论均难以适用于我国国有经济比重高、产业政策与调控频繁的转型经济体背景，"摸着石头过河"的中国改革实践需要有适应我国国情的学术理论出现，本研究完全立足于中国市场经济体制改革实践，通过宏微观结合探讨反垄断框架下《公平竞争审查制度》的微观经济后果，研究竞争政策在与产业政策、地方保护主义角逐时，是否真正矫正了资源的"权力流向"带来微观层面的效率提升,是否有效地改变了微观企业的动态资源配置过程,学术界对此研究并不充分且缺乏中国证据,尤其是作为转型经济体国家,竞争政策如何更有效运行、如何与产业政策协调、如何合理界定"政企市"边界少有理论支撑,本研究将为这些理论形成提供研究基础与新的视角。

第二,丰富了竞争政策如何约束政府行为的研究成果。行政垄断是中国特有的概念,既包括政府的直接经济干预(如设立限制性准入标准),也包括政府的间接经济干预(如不当政府补贴),我国经济构成的特殊性决定了反行政垄断的研究必然带有鲜明的中国特色和转型经济特征。既有研究对行政垄断的成因和后果的探讨比较丰富,形成了社会转型理论(郑红娥,2003;郑杭生,2009;徐士英,2015)[37-39]、制度经济理论体系(Coase,1960;张五常,2015)[40][41],但对如何限制行政垄断的探讨却较少,即竞争政策如何改变行政垄断的运行机制未能得到完善的理论回答。公平竞争审查制度的实施为这个话题提供了绝佳的实证研究契机,使本书能够将研究深度拓展至如何限制行政垄断以及规制政策如何影响微观主体行为的层面,在丰富社会转型理论和制度经济学微观视角的同时,也能弥补公平竞争审查微观经济后果相关实证研究的欠缺。更进一步地,结合宏观背景探索公平竞争审查制度的微观影响机制与路径,将为我国进一步市场经济体制改革和经济结构转型提供重要的文献资料。

第三,丰富了行政庇护下企业投资行为动机的相关文献。企业缘何放弃利润最大化目标而去投资于未来前景堪忧的项目?技术领先企业缘何难以超越行政庇护企业?这些问题的本质都是政府行政干预带来的市场资源分配的结构性异化结果,在位企业往往以投资的方式支付大量的非生产性成本,以获取政府提供的资源与便利,这种资源壁垒是弱势企业难以逾越的制度性鸿沟。本书研究发现,公平竞争审查对行政垄断规制的微观影响支持这一资源观,即行政垄断下优势企业往往是通过政府庇护获取大量的信贷资源、政府补贴、低价要素等,而这些资源的倾斜造成了市场中不同企业的"贫富不均",资源被配给给了"非最优效率"主体,既造成了这些主体的创新僵化,也引发了投资效率问题,在宏观上表现为区域间的资源重复配置。当公平竞争审查切断"政府扶持"的手段后，企业将面临巨大的经营风险（市场竞争加剧）、投资风险（项目风险加剧）和资金风险（融资约束）。这说明了政府通过公平竞争审查的自我约束能够削减这一资源性壁垒，既可以改变在位企业盲目听从政府指挥的投资行为，也可以通过向市场平等地释放资源以促进资源向效率企业的流动。本书丰富了企业投资行为的相关研究，为投资非理性动机提供了经验证据。

（2）现实意义。

第一，为发挥市场对资源配置的决定性作用提供了现实路径。我国的市场经济体制脱胎于计划经济，行政化色彩难以从市场经济体制中完全抹去。"双轨制"运行下的资源和经济利益并不是流向行业内拥有领先技术、占领创新优势的企业，而是流向拥有行政垄断庇护的、与行政权力亲密的企业。这种市场机制的异化，导致资源要素分配的异化、定价机制的扭曲，从根源上抑制了市场竞争机制和价格机制作用的发挥，本研究重新将发挥市场作用的努力聚焦于政府本身，认为政府干预市场、微观主体的工具"行政规章、制度"也应当是政府治理的内容之一，民间投资增速的持续放缓，本质上是行政过度干预的直接结果，约束政府行为是理顺"政企市"关系的重中之重，尤其是政府有选择性的补贴支持、信贷倾斜、低价生产要素等，这些均是应当被约束或治理的内容，公平竞争审查的实施为这一自我约束提供了良好的开端，为发挥市场对资源配置的决定性作用提供了可行的现实路径。

第二，为竞争政策的全局评估提供经验支持与启示。近年我国经济总体发展平稳、疫情管控行之有效，但在供给侧结构性改革深化的宏观背景下更需要关注国内产能过剩和需求结构升级矛盾突出、经济增长内生动力不足、金融风险有所积聚等问题（李晓超，2017）[42]。因此，深化建设多层次资本市场体系、促进金融服务实体、推动实体经济高效和高质量发展成为必然的发展需求。一方面经济平稳增长的背后是结构性矛盾突出的现状，另一方面我国经济发展质量偏低、技术贡献率的长期不足均使得经济发展处于动能不足、风险累积的状态。虽然行政干预经济或微观主体行为在某些特定时期或特定场景能够发挥奇效（如疫情防控、国企赈灾等），但随着经济发展，不当干预、地方保护带来的"局部最优"往往是整个国家在支付高昂的社会成本，例如忽视比较优势重复构建产能。当地方政府未建立起全局的价值判断标准，那么"预防性"的公平竞争审查制度就十分必要，而其微观实施效果的评估便更具有政策启示性。本研究对公平竞争审查制度的微观考察具有重要的现实意义与政策价值，一方面研究成果有助于为政府提供市场经济体制改革中竞争政策的评估提供现实依据，另一方面也可以为进一步促进开放竞争、引导金融支持实体、协调产业政策和竞争政策提供新的启示。

第三，为改变企业"行政化"动机提供了可行的解决方案。本研究发现，在微观视角下，行政垄断或政府庇护在强政府关系中并非牢不可破，其关键在于提高获取资源的制度性成本，当为获取资源所支付的制度性成本超过所获取的资源时，其所盘踞的垄断性利润将被平等地在市场中释放。正如公平竞争审查制度的实施，其带来的是企业资源输送渠道的切断、外部竞争与经营风险的加剧，这些变化均增加了企业获取政府资源的制度性成本，尤其是企业面临生存威胁时，更无法继续维持"行政化"角色，转而集中一切资源应对市场风险，改变投资行为和投资决策。因而，本研究既从微观上展现了行政庇护并非牢不可破的事实，也给出了基本的行动方案，即提高政府资源获取的制度性成本，尤其是将受庇护企业的获取成本提高到与其他企业持平的地步，只有这样才能真正改变"政企市"之间扭曲的关系，才能真正将资源分配给效率最优的主体。

1.2 文献综述

市场结构的两个极端分别是完全竞争和完全垄断，而竞争政策的作用就是让市场从垄断走向竞争。既有大量的研究基于"完全竞争"假设，更多的是基于市场集中程度带来的微观影响。因此，市场结构的微观影响就是竞争政策着重调节的对象，"市场结构与微观企业行为"部分更侧重市场集中程度带来的微观影响,属于市场地位而非权力来源的研究。从市场势力来源来看,垄断可以被分为经济垄断、自然垄断和行政垄断,行政垄断是政府对经济干预带来的结果,于是"行政垄断与微观企业行为"更侧重于垄断形成动因及其带来的影响。下面本研究开始对上述文献分支进行回顾和述评。

1.2.1　市场结构与微观企业行为的相关研究

市场结构是影响企业微观行为的重要影响因素。垄断或竞争两种截然相反的市场结构,对于企业资源配置效率、主体经济活力、企业微观投资行为将产生重大的影响。

竞争和垄断是市场结构的两个相反特征。古典经济学派认为,竞争是社会经济增长的内生动力,完全竞争有利于市场资源配置效率提升,而垄断则会损害社会福利。学者从不同侧面研究了垄断的微观影响(Qian 和 Ronald,1998;Young,2000)[43][44],认为垄断会影响企业的融资成本(王弟海,2011;罗婧,2013;芮红霞,2018)[45-47]、创新效率(Arrow,1962;Williamson,1965)[48][49]、生产效率(马甜,2010;简泽,2011;盖庆恩等,2015)[50-52],甚至影响出口生产率(盛丹,2013;史长宽和梁会君,2013)[53][54]。在实证研究中,市场集中度是较为常用的、用于度量市场结构的指标,也有文献将市场集中度作为垄断的代理指标,但这类研究往往难以探讨因果效应,总体来看机制探讨有待加深。因此,梳理市场结构与微观企业行为的相关文献有助于进一步推进这一领域的研究。

(1)市场结构与企业融资成本相关研究。

在激烈竞争的市场环境中,企业所面临的风险往往和竞争程度成正比,竞争越激烈企业的未来现金流风险就会越大,这会影响银行贷款决策,调整贷款利率大小(MacKay 和 Phillips,2005)[55],增加融资难度(Bénabou 和 Tirole,2006;余明桂和潘红波,2010)[56][57],最终影响企业绩效(Raith,2003;Jung 和 Subramanian,2017)[58][59]。也有学者从特质波动率出发,研究发现随着竞争程度的加剧,企业面临收益不确定性增加并加剧了企业股价的波动，特质波动率也越大（Gaspar 和 Massa，2006；Ferreira 和 Laux，2007；Irvine 和 Pontiff，2009）[60-62]，这种风险波动会增加企业融资难度、提高融资成本并迫使企业寻求更多的融资路径（孔东民等，2013；Bena 和 Xu，2017）[63][64]。Povel 和 Raith（2004）[65]从破产风险角度研究，认为市场竞争会加剧企业破产风险，持续经营或未来收益会受到挑战，引发银行或资金方的偿债能力担忧，增加企业的融资约束。Pontuch（2011）[66]将行业竞争作为调节变量，研究宏观经济环境对企业融资带来的影响，发现当宏观经济萧条时企业只能进行内源融资，此时若行业竞争越激烈，企业面临的资金困境就会越严重。因此，市场竞争程度越高将加剧企业的未来现金流风险、增加风险特质波动率甚至影响持续经营，银行等资金方会将企业的这类风险纳入贷款考量，采取增加利率或惜贷行为，导致企业融资成本和融资约束上升。

（2）市场结构与企业创新投资相关研究。

一般而言，竞争必然会促进创新，但已有研究表明，竞争既有可能促进企业创新（Nickell，1996）[67]，也有可能抑制企业创新（Aghion 和 Howitt，1992）[68]，这实际上与熊彼特效应（Schumpeterian Effect）和竞争逃逸效应（Escape-competition Effect）有关（Peneder，2012）[69]。熊彼特（Schumpeter，1942）[30]指出，完全竞争市场未必是个竞争友好的市场，企业创新需要大量的内源融资，完全竞争会消耗掉企业的超额收益，使所有生产者都只能获得平均利润率，但若市场中存在垄断企业，其可以凭借市场地位和规模优势获取超额利润，同时获取内外部融资，其风险承担能力远超小企业，因而创新能力也会更高，但为了不破坏原有的垄断利润，垄断企业往往不愿意创新，这就是熊彼特效应。而竞争逃逸效应是指，当企业处于完全竞争的环境，它会因为避免或者逃避竞争而选择努力创新，其创新努力会远远超过非竞争环境。正是由于这两种效应的共存，跟进研究的许多学者发现了竞争与创新之间呈现了一种非线性或倒"U"形关系（Scherer，1967；Levin 等，1985；Scott，1984；Aghion 等，2005）[70-73]。实际上，这两种效应分别从创新能力和创新意愿两个视角解释了市场结构对创新的影响,这也为后续对于创新行为的研究提供了可行的方法论,学者分别从研发技术能力(Derrien 等,2018;虞义华等,2018;Anelli 等,2019;何瑛等,2019)[74-77]和研发融资能力(Herrera 和 Minetti,2007;Amore 等,2013;Chava 等,2013;Hsu 等,2014)[78-81]等研发投入能力视角以及从管理层动机(Fu 等,2012;He 和 Tian,2013;Fang 等,2014;Tan 等,2015;Bernstein,2015;田轩和孟清扬,2018)[82-87]、利益相关者(Agarwal 等,2018;李常青等,2018)[88][89]和管理短视(Manso,2011;Tian 和 Wang,2014;Luong 等,2017)[90-92]等研发投入意愿视角开展了广泛的研究。

除了直接研究竞争与创新关系以外,国内外学者分别从产品市场、技术市场、金融市场等外部环境出发研究市场结构对创新的影响。在产品市场方面,行业竞争结构可能会对企业的创新行为产生影响(Hashmi,2013;张杰等,2014)[93][94],当处于一个技术差距小、竞争激烈的行业,企业会更有动力增加产品差异度、提高产品质量来与对手产品进行区分,从而促进创新;但若处于一个技术差距大、行业领先者远远超过其他竞争对手的行业,垄断企业获得的超额利润会推动提供研发支持的资金,垄断利润将转变为研发动机,此时竞争就会阻碍创新。在上下游的中间品市场中,我国上游垄断严重而下游基本已经实现自由竞争(吕云龙和吕越,2018)[95],正是因为这种上下游结构导致上游垄断阻碍了下游企业创新,这种影响还受到下游竞争程度的影响(王永进和施炳展,2014)[19]。在技术市场方面,企业之间的研发存在一定的技术外溢、研发竞争现象,即企业在研发创新过程中,不仅会关注自身知识积累带来的创新产出,还会因为竞争对手的知识外溢调整自身的研发策略(Grossman 和 Shapiro,1987)[96]。这种技术溢出会导致领先企业因技术被模仿而失去创新的动力(张杰等,2007)[97],但更好的宏观环境、辅助创新条件等会带来正向的环境激励作用(杨风,2016)[98]。在金融市场方面,创新是一项高风险投资项目,需要有持续、大量的资金支持,而银行信贷就成为企业外部融资的重要渠道。被政府管控的信贷配给过程将会对企业创新产生重要的影响

(Ayyagari等，2010）[99]，如我国的国有银行垄断地位会产生客户选择的所有制倾向，导致资金配给向效率相对低下的国有企业倾斜，造成技术创新上的全局效率损失（齐兰和王业斌，2013）[100]。更有学者认为，抵押物规模小、经营风险高、无政企关联的民营企业面临诸多信贷歧视（Allen等，2005）[101]，但其却是技术创新力和成长能力最高的企业（祝继高和陆正飞，2011；魏志华等，2014）[102][103]。随着我国金融市场的改革和逐渐放松管制，银行业结构也从垄断向竞争转变，降低了企业利用垄断地位获取信贷优惠的可能（叶欣等，2001；齐兰和王业斌，2013）[100][104]、信贷成本降低与信贷可得性提高（蔡竞和董艳，2016）[105]。

总的来看，竞争与创新并非线性的正相关或负相关关系，其受到企业创新投入的能力与意愿两个方面的制约，相对竞争的产品市场结构、中间品市场结构都有可能促进企业创新，同时企业之间存在知识外溢和研发竞争关系，随着金融管制的改革与放松，信贷支持将更有利于提高企业的创新能力与意愿。

（3）市场结构与要素生产效率相关研究。

诸多研究表明，竞争会促进企业提高生产率，而垄断或扭曲的市场结构会损害企业生产率（刘小玄等，2008）[106]，市场竞争带来的生产率差异会引发跨企业再配置资源，企业层面资源配置效率的提升是整个产业生产率增长的源泉（简泽，2011）[51]，市场竞争的微观效率促进作用也表现为市场化进程对经济增长的贡献，樊纲等（2011）[107]研究发现了1997—2007年全要素生产率39.2%来自于市场化进程的推进。也有一些学者从市场结构的动态变化探讨竞争带来的生产率改变，使用国家贸易开放的场景进行探究。如Lu和Yu（2015）[108]认为贸易自由化增加了进口产品种类和数量的同时，也增加了国内市场的竞争（Bloom等，2016）[109]，这种竞争的增加会进一步影响企业创新行为从而提高企业生产率水平（陈维涛等，2018）[110]。也有研究发现，关税减免会让国内企业面临高质低价的竞争性进口商品，失去竞争力的企业将更不愿意投资研发导致研发产出和生产率的下降（刘晓宁和刘磊，2015）[111]。部分学者以产业政策的竞争考量为视角，探讨竞争在产业政策影响中的调节性作用。如张莉等（2017）[112]研究发现，企业全要素生产率与重点产业政策扶持负相关，随着市场机制的完善和要素扭曲的改善，重点产业政策的负面作用会被抑制。同样地，李骏等（2017）[113]指出，应当在产业政策中强调行业竞争，改善产业政策对行业全要素生产率的抑制作用，而在行业内部应当强调分配公平，越公平的资源分配机制越有利于要素生产率的提高。因此，总的来看，竞争会促进企业全要素生产率的提高，无论是贸易开放还是产业政策协调，竞争所带来的资源配置效率的提升都会成为产业增长率的动力源泉。

1.2.2 行政垄断与微观企业行为的相关研究

（1）行政垄断的形成动因。

国内学界对于行政垄断的定义与西方经济学界的"国家授予垄断"有着明显的概念区别。如陈林和朱卫平（2012）[114]指出，行政垄断是行政权力对竞争的限制和排斥，其行为主体是行政机关。《反垄断法》第五章标题直接将行政垄断的内涵限定在"机关和公共事务管理组织滥用行政权力排除、限制竞争"。可见，行政垄断是行政机关的权力滥用行为，但是这种滥用行为在市场层面却有更多超越其狭义内涵的表现形式。一方面，行政垄断直接表现为对市场的干预，这种干预已从早年的保护本地产品市场向保护要素和服务市场转变，从物理设卡到利用红头文件将限制竞争"合规化"（丁茂中，2019）[115]，更为具体的就是市场准入和退出壁垒、商品和要素自由流动壁垒、提高生产者经营成本、干预生产经营行为，这些方面也正是"公平竞争审查制度"所核心审查的内容（国发〔2016〕34号）；另一方面，行政垄断通过国有企业实施对市场的干预和垄断（过勇和胡鞍钢，2003）[116]，这一行政垄断形式不仅更为隐蔽，而且将"行政权力经营化"，更是造成了"政府与市场""政府与国有企业"边界的双重模糊与异化（许诺等，2020）[117]，影响市场化改革的同时难以实现有效的政企分离，阻滞国企改革。

行政垄断的动因和来源，可以分为两个方面的观点，即社会转型观和私利合谋观。社会转型观的观点基于社会转型理论，认为我国是从计划经济向市场经济转型的转型经济体国家，行政命令式的管控方式在转型期发挥了比纯开放市场经济更高的效率，其目的是培育市场，随着市场的逐渐成熟，行政干预因素应逐渐被市场机制取代，当前对反行政垄断的迫切需求是行政干预的路径依赖和市场对效率追求的深刻矛盾所致。如过勇和胡鞍钢（2003）[116]将高度集权的计划经济向市场经济转变，后续经济同时受到行政命令和市场机制影响的制度体系称为"双轨制"，认为在双轨制中经济体不可避免地产生行政与市场的摩擦，而改革的过程实质上就是行政垄断逐步开放的过程，也是民营企业发展的过程。王俊豪和王建明（2007）[118]也同样认为，行政垄断是计划经济在市场经济的残留物，绝非市场经济的产物。行政垄断往往伴随着有过高的国有经济比重、计划经济历史的经济体，如前苏联计划经济特色就是行政垄断与国有经济的密切结合（陈林和朱卫平，2012）[114]，其行政垄断的形成主要来自于沙皇俄国时期的大型寡头企业，前苏联时期的行政垄断使其得到迅速发展和扩张（Tsapelik 和 Iakovl, 1991）[119]。在社会转型理论看来，动态、全局视野下不同的社会发展阶段中，行政或者市场不过是实现社会目标的工具，如杨兰品（2005）[120]所述，中国计划时期的行政垄断目的根源在于快速地实现工业化。市场经济早期为培育市场，寻租或也成为一种促进地方政府向市场释放行政资源的有效方式（贺卫，1999）[121]，即便其可能产生腐败，其根本仍在于支付的社会成本小于市场培育带来的收益。这客观上为寻租留下了地方政府私利空间，也促成了"私利合谋观"对行政垄断的分析。

私利合谋观认为，中央和地方政府存在着广泛的代理问题，地方政府决策最优并不代表全局最优，当地方政府出于地方利益行使权力时，将很容易导致行政垄断，更严重的是，地方政府出于私利与国有企业或政治关联企业合谋，导致行政垄断难以被彻底限制与清除。以 GDP 为核心考核指标的"政治锦标赛"促使地方政府官员重视税源税基，并影响地方政府行为（许敬轩等，2019）[122]，导致地方保护主义、产能重复配置等恶性竞争（周黎安，2007）[123]。地方政府实施行政垄断，本质上是从制度变迁中获取最大的净收益的效用最优行为（陈林和朱卫平，2012）[114]，那么利益因素就是我国当下转型时期行政垄断的动力源（杨兰品，2005）[120]。由于政府对产品市场、要素市场的干预和保护，导致市场竞争受到"政企关系"的重大影响，形成企业主动型的行政垄断格局（张伟和于良春，2011）[124]，也即企业主动寻求行政庇护、规避竞争以维持市场地位，而地方政府也可以借此开辟机动财源，以备不时之需（宫希魁，1986）[125]，这也进一步形成了政治关联领域所进行的研究（田利辉和张伟，2013；范子英和李欣，2014；唐松和孙铮，2014；袁建国等，2015；范子英等，2016）[126-130]。

（2）行政垄断的后果与微观企业行为。

从行政垄断的总体影响来看，学术界的观点比较一致，基本都认为行政垄断会侵害生产者和消费者的利益导致社会福利的损失（丁启军和伊淑彪，2008；许开国，2009；于良春和张伟，2010；张柏杨，2016;）[10][131-133]、引发社会生产效率低下（宋则，1999；余晖，2001；高尚全，2004；王会宗，2009；魏庆文，2020）[134][135-138]、加重收入分配差距与分配不公（Slichter，1950；Shi，2007；李实和罗楚亮，2007；管晓明和李云娥，2007；潘胜文，2008）[139-143]、诱发寻租导致腐败与社会经济损失（吴敬琏，1988；贺卫，1999；俞燕山，2002；胡鞍钢，2002；杨继生和阳建辉，2015；许新华和罗清和，2015）[144][121][145][146][20][147]、阻碍技术更迭与经济活力（杨兰品，1999；付强，2008；严海宁和汪红梅，2009；许新华，2016）[148-151]。宏观的消极经济后果往往是微观企业行为改变的累积造成，无论是企业创新动机、要素配置还是资产配置方面，行政垄断也同样在微观层面造成了负面的影响。

行政垄断与企业创新方面，学者均认为经济增长的内生动力是创新和人的创造性作用（Schumpeter，1912；Romer，1986；Lucas，1988）[152-154]，而行政垄断的存在会从多个路径损害企业创新。制度环境是一个重要的影响路径，内生经济增长理论（Chun等，2008；Fogel等，2008）[155][156]在代入中国场景时往往难以解释"低技术贡献率和快速经济增长"的矛盾,尤其是我国人力资本的外部效应仍然比较微弱(姚先国和张海峰,2008)[157],究其根本仍在于制度问题。产权制度、经济发展水平、金融市场、产品市场等多方制度都会对技术贡献产生影响(Aghion 等,2005;Aghion 和 Howitt,2006)[32][158]。陈钰芬和陈劲(2009)[159]发现外部资源在很大程度上决定了企业的创新绩效,制度因素是创新效率的重要影响因素。丁重和张耀辉(2009)[160]构建了博弈模型研究低技术锁定现象,发现对垄断企业的制度倾斜或庇护,不仅削弱了垄断企业创新投入的意愿,改变其研发获取超额利润的动机,而且使得非垄断企业逐渐成为垄断企业的附庸,使得技术竞争被资源争夺取代,使得企业陷入要素数量竞争而非要素质量的竞争。这属于竞争对象转移带来的创新影响。许新华(2016)[151]通过实证研究发现过度竞争和行政垄断对技术创新产生了双重阻碍,造成垄断行业缺乏竞争、竞争性行业过度竞争双重扭曲现象。周绍东(2008)[161]则从行业层面研究,发现企业创新行为尤其是创新强度会受到行政壁垒的影响而导致扭曲。例如,张耀辉和蔡晓珊(2008)[162]发现,原油开采业的行政垄断阻碍了企业效率提升和技术进步,放松规制则有明显的绩效提升效果。总的来看,行政垄断将阻碍企业技术进步和创新投入,行政垄断既扭曲了企业技术竞争行为,使其转为要素资源争夺,又造成缺乏竞争和过度竞争共存、创新效率低下的局面。

行政垄断与要素配置效率方面,行政垄断导致的所有制差异进一步引发了要素资源的错配与要素生产率的损失。Wurgler(2000)[163]通过 65 个国家资本配置效率的测算模型进行检验,发现金融市场越发达资本配置效率越高,而且国有比重越高则配置效率越低。Almeida 和 Wolfenzon(2005)[164]使用 Wurgler 资本配置效率模型检验了外部融资需求对资本配置效率的影响,发现当处于投资者保护较差的环境中,外部融资需求的增加会促进资本从低效率项目向高效率项目流动而提高整体分配效率。靳来群等(2015)[165]也从所有制差异出发,测算了中国的资源错配程度,其研究发现,研究样本期间所有制差异带来的全要素生产率损失每年都高达200%,其根本原因在于行政垄断所设置的市场壁垒、干预价格形成的垄断和金融体系的偏向,这些都造成了国企的高利润和所有制分配差距,进而导致要素错配严重。市场扭曲带来要素错配的观点同样受到韩立岩和王哲兵(2005)[166]、曾五一和赵楠(2007)[167]的支持,而方军雄(2006)[168]则从市场环境层面正面研究了我国资本配置效率,发现市场化指数高的地区资本配置效率更高,而行政行业保护则会产生负面影响。因此,行政干预引发的所有制差异以及金融市场管制会影响到市场进程,导致市场对资本的配置效率下降和全要素生产率损失。

行政垄断与产能利用方面,徐朝阳和周念利(2015)[169]通过研究产业的不同发展阶段分析我国产能分散和过剩现象,认为在成熟的市场经济体制中新兴产业早期也同样面临产能利用率低下的问题,本质上其并不是市场失灵的表现,而是一种市场有效性的表现,让资源能通过优胜劣汰流向效率主体,完成"创造性破坏"过程,使我国部分行业的产能过剩问题通过优化市场环境来实现,而不是寻求行政干预,以扭曲应对"扭曲"。余东华和吕逸楠(2015)[170]认为地方政府可以通过设置壁垒来帮助本地投资,使资本投资于更易获得国家关注、吸引其他投资的支柱产业或新兴行业。但这种投资往往是政策迎合性投资,忽视了地区比较优势,而且重复投资与产能配置会导致微观层面大量的投资过度产生(江飞涛和曹建海,2009;王彦超和蒋亚含,2020)[171][13]。与此同时,民营资本投资机会被政策引导,一方面民营资本寻求成为行政庇护链条上的一环,另一方面竞争领域民营资本的投资机会将被行政干预挤占,从而形成垄断行业缺乏竞争、竞争行业又过度竞争共存的双重扭曲现象(许新华,2016)[151],余东华和邱璞(2016)[172]深入地描述了这一现象,民营企业的羊群效应将带来进入某行业时大量的投资,同时创新惰性与生产规模偏好将导致产能同质化,行政垄断行业的"玻璃门"现象迫使民营企业扎堆进入壁垒较低的制造部门,加剧了产能过剩。

行政垄断与企业金融化方面,Sweezy(1997)[173]研究指出,垄断性企业增加投资会扩大产能导致行业收益下跌,没有投资实体项目的动机,富余资金往往会流向金融行业,而非垄断企业为规避不确定性利用金融资产的"蓄水池效应"化解风险,形成基于预防性动机而储蓄金融资产的行为(Tornell,1990;杜勇等,2017)[174][175]。

1.2.3 文献述评

第一,从研究内容来看,尚有许多研究空缺与不足。现有研究往往是从既定的市场结构或垄断格局出发,探讨市场的静态结构形态对宏观经济增长、资源配置、产能构建以及微观企业创新、生产效率、要素配置等的影响。一方面,这些研究尤其是英文文献针对西方国家完全竞争的市场形态所得到的结论并不一定适用于转型经济结构下的中国。另一方面,既有研究即使以中国为背景,也都忽视了竞争政策的影响。我国企业所处的市场环境难以从传统的古典经济学理论来进行解释,在竞争政策的影响下,市场结构对微观企业的影响是否具有不同于完全竞争市场中的企业行为?竞争政策是否能矫正行政垄断对微观主体的干预?竞争政策又是如何发生微观作用的?这类问题都亟待本书研究与回答。

第二,从研究视角来看,缺乏反垄断视角以及对机制的关注。现有研究多数是从宏观视角出发研究市场结构或行政垄断的经济后果,一方面,少有文献从反垄断视角或竞争政策视角对这类经济后果展开实证检验,即缺乏实证证据充分支撑反垄断理论;另一方面,针对市场结构或行政垄断经济后果的相关研究,仍缺乏对影响机制或路径的相关检验,对机制关注的缺乏也同样会使得研究缺乏实践意义。如行政垄断与创新之间的关系,从市场结构角度出发很容易发现行政垄断会抑制竞争从而抑制创新,但诸多研究却忽视了行政垄断保护下的国有企业过多地占用市场资源带来的外部影响(如整体效率低下、创新活力不足等),这种基于中国背景的影响路径研究正是当下市场经济体制完善所必需的,"中国高经济增长和低技术贡献率之谜"也可以通过这些机制与路径一窥究竟,这正是本书关注的重点。

第三,从研究方法来看,缺乏相对精准的因果推断。虽然在经济学领域已有不少文献对市场结构展开研究,但本书研究的"公平竞争审查制度"的主题属于反垄断的经济法学范畴。一方面,经济学领域的既有研究以博弈分析、理论分析以及偏重相关关系的实证检验为主来探讨竞争或垄断;另一方面,实证法学的起步对于计量技术的应用深度还稍显不足,最终这两方面原因导致现有的文献更多地验证了相关关系,而缺乏相对精准的因果推断。本书将以"公平竞争审查制度"这一绝佳的准自然实验为契机,利用 DID、PSM 等前沿的实证工具消除可能存在的内生性问题,构建较为精准的因果推断机制,明确因果正是竞争政策研究所迫切需要的。

1.3 研究目标和研究内容

1.3.1 研究目标

本书的核心研究目标是探讨《公平竞争审查制度》实施带来的微观企业投资行为影响并明确其影响机制。这一研究将结合我国社会主义市场经济体制改革的宏观背景、《反垄断法》相关竞争政策的宏观框架、政府与市场关系的现实场景展开深入的探讨,旨在为引导竞争政策落地、协调产业政策与竞争政策、加速推进政府与市场边界明晰、提升转型经济体经济效率提升提供理论依据与经验证据支撑。具体目标如下。

第一,探讨公平竞争审查制度实施是否影响企业投资水平并明确其作用机制。这一研究目标的核心关注点在于公平竞争审查制度如何改变市场机制以及如何切断政府对企业提供的各项优惠措施。这些目标的实现将正面揭示行政垄断与投资之间的关系,将深度扩展宏观层面竞争政策与微观层面企业投资行为之间的互动关联。

第二,探讨公平竞争审查制度实施是否影响企业的金融资产配置,并明确其作用机制。这一研究目标的核心关注点在于公平竞争审查制度如何影响企业的资源获取来源,如何改变企业内部的资金配置动机,以及如何从微观层面转变脱实向虚的金融化现象。这些目标的实现将给出脱实向虚的微观解决方案与现实路径。

第三，探讨公平竞争审查制度实施是否影响企业研发投入，并明确其调整原因和影响机制。这一研究目标的核心关注点在于公平竞争审查制度如何改变管理层动机、如何影响企业的风险判断以及经营风险是如何挤占研发投入的。这些目标的实现将给出企业技术创新投入的动机，以及内外部风险影响这种投入决策的路径与机制，为提升我国企业创新水平提供有效的证据支持。

1.3.2 拟解决的关键问题

第一，《公平竞争审查制度》的实施对企业投资行为影响的理论构建与作用机制识别。既有研究一方面没有应用实证研究方法从竞争政策视角切入研究行政垄断与企业投资行为的关联，另一方面理论研究多注重于《公平竞争审查制度》的法理探讨和法学应用价值，导致《公平竞争审查制度》对企业投资行为影响的研究既缺乏经济学、管理学、会计学领域的理论支撑，也缺乏作用机制的合理推断与经验证据支撑。本书将着重于《公平竞争审查制度》实施对企业投资行为影响的理论形成，尤其是企业管理层在竞争政策影响下、在变动的外部竞争环境中如何改变投资动机、投资能力等方面进行深入探讨，构建起系统的理论框架并识别可能的影响路径，为后续竞争政策的微观作用机理提供丰富的经验证据和数据支撑。

第二，基于遗漏变量、竞争性假说等内生性问题的处理。从计量角度来说，本书的研究属于跨学科领域的宏微观结合研究，宏观政策影响微观企业行为存在反向因果的可能性较低。但是从宏观政策的连续出台与落地、相近政策的逐步落实与推进的角度，政策与政策之间往往存在着一定的相互干扰，导致遗漏变量、竞争性假说等内生性问题的产生，本书的研究重点除了回答《公平竞争审查制度》实施是否存在微观投资行为影响外，还着重考察其影响机制，因果推断准确性与内生性担忧的解决程度决定了本书的研究贡献与价值。

第三，反垄断框架下《公平竞争审查制度》的现实进路探究。《公平竞争审查制度》作为反垄断政策的关键一环，受到万众关注的同时也面临着诸多执行的问题,如执行不到位、执行力度不足、执行方案缺乏完善设计等,本书研究更加关注制度的现实进路探究,通过研究公平竞争审查制度的微观影响,寻找影响的机制与路径,为更加精准地设计竞争政策、提升市场资源配置作用提供更有落地价值的实现方案,为克服既有制度缺陷,进一步啃下行政垄断"硬骨头"打下坚实基础。

1.3.3 研究内容

本书以《公平竞争审查制度》实施为外生冲击,研究行政垄断规制带来的微观企业投资行为影响。正如文献综述中所述,行政垄断是行政权力过度干预市场造成的经济结果,其具体表现为市场缺乏活力、要素市场扭曲和结构性资源错配,这些因素均影响着市场对资源配置决定性作用的发挥。《公平竞争审查制度》旨在破除行政垄断,从制度规章的源头遏制行政垄断对市场竞争的异化,同时由于投资是企业参与市场竞争、构建核心竞争力的前提,考察竞争政策框架下的《公平竞争审查制度》微观实施效果,那么观察企业投资行为改变就可以获取经验证据。本书分别从区域层面、行业层面、企业层面三个视角考察《公平竞争审查制度》实施对企业总体投资增量、投资结构带来的影响,进一步分为对区域企业投资、企业金融资产配置、企业研发投入的影响。

具体章节分布如下:

第1章为绪论。主要介绍了本书的选题背景和研究目的与意义;对国内外有关市场结构与微观企业行为、行政垄断与微观企业行为的文献进行了评述,阐述了本书的研究目标和研究内容、研究思路和研究方法,勾勒出本书研究的总体框架和凝练本书研究的创新点。

第2章为概念界定与理论基础。系统界定行政垄断和企业投资的概念内涵和外延,对本书研究所使用的政府与市场关系理论、社会转型理论、晋升锦标赛理论、产业分工理论、垄断抑制创新理论和投资相关理论进行梳理,为后文研究奠定理论基础。

第3章为制度背景分析。本章对中国的公平竞争审查制度演进历史进行了系统性的梳理与总结，探讨公平竞争审查制度的制度设计优势，剖析公平竞争审查制度的核心内容，分析公平竞争审查制度的宏观效应和微观经济效应。

第 4 章为行政垄断规制与企业投资水平。本章节重点研究了《公平竞争审查制度》的实施对于企业总体投资水平的影响。主要研究目标是为了回答公平竞争审查制度是否在宏观层面和微观层面能够对企业投资水平产生影响，以及这种影响是否通过抑制行政垄断而发生作用的。

第 5 章为行政垄断规制与金融资产配置。本章重点研究了《公平竞争审查制度》的实施如何影响我国上下游企业的金融资产配置。考察了《公平竞争审查制度》实施后，上游企业相比下游企业金融化水平是否有显著性差异，同时对资金支持渠道进行了验证，查看应收账款、现金持有、信贷二次配置是否产生显著的变化来论证其机制。

第 6 章为行政垄断规制与企业研发投入。本章重点研究了《公平竞争审查制度》与企业研发投入之间的关系。考察了行政庇护下的企业在《公平竞争审查制度》实施后研发投入的增幅是否与非庇护企业呈现显著差异。进一步考察了这一影响的机制与渠道，验证了经营风险对于研发投入的挤出效应。

第 7 章为研究结论与政策建议。在上述各章的理论分析和实证检验的基础上得出了本书的主要结论并提出的相关建议。

1.4　研究思路、技术路线与方法

1.4.1　研究思路

本书的整体研究思路为，旨在以《公平竞争审查制度》实施为外部政策冲击，研究竞争政策如何影响微观投资行为，系统评估制度实施的微观经济后果。本书需要通过分析《公平竞争审查制度》实施的政策意图、客观市场变化与企业主观认知，同时通过文献梳理归纳法学、经济学、会计学领域的相关研究形成系统化的理论体系,构建公平竞争与企业投资行为的理论基础。使用国泰安(CSMAR)数据库和万得(WIND)数据库2013—2019年沪深两市 A 股上市公司数据。然后利用固定效应、DID、PSM、Logit 等研究方法和模型进行实证研究,并从总体投资水平、金融资产配置、企业研发投入三个维度展开,最后归纳研究结论并提供有效、可落地的政策建议。

本书的实证检验路线为:第一,将公平竞争审查制度的实施作为外生冲击,查看不同所有制企业在外生冲击的准自然实验中是否对其投资产生影响;第二,将企业投资分为区域层面、产业层面和企业层面,分别对应总量视角、资金视角和风险视角,以三个不同侧面剖析公平竞争审查制度对企业投资带来的影响,具体应用模型有 OLS、DID、PSM、FE 等;第三,通过中介效应模型或者分组检验的方式,对各研究路径进行机制检验和分析;第四,利用固定效应模型、安慰剂检验等方法进行内生性检验,缓解内生性问题带来的偏误,同时对可能的竞争性假说进行排除;第五,提出实证研究的结论与建议。

1.4.2 技术路线

本书的技术路线如图 1-1 所示。

1.4.3 研究方法

(1) 运用规范分析方法,分析和界定行政垄断和企业投资的内涵、外延和特征,在此基础上,结合管理学、经济学相关理论,探讨并构建行政垄断规制与企业投资的总体理论分析框架。以《公平竞争审查制度》的实施为政策供给背景,聚焦企业投资水平、企业金融资产配置和企业研发投入,构建三个子理论分析框架:其一,基于锦标赛理论和新古典投资理论,构建行政垄断规制与企业投资水平的理论分析框架;其二,基于投资替代理论、产业分工理论和市场结构理论,构建行政垄断规制与企业金融配置的理论分析框架;其三,基于垄断抑制创新理论、垄断竞争理论和企

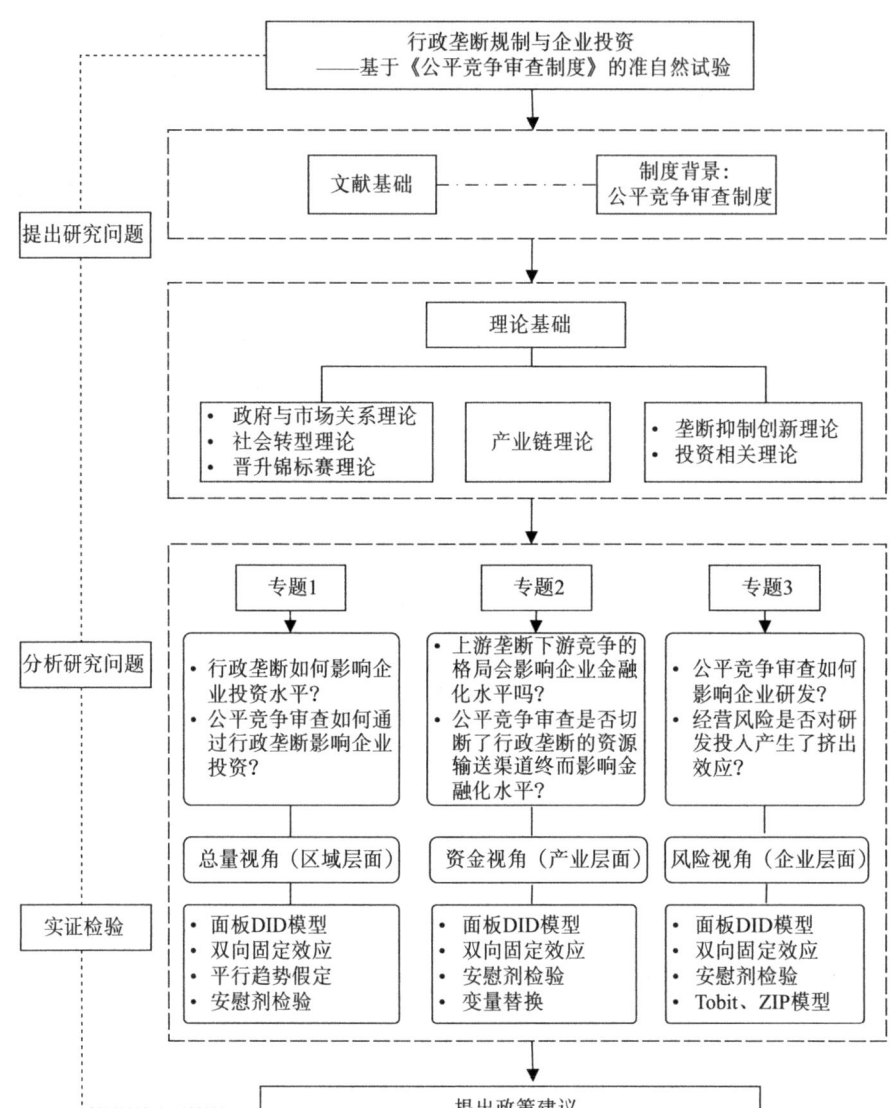

图 1-1 技术路线

业财务管理理论，构建行政垄断规制与企业研发投入的理论分析框架。进一步，围绕三个子理论框架，提出相应的研究假设。

（2）运用实证分析方法，采用国泰安数据库（CSMAR）和万得数据库（WIND），分别验证本书提出的行政垄断规制与企业投资水平的理论分析框架和研究假设、行政垄断规制与企业金融配置的理论分析框架和研究假设、行政垄断规制与企业研发投入的理论分析框架和研究假设。

具体的实证研究方法包括三个方面。

一是双向固定效应。该方法主要用来分析以下内容：第一，依据行政垄断影响企业投资水平的理论分析，构造行政垄断指数，分析行政垄断对企业投资水平的影响；第二，依据产业分工理论，构造企业上游度指数，分析企业上游度对企业金融资产配置的影响。

二是面板DID。在行政垄断规制与企业投资水平的理论分析的基础上，以《公平竞争审查制度》的实施为节点，结合样本数据的特征，使用面板DID方法，以中位数为切点，将行政垄断指数较高的组定义为高垄断组，并设定为实验组，将行政垄断指数较低的组定义为低垄断组，并设定为对照组，分析《公平竞争审查制度》实施对高垄断组和低垄断组的企业平均投资额的影响。

三是PSM-DID。该方法主要用于分析以下内容：第一，在行政垄断规制与企业金融资产配置的理论分析的基础上，结合样本数据的特征，以上游度指数的中位数为切点，将样本分为行业上游企业和行业下游企业，以公司、地区特征变量为匹配变量，使用PSM方法获取配对样本，并将行业上游企业设定为实验组，行业下游企业设定为对照组，使用面板DID方法分析《公平竞争审查制度》实施为对行业上游和行业下游企业的金融资产配置的影响；第二，在行政垄断规制与企业研发投入的理论分析基础上，结合样本数据的特征，构造TFP指数，以2016年TFP指数的中位数对企业进行分组后，以企业特征和地区特征变量为匹配变量，使用PSM方法获取配对样本，并将TFP较低组设定为实验组，将TFP较高组设定为对照组，使用面板DID方法分析《公平竞争审查制度》实施对TFP较低企业和TFP较高企业的研发投入的影响。

1.5 研究创新

第一，研究视角的创新。系统性地探讨与研究了中国背景下公平竞争审查对微观影响的路径。不同于既有法学相关研究从制度层面的探讨,而以企业为切入点研究行政垄断规制的影响。"中国问题"的复杂性与无可借鉴性决定了研究中国问题需要以更高维度、更综合的交叉学科视角寻求解决方案。深化社会主义市场经济体制改革,对于西方经济理论和法学理论来说,均难以适用于我国国有经济比重高、产业政策与调控频繁的转型经济体背景,"摸着石头过河"的中国改革实践需要有适应我国国情的学术理论出现。本书结合了宏观与微观视角,综合采用法学、经济学和会计学的跨学科交叉研究范式,结合我国行政垄断与行政过度干预的背景,对公平竞争审查的微观影响进行了详细的理论分析与阐述,明确了其影响的微观路径,为公平竞争审查的进一步实施与完善提供了新的经验支持。

第二,研究内容的创新。弥补了公平竞争审查相关实证研究领域的不足。行政垄断规制如何影响企业投资行为尚未有明确的答案,本书以公平竞争审查为切入点研究,丰富反垄断领域研究。竞争政策如何改变行政垄断的运行机制未能得到完善的理论回答,既有研究多数围绕市场结构、市场垄断展开研究,但我国的市场结构并不仅仅是垄断地位影响所形成,而是行政干预所导致,不仅表现为行政直接干预还表现为通过国企、政治关联干预经济,在这一背景下,反垄断领域的内容不再是简单的市场结构问题,而是体制机制问题。公平竞争审查制度属于反垄断宏观布局中的重要一环,法学研究在理论探讨上已有长足的发展,但少有以量化实证的研究方法分析制度微观效果,制度实施绩效也缺乏应有的经验评估证据。本书的研究成果正是对反垄断领域的经验补充,不仅丰富了反垄断框架的内容,也为进一步改进反垄断政策提供充分的理论依据和经验证据。

第三,研究方法的创新。创新性地将公平竞争审查制度应用于微观场景并解决内生性问题。不同于一般反垄断领域的实证研究,本书以公平竞争审查实施的准自然实验场景展开研究,基本克服了该领域实证研究难以解决的内生性问题。公平竞争审查制度的实施为本书研究提供了绝佳的准自然实验契机,使本书能够将研究深度拓展至如何限制行政垄断以及规制政策如何影响微观主体行为的层面。因果推断历来是实证研究的难题,外生事件冲击将提供极为宝贵的研究场景，公平竞争审查制度实施在实证研究设计上优于反垄断法实施的地方在于，规避了 2008 年金融危机的影响且 2016 年实施后至 2020 年疫情发生前刚好有完整的 3 年时间，满足了多重差分 DID 模型的应用要求。与此同时，创新性地结合倾向匹配得分、固定效应模型等能够缓解内生性的方法应用，强化本书的因果推断，将极大地增强本书研究结论的可信度与政策价值。

第 2 章　概念界定与理论基础

2.1　概念界定

2.1.1　关于行政垄断相关概念界定

（1）行政垄断。

①行政垄断的法定观点。

行政垄断是我国的一个具有特殊涵义的概念，虽然在《反垄断法》中对相关的政府行为给出了概念性的阐述，但是始终未能有一个权威且准确的定义。综合法学、经济学相关对于研究者对于行政垄断的定义，现有主流观点可以将其总结为法定型观点。

持有法定型观点的学者认为，行政垄断概念的内涵与外延应当是从行政垄断的常见规制类型出发，且应当被当下的法律接纳，是一种依附于法律的主流观点。其常见的定义有：行政主体滥用行政权力限定市场主体的商品经营、购买行为；行政主体滥用行政权力进行歧视性收费等妨碍商品流动行为；行政主体不平等不公平招标行为；行政主体限制外地市场主体在本地设立分支机构；制定含有排除、限制竞争内容的规定的行为。这些定义均是以《反垄断法》第 32 条至第 37 条的内容展开，其基本观点认为，行政垄断是行政主体滥用行政权力排除、限制竞争的行为（漆多俊，1997）[176]；是行政主体没有法律法规依据，排除、限制竞争的行为（郭宗杰，2007）[177]。持这一观点的学者基本共识是：第一，行政垄断的主体是行政机关和法律、法规授权的具有管理公共事务职能的组织（《反垄断法》第 8 条），往往不包括其他机关，如司法机关、权力机关；第二，属于行政权力的过度滥用，既包括利用行政权力出台行政规章寻求合法性的过度干预行为，也包含不具备法律法规授权的直接干预行为。第三，具有排除或限制竞争的直接目的与危害，通过强加义务提高某特定群体的竞争成本从而迫使其退出竞争。

事实上，虽然《反垄断法》并未直接明确"行政垄断"的定义，但给出的"行政机关和法律、法规授权的具有管理公共事务职能的组织滥用行政权力排除、限制竞争的行为"这一界定被法定型观点持有者认为是行政垄断的定义。但是，这一定义在适用性上却具有诸多局限。

第一，间接排除与限制竞争行为未能成为规制内容。《反垄断法》所规定的垄断行为的特征主要是限制外地主体商品流入、限制外地主体权利或强加外地主体义务，属于直接排除与限制竞争行为，但是在实践中存在着广泛的利用行政权力隐蔽地扶持、资助、保护特定经营主体，甚至在同一行政区域内实施不同主体的区别对待，从而客观上损害了主体间的公平竞争地位，这种间接的排除与限制竞争行为未能被《反垄断法》规制，虽然《关于在市场体系建设中建立公平竞争审查制度的意见》所构建的公平竞争审查制度，应对这类行政隐性扶持给出了"不得违法给予特定经营者优惠政策"，是一种有益补充，但也说明了法定型观点在"行政垄断"的概念界定上未能涵盖实践上所有的排除与限制竞争行为。

第二，"滥用行政权力"的表述将滥用立法权排除在行政垄断的手段之外。行政权力所能主导的是行政规章与规范性文件的制定，仍属于行政权力概念范围内，但实践中，地方立法权也同样可以被行政部门主导，从法益层面直接排除市场竞争主体，尤其是由于历史原因我国在市场进入和价格管制方面存在着许多过时、且损害于市场主体的法律法规，行政上也存在诸多需要审批许可的事项，这些具有法律正当性但客观有损于市场竞争的法律法规的危害性将日益凸显。"滥用行政权力"将规章以上的法律法规不正当性进行了正当化，将高于行政权的立法权排除在行政垄断之外。《公平竞争审查》制度虽然没有直接提及对"法律、法规、规章"等的审查，但是在实践中已向这些高层领域扩展，涵盖了《反垄断法》未能涵盖的"立法权滥用"领域。

第三，"滥用行政权力"中何谓"滥用"？由于缺乏具体操作标准而难以很好地执行。如何使用行权权力才算没有"滥用"？仅仅是"行政权力对经济的干预"无法一刀切地认为是对行政权力的"滥用"，而且干预的程度如何界定才能达成"滥用"的危害结果，均没有官方或权威界定。与此同时，"法无授权不可为"的基本原则下，大量的行政行为均有法律法规的直接依据，受损害的市场主体难以就行政行为或是非针对性的抽象行政行为提起行政诉讼，这也是行政垄断难以从源头遏制的重要原因。

正是由于现行反垄断法律体系未能给出明确的"行政垄断"定义，也未能在具体内涵上涵盖所有的行政主体作出的"排除与限制竞争行为"，使这一"推定概念"在理论和实践上呈现诸多"适应性"问题，即将大量的实质性行政过度干预行为排除在规制范围之外，而且难以对披有"合法性"外衣的行政行为提供有效的司法救济，使得"行政垄断"的实质性危害得不到有效的遏制。正如前文所述，公平竞争审查制度在隐性扶持、立法权滥用的限制上均有着重大的补充作用，但未有与其内涵对应的"行政垄断"定义匹配其规制功能，也同样没有相应的定义真正涵盖现实竞争中存在的大量非公平竞争问题。基于此，本书试图在现有研究基础上，对"行政垄断"概念的内涵与外延进行学理性界定。

②行政垄断概念的历史渊源。

我国是典型的转型经济体国家。自新中国成立以来，我国逐渐形成了高度集权的计划经济体制。由于当时需要应对百废待兴的建设任务，以国家之力集中一切可以利用的资源来应对一穷二白的局面是唯一的出路。在这种计划性的控制下，所有物资、资源的供给均由指令性计划进行统一调配，私营经济被逐渐取代且消灭。当时的国有企业被称为国营企业，并不具备独立自主的法人产权和经营自主权，不具备现代企业制度下的法人主体资格，从某种意义上来讲，是行政命令的组织性延伸。企业并不具备市场主体的资格（当时也同样没有市场）也同样不具备交易主体的资格，所有物资、资源的输入与输出均不以等价交换为基础，而是以行政命令的方式进行无偿交换。企业所拥有的生产资料均归国家所有，而企业组织生产所需要的生产要素均由国家无偿提供，国家对企业包销包售，但利润和亏损也全部归属国家。这种行政指令式的资源支配方式，在资源极度匮乏的特殊时期发挥了巨大作用，集中了一切资源并有计划地配给，曾经保证了国民经济的稳步恢复与运行。但是国内和国外发展的实践表明，计划经济是违反客观经济规律的，本质是以行政命令为特征的强制性经济体制，其弊端随着发展阶段的改变而逐步显现，制约和限制了经济发展，不具有可行性和持续性，客观上需要经济体制改革。随着改革开放与社会主义市场经济体制的逐步建立，由计划经济体制转型而来的市场经济体制，也面临着诸多"双轨制"的弊病。

改革开放初期（20世纪70年代末至80年代末），"按劳分配"的分配原则使我国在分配领域的改革先于政府对经济管理方式的变革，从最早的零售业、服务业到日用品制造业、家电制造业，许多涉及民用的行业逐步进行了大规模的开放，与此形成鲜明对比的是，同样有大量的行业仍然实行着主管部委审批经营制，在审批标准不明且审批数量有限的情况下，全凭关系网或好恶的歧视性"资源释放"审批，催生了大量的行业行政垄断，但是不可否认的是，掌控在地方官员手中的市场资源被逐渐地释放了出来，市场也开始被培育起来了。

党的十四大确立社会主义市场经济体制后（20世纪90年代初至21世纪10年代末），我国施行了影响重大的分税制改革，改善了"财政包干制"时期的种种财政乱象，但划定中央与地方的各自事权中事权下移，也为以行政审批为核心的行政垄断提供了发展的温床。这一阶段出现了典型的"山头经济"现象，一些地方政府以红头文件直接干预、限制外地企业、产品进入辖区与本地企业竞争市场，甚至辖区内也存在不同程度的市场分割情况，更严重的甚至出现诸如小糊涂仙酒的"红色营销"事件，行政权力干预消费主体引起了社会上的强烈不满。

行政垄断于21世纪初达到了顶峰，并于我国提出"转变政府职能"后逐渐由明转暗。自1998年行政体制改革、2001年行政审批制度改革、2003年国务院机构改革后，"政企分开"更加明确了政府的行政职能与市场主体角色之间的分离，服务型政府的目标也使地方政府无法直接动用行政权力进行直接干预市场或微观主体，但传统体制遗留的部委直管（条）和地方政府主责（块）的条块分割式经济治理模式，以及晋升锦标赛的考核体系，共同决定了地方政府既有动机又有能力干预经济，只是方式更加隐蔽。比如，在无法动用行政权力以红头文件形式直接排除与限制竞争的情况下，以卫生、消防等为由下架外地产品或阻碍外地企业进入本地竞争市场，保护本地企业获利；出台优惠政策提供廉价土地、税费减免、财政补贴等方式提供多维度的扶持，这些优惠政策往往披着"合法"的外衣。

从我国的行政垄断发展历史可知，第一，行政垄断在早期帮助培育了市场，向市场释放了掌控在地方政府手中宝贵的审批资源，具有一定的历史作用；第二，行政垄断在当下已由"红头文件"的行政指令转为更为隐蔽的方式，更善于穿上"合法"的外衣规避法律风险；第三，真正能够治理行政垄断的只有政府本身。多次的机构改革与政府职能的重新明确，均在一定程度上约束并影响了行政垄断的实施路径，唯有不断提升国家治理能力改变行政垄断的利益动机，才能真正破除行政垄断。

③行政垄断的定义与内涵。

通过比较法定型观点和梳理行政垄断的发展历史，可以发现法定型观点并不足以涵盖当下复杂的行政垄断形式。经济领域的学者也从现实角度对行政垄断提出了一定的概念界定，如行政垄断应当与市场垄断、国家垄断区分，是通过行政手段维系的垄断局面（胡汝银，1998；郑鹏程，2002）[178][179]，行政机关作出的行政垄断行为往往披着合法的外衣（薛克鹏，2007）[180]，是凭借权力不正当干预、排斥或限制等妨碍市场公平竞争的行为（孟雁北，2004；于良春和张伟，2010）[181][10]，会带来非生产性成本的上升（杨继生和阳建辉，2015）[20]、扩大薪酬差距（王雄元和何捷，2012）[182]、扭曲市场的资源配置过程与价格信号机制，最终导致资源错配与配置无序化和低效化（顾振华和陈强远，2017；葛晶和李勇，2019）[183][184]。

综合上述观点，本书将行政垄断（Administrative Monopoly）定义为：行政主体通过不正当的行政管制、经济援助或其他不当方式保护特定市场主体，具有或潜在具有排除、限制竞争效果的危害性行政行为。在这一定义中：第一，行政垄断的实施主体必定是广义的行政主体，既包含行政机关或法律法规授权的公共事务管理机构，也包含能够制定行政政策、法律法规的各级权力机关和党委机关；第二，"通过不正当的行政管制、经济援助或其他不当方式保护特定市场主体"是指通过这些不当方式增加特定市场主体的竞争力，包括影响企业财务状况资金支持（包含补贴、税收减免、银行信贷资源等）、影响产品成本的各类资源（如低价土地等低成本生产要素等）、影响产品销售的行政管制（包含价格管制、准入审批等）、影响要素流动的各类审批性资源（如航线资源）等，这些资源的获取均在无形之中提高了竞争对手的竞争成本；第三，"特定市场主体"既可以是某一领域或某一行业内的多个主体，也可以是某特定的单个市场主体；第四，"具有或潜在具有排除或限制竞争的危害性"规定了行政垄断危害后果的可能性，行政垄断的危害可能需要在一定时间后才能得以体现，"潜在"将评估时"可能"的危害性行为也同样进行了排除。

这一定义需要遵循如下两项基本背景与事实。第一，政府仍在某些领域掌握重要的行政审批权力。即便是经过多轮政府机构改革与简政放权，政府仍然掌握着稀缺的审批资源。第二，地方政府仍具有扶持与保护当地经济的动机与义务。地方行政首长在晋升锦标赛的基本背景下，仍有通过行政权力直接或间接干预经济的动机，以提升当地GDP。因此，本书给出的定义可以囊括几乎所有行政垄断形式的基本逻辑在于：地方政府为保证完成政治绩效，会有动机在本行政辖区内圈定经济利益，通过不正当的行政管制、经济援助或其他不正当形式支持特定市场主体，如提供免费或低价稀缺资源、政府补助与税费减免、特许经营、价格管制等，这种行政审批资源、财政资源、要素资源的倾斜，不仅给予了被庇护企业更多的市场机会（更稳定的销售市场）、更低的资源获取成本壁垒（更低的成本）、更多的低风险投资机会（更低的投资风险），从而形成以"政治资本"为核心的企业竞争力，这种竞争力并非通过提高技术、改善管理得来，而是通过支付"制度性交易成本"获得，行政垄断将降低企业对经济环境的敏感度（杨继生和阳建辉，2015）[20]，围绕权力核心配置资源而非改进技术工艺，加剧资源错配与社会福利损失。从市场结果上来，行政垄断改变的是市场资源的配置结构，非庇护企业在竞争中无论是资金、人才、成本、市场占有率、利润率各方面都处于劣势，往往在竞争中落败而退出市场，同时潜在竞争者也会因此放弃或降低进入意愿，被庇护的市场主体最终能独占市场，走向市场垄断。

④行政垄断与相关概念辨析。

行政垄断在实践中的表现相当复杂，且容易与产业政策、公益目标等产生概念重叠或冲突，因此下文将在明晰基础概念的基础上，从经济垄断、国家垄断、宏观调控三个方面展开对行政垄断概念的辨析，以便明确行政垄断行为的边界。

Ⅰ.垄断行为和垄断地位。

首先需要明确的就是垄断行为和垄断地位之间的区别，垄断行为是以垄断为目的所实施的行为，其既可以是政府作为主体作出的，也可以是市场主体作出的，其根本目的在于获取超额利润或垄断利润，我国现行的《反垄断法》规制的正是垄断行为而非垄断地位。

垄断地位是指市场主体的市场势力能够对市场起到支配作用，但拥有垄断地位并不意味着市场主体必然实施垄断行为，而且垄断地位必须是由市场经营主体拥有，政府、自然人等市场参与者无法拥有"垄断地位"的界定。与此同时，垄断地位的形成，可以是技术壁垒、资金壁垒、自然资源壁垒等因素作用的结果，也可以是国家授予垄断、特许经营、不正当行政保护等因素作用的结果。不论其垄断地位的来源如何，其势力足以影响甚至扭曲市场的资源配置过程，就可以称其为拥有"垄断地位"。

Ⅱ.行政垄断与经济垄断。

此处所讨论的行政垄断与经济垄断均指垄断行为。经济垄断常常是指市场经营主体依赖市场势力或地位所实施的排除、限制竞争行为，属于传统意义范畴的垄断，在《反垄断法》中"垄断协议、滥用市场支配地位、经营者集中"三种方式通常被认为是经济垄断的几种常见形式；而行政垄断则是政策制定机构依赖行政权力所实施的排除、限制竞争行为，在《反垄断法》中与"滥用行政权力排除、限制竞争"概念有一定的对应关系。

从两者相似点来看，第一，两者行为的结果均对市场竞争产生不利影响。两者均有排除和限制竞争的目的与实际效果，均会造成社会福利的损失，是资源配置无效的体现；第二，经济垄断与行政垄断可能存在相辅相成、共同促进的关联关系。比如地方政策制定机构可以利用行政权力保护关联企业以巩固该企业的市场支配地位，实施经济垄断行为获取超额利润后以税收的方式保障地方政府利益。

从两者的区别来看，第一，实施主体不同。行政垄断的实施主体必然是以政府为核心的政策制定机构，负有管理社会、经济的基本职责，而经济垄断的实施主体是市场经营主体，非经营主体无法形成垄断势力，而且经济垄断行为也必须依赖经济垄断地位而实施。需要说明的是，经济垄断行为与不正当竞争行为也有概念差异，最重要的差别就在于经济垄断必然具有排除、限制竞争的主观目的与效果。第二，实施方式与辅助手段不同。行政垄断借助的方式可以是行政指令、出台政策、行政审批等，其核心手段仍具有或者近行政属性，但是经济垄断往往是在获取市场支配地位后实施产量控制扭曲市场定价机制并获得超额利润的经济行为。第三，垄断的成因不同。行政垄断是市场竞争之外形成并向市场主体传导的一种行为，随着行政权力介入市场主体、影响主体经营行为从而形成垄断危害的事实结果，成因具有外在性。但经济垄断的均是市场竞争或者优胜劣汰后所形成的。第四，违法性质不同。经济垄断被判定为违法时，往往承担的是民事责任或是接受行政监管部门的行政处罚，而行政垄断的违法行为则是触犯行政法，若其中存在寻租的腐败行为则要追究刑事责任。

Ⅲ. 行政垄断与国家垄断。

国家垄断是指国家授予垄断，即具有国家法律、行政法规、地方性法规等规定的,虽具有排除、限制竞争的效果但仍授予经营的行为,如中国烟草总公司垄断烟草专卖依据的正是《中华人民共和国烟草专卖法》。需要强调的是,这里所指的国家垄断所具有的显著特征是国家出于某种目的通过法律授予的垄断特权,具有突出的"正当性",而行政垄断与之最大的区别在于"不正当性",事实上,即便是"不正当"的地方规章与规范性文件也同样赋予了某些行政垄断行为"合法性"外衣,其根本的逻辑区别在于全国视野下的资源配置非效率问题,即地方各自为政、地方保护主义、区域竞争可能带来的是局部最优而整个国家在支付制度成本的结果,正因如此,《公平竞争审查制度实施细则》也特别强调"法的授权",同时要在"职权范围内"制定相关政策,保障地方行政行为不会突破国家视域下的框架,从而达成全国统一市场的目标。

两者的共同点在于,第一,不受或容易脱离《反垄断法》的规制。反垄断法的豁免条款将国家垄断排除在规制范围之外,而具有"合法性"外衣的某些行政垄断行为也容易利用豁免条款或其他合法性路径来规避反垄断法的规制。第二,均需要动态评估其竞争危害性。正如我国行政垄断的发展历程,行政审批的事项的逐步放开是必然趋势,而现阶段处于国家垄断保护的行业或企业并不意味着在社会经济发展到一定阶段时,永久处于规制范围之外,本质上,国家需要考量的是,授予垄断地位带来的竞争危害是否超过其垄断带来的国家利益。正如早期国家默许行政垄断的存在是为了放松地方审批权,向市场释放审批资源而培育市场。

两者的区别在于:第一,目的不同。国家垄断往往具有国家利益或公共利益的全盘考虑,目的是在授予垄断带来的国家利益和垄断形成的竞争危害成本之间的权衡,而行政垄断的目的是谋取地方利益、部门利益甚至个人利益,具有不正当的目的性。第二,依据不同。国家垄断有明确的法律依据,而行政垄断既可能存在没有法律依据的情况,也可能存在突破法律授权的情况,比如超越定价权定价。第三,性质不同。国家垄断是成本和收益权衡后的结果,具有全局正收益性,而行政垄断不仅具有市场竞争危害性,而且其同样不符合国家利益或公共利益的诉求,具有实质性危害。

Ⅳ. 行政垄断与宏观调控。

凯恩斯学派认为市场并不是完美的,需要政府的干预,需要对宏观经济进行宏观调控。宏观调控是重要的国家职能之一,主要通过行政手段与经济手段调整经济结构、周期,保障经济可持续发展的国家行为。其可以利用的调控手段包括行政政策(如价格管制等)、财政政策、货币政策、产业政策等。

行政垄断与宏观调控的核心区别在于:第一,主体与目的不同。行政垄断本质上仍属于一种典型的央地代理问题,属于地方政府为主体的行为,其行为目的具有实现地方利益、部门利益甚至个人利益的不正当性;而宏观调控则是国家行为,其目的在于维护与维持经济良好发展与运转,且属于国家职能,具有正当性。第二,决策层次不同。宏观调控手段往往具有更高的决策层次,属于资源、政策在国家维度的综合研判与调整,虽然有部分职能由地方作出,但仍具有宏观统筹性。行政垄断其维护的本质是局部利益,其决策范围也仅限于地方,决策层次低,以局部最优为决策目标。

行政垄断往往与产业政策有一定的概念交集,产业政策作为宏观调控政策,是政府为了实现一定的经济和社会目标而对产业的形成和发展进行干预的各种政策的总和,其目的是弥补市场缺陷、优化市场的资源配置效率。事实上,由于产业政策实施及其市场影响很难有明确的标准判别其是否"恰到好处",不当的产业政策通常也会造成动摇市场对资源配置基础作用的负面影响,从而演变为行政垄断,也正因为如此,评估其对市场竞争的危险性显得更为重要,这也是《公平竞争审查制度》的重要内容之一,即协调竞争政策和产业政策,在产业政策出台之前对其排除、限制竞争因素进行审查并清除。

Ⅴ. 行政垄断的分类与表现特征。

本书将行政垄断(Administrative Monopoly)定义为:行政主体通过不正当的行政管制、经济援助或其他不当方式保护特定市场主体,具有或潜在具有排除与限制竞争的危害性的行政行为。针对行政垄断在实践中的表现形式与特征仍未有框架性的逻辑进行分类与梳理，鉴于行政垄断的现实复杂性，本节将从行政垄断的特征表现对行政垄断进行剖析，以便后文结合《公平竞争审查制度》回答为何制度是对指向行政垄断的"利剑"。

行政垄断行为分类和特征的研究，不仅有助于我们了解行政垄断在实践领域的全貌，也同样有助于分析《公平竞争审查制度》实施后针对行政垄断类型的规制强度。从行政垄断的作用方式的角度出发，本书将行政垄断行为分为不正当行政管制、不正当经济援助和不正当经营干预三种类型，为了与《公平竞争审查制度》的相关标准进行对应，本书将不正当行政管制进一步按其对象细分为主体限定和市场分割两种类型，进而形成了主体限定、市场分割、经济援助、经营干预四种细分类型。

（2）不正当主体限定。

主体限定是指政府对经营主体进入或退出某一行业、区域市场的主体资格的限定，既包含了特许经营，通过政府授权的特许经营许可将特定主体纳入经营主体范围而排除其他主体进入市场竞争的主体资格限定的行政行为，也包含了政府为限制竞争或保留税源设置退出壁垒妨碍企业退出市场。

①特许经营。

作为转型经济体国家，我国仍有许多行业属于受管制行业。这种行业管制的类型可以分为禁入型和控制型，部分行业管制权限由地方立法掌控。事前行政审批授予特许经营权是受管制行业的典型特征，审批权属于政府行政权力，容易形成对某些主体的歧视性待遇，从而导致市场准入的行政壁垒。对于受保护的经营主体而言，一旦进入某行业，即意味着市场稳定、销路稳定、经营风险下降，甚至价格可以得到保护，相当于将垄断利益"合法化"了。

我国金融业是典型的规制行业。从行业性质上而言，金融业不属于自然垄断行业，也不是维系国家安全的行业，其管制状态导致民营经济很难进入，外资也被拒之门外，虽然近年来金融业逐步向民营、外资开放，但是民营金融机构、外资金融机构仍有较大的发展限制。实际上，金融业同交通运输业、能源行业等一样都具有直接的行政主管部门，纵向直管式的"条"状结构和分地区分管的"块"状行政权力往往存在众多的冲突，这也是公平竞争审查制度甚至是反垄断法难以真正涉入金融业的根本体制原因。

其他行业诸如交通运输业、能源业、通讯业等，均存在不同程度的行政干预行为。比如航空运输业的航班资源的分配问题，国有航空公司对热门航线、航班资源有很强的垄断力，行政主管部门会以多种理由干预航线资源的配置以保护国有航空公司。再如铁路运输业虽然已经将行政部门和公司主体进行了分离，但是目前行业仅允许中国铁路总公司独家垄断。又如石油业虽然已经形成了国有石油、跨国石油、社会单位的共同竞争格局，但石油上游的开发、开采、炼油仍被国有石油集团垄断，传递至下游行业市场定价机制就容易被扭曲，难以形成有效竞争。

随着社会经济的发展，强化国家对某些战略行业的控制力并不等同于利用审批权保护，也并不等同于对企业日常经营的常态化干预，只有在保护企业完整产权的基础上，建立政府与企业之间的协商谈判的市场化机制，强化政府的宏观控制力。特许经营的审批权是地方政府干预市场的重要手段，在当前国家对某些行业管制的整体背景下，应当严格限制的是地方对于审批权的滥用。因此，没有法律授权或明显超过法律授权权限的特许经营应当作为行政垄断进行严格规制。

②退出限制。

不正当的退出限制是指以行政手段变相迫使企业转让技术、提高企业破产或退出市场的成本、变相限制企业注销分支机构等。这种退出限制一方面是在审批阶段就提高市场其他经营主体的退出成本，变相抬高其市场进入门槛；另一方面，可以进一步将税源留在当地，防止纳税大户从本地撤出从而损失税源。比如，某集团公司拟调整产业布局，拟从某地将工厂由东部地区向中西部迁移，工商注册、税务登记也随着子公司一并迁移，但却因受到当地政府的阻碍，迟迟无法迁移而支付高昂的运行成本。

（3）不正当经营干预。

①行政优待。

行政优待是指行政主体直接干预市场帮助市场经营主体获取市场机会，形成市场势力，包含地方政府对特定国有企业的帮扶、地方政府对于上市公司的"保壳"行为、帮助国企特殊人才或企业家家属解决落户入学等问题、行政审批优待、行政检查享有便利与特权等。举例而言，行政审批优待可能会出现"特事特办""包揽全办"等现象，即政府在特定企业进行行政审批时放宽审批条件、加快审批速度，甚至还为企业的相关事宜如在当地的投资项目寻求审批事项的快速办理，从立项、选址、用地、规划各方面协调各部门人员，推动事项的顺利落地。

②数量管制。

数量管制是政府对服务或产品的供给数量进行管制的行为，由于市场规模被行政约束，对潜在竞争者来说，会形成较高的进入壁垒。具体而言，出租车行业是典型的数量管制行业，出租车指标是属于管制下的稀缺资源，但往往政府会有限地将指标发放给国有出租车公司，事实上有些公司会把指标拿出来高价二次贩卖，以"每日份子钱"榨取高额利润。从行业属性上讲，出租车行业需要规制的是服务质量而非数量，其行业既不关系国家安全，也不是自然垄断，完全可以放松、放开管制。事实上，这一行业的管制放松却是在"滴滴打车"等民营打车软件兴起后才逐渐发生了变革。

③价格管制。

价格管制原先的出发点在于保护市场多方主体，防止哄抬价格侵害消费者利益，但是行政垄断涉足的价格管制，往往成为垄断利益集团的牟利工具。由于管制价格确定需要经过极其复杂的市场调研、充分的研究和论证后方能确定，管制价格的形成又与管制人员力量存在突出的矛盾，使得价格管制本身存在诸多问题。比如价格定价合理性问题，价格管制的行业往往都是国有企业或者国家垄断行业，价格确定所需要的成本信息数据往往都是国有企业的内部数据，在信息化程度不高、定价程序复杂的背景下，企业无法精准地核定成本从而形成合理的定价，定价往往很难存在客观性。另外，在成本加成定价的多数定价环境下，所定的价格是否体现公正性，是否对市场资源配置过程产生不利的影响均很难被真正科学地论证。正因如此，价格管制的定价基础存在问题也导致价格管制本身容易沦为行政垄断的工具。

④协调市场主体。

当竞争市场中行政主体在相互竞争的经营者之间进行协调达成价格、产量、市场份额等方面的一致意见或一致行动，均属于协调市场主体。如电信、民航等为避免价格战，往往会出面进行协调。虽然反垄断法规制此类垄断行为，但是由于有地方政府的默许，往往不会受到反垄断法的规制。如中国电信和中国网通于2007年签订的"领地协议"，中国电信和中国网通分别划定南方和北方作为各自业务主阵地，这一协议严重侵害了市场中的消费者权益，但仍在政府的默许与背后协调中落地实施。

（4）不正当市场分割。

市场分割是指区域市场之间的物理分割，其分割并非由地理、水文等原因造成，而是由人为的行政因素导致的商品或要素无法在区域之间流动的现象。在理想的全国统一市场中，市场经营主体可以在全国范围内自由地以同质低价的标准获取生产要素，并将生产出来的商品无障碍地销售给任何一个地区，仅仅只要考虑因距离或运输产生的销售成本。但是事实上，企业往往需要支付较高的制度性交易成本才能获取某些关键的生产要素或进入某区域进行销售。

①商品或要素流动阻碍。

这一类型的阻碍包括直接在行政边界设卡、利用技术要求或标准等歧视性技术措施、设置审批或许可障碍或拉长审批时限等方式阻碍区域外的商品进入本地区，或阻碍本地区的商品向外地输出。直接设卡的方式现在已经不常见，而更多的是通过行政程序上提高外地商品进入的成本，从而使其退出市场或难以与当期商品进行竞争。与此同时，对外地主体附加额外的主体义务或设置歧视性主体待遇的，也属于此类。

②歧视性补贴措施。

对外地商品制定歧视性价格或对本地商品进行保护性补贴，从而改变商品在本地区或输出到其他地区时的竞争力。

③不正当招投标活动。

不正当的招投标行为包含政府进行招投标时直接排除外地经营者主体身份、不及时不完整地披露招标信息、歧视性评标标准、歧视性附加义务等，这些招投标活动提高或保证了本地经营者的中标结果，从而导致外地竞争者在细分市场上的竞争失败。

（5）不正当经济援助。

不正当经济援助是指政府给予特定市场主体不正当的各种资金资助行为，包括财政补助、税收优惠、融资优惠、兜底补亏等。正是由于国家或地方政府对于部分企业的不断资金输送，形成了过剩产能、僵尸企业等亟待治理的经济怪象。

①税收优惠。

我国大部分央企一直享受着低税率政策，如中储粮集团公司每年均享有税收补贴；石油资源税费不到销售价格的2%，远低于世界平均的10%水平，而石油开采业则基本是由国有企业垄断。税收优惠也包括招商引资时使用的税收减免，如"免二减三""先征后返"等，如在税收征收以后采用企业奖励或者创新基金的方式重新补偿给企业。

②融资优惠。

首先，国企尤其是央企可以获得低息贷款。由于国有企业、国有银行和政府的特殊关联，行政主体往往更倾向于指导国有银行向国有企业发放低息贷款，国有企业获取低息贷款后可以扩大规模、甚至用于二次放贷形成影子银行的功能。其次，国有企业可以较为容易地获取贷款。如，只要有国资委批文，银行甚至可以不需要任何抵押物直接放贷，政府背书保证了银行在放贷时国有企业的资产均会是优质资产，能够优化银行的财务报表。与此同时，国企在发债、上市均有享有明显的优先权，这种优先事实上降低了国企的融资成本，而变相地提升了民企的融资门槛。

③亏损补贴。

对于央企而言，即便是在施行财务包干制的企业内，仍存在相当数额的亏损补贴，尤其是当企业属于涉及国家安全行业或重要的公用事业行业，政府几乎是全额兜底。比如中储粮作为我国唯一的储粮公司，其仍持续享有亏损补贴。

④土地等关键生产要素供给优惠。

地方政府在招商时常常以低地价甚至零地价的优惠政策吸引投资，由于国家对于土地出让有最低标准，地方政府也会通过奖励的方式将地价返还给经营者；也有些地方政府会走过场式地执行公开竞价出让程序，越过实质性程序向当地国有企业直接出让地价土地。

2.1.2　关于企业投资的相关概念界定

（1）企业投资及其分类。

企业投资作为公司财务领域最为重要且最为基础的概念之一，是影响企业生存和发展的关键财务行为。从字面意义上看，企业投资仅仅只能解读出"投资是企业作为主体作出的一种行为"。结合国内外的相关文献对于投资的定义，企业投资按概念的内涵可以分为投资水平、投资结构和投资效率三个方面。投资水平是指企业所进行的投资支出的规模大小，企业投资水平是支撑宏观经济的重要因素之一。投资结构是指投资的标的类型或投资所形成的资产分类，不同的投资标的，由于其风险、收益、成本均存在较大的差异，对于企业影响不同，所以投资形成的投资结构往往具有重要的财务学意义。投资效率是企业投资的投入产出比，可以分析其投资水平与投资所形成的结果是否与企业发展相适应，即企业作出的投资是否有效率，过度的与不足的企业投资均会折损企业价值。

企业投资水平。企业投资水平是指年度内资本支出、购建支出等的总和，既有研究中，以新增投资总量或购买无形资产、长期资产的现金支出作为代理变量进行表述。Gugler 等（2004）[185]认为，企业权益与债务的年度差、净利润和折旧、研发投入等经营成本之和在经过企业市值标准化后可以作为投资水平的代理变量。Mueller 和 Peev（2007）[186]认为资本支出的年差经过市值标准化后就可以作为投资水平的衡量。

　　企业投资结构或分类。企业投资的分类可以通过不同标准划分为多种不同的类型，本书以最常见的两种类型对企业投资进行分类。第一，按是否两权分离，可以分为直接投资和间接投资。所谓两权分离是指投资形成的资产所有权和经营权是否均掌握在投资主体手中，即直接投资是指投资所形成的资产所有权和经营权通归属投资主体，而间接投资是指投资所形成的资产所有权和资产经营权是分离的，投资主体仅仅享有资本保值增值收益；这种直接与间接之分在具体资产形成时就变成了经营投资和金融投资之分，形成经营资产和金融资产以及经营负债和金融负债。第二，以企业投资对象，将企业投资划分为有形资产投资与无形资产投资。有形资产投资是指以资金或实物方式投入，包括以厂房、机器和原材料等有形资产投入所形成的投资，具有投资实体、投资金额大、投资回收期长、投资风险小、投资报酬率低等特点。无形资产投资是指投资主体以专利权、商标权、著作权、土地使用权、非专利技术、商誉等无形资产进行的投资。无形资产投资的特征是不具有投资实体、投资回收期长、投资风险小、投资报酬率高等。第三，以投资回收期长短，将企业投资划分为短期投资和长期投资。长期投资和短期投资是相对而言的，一般而言，在时间上1年以内的为短期投资，长期投资往往是1年以上，主要指长期股权投资、企业研发投入等，这些投资回收期长，甚至需要多年以后才能获得投资回报，虽然收益丰厚但风险也同样高。因此，长期投资更注重风险研判。

　　企业投资效率。企业投资效率的基础假设在于企业存在一个最优资本存量水平，当企业投资的边际成本不等于边际收入时，企业就会出现投资的非效率性。若企业投资能够帮助资本存量向最优水平调整，那么投资就是有效的，反之就是非效率投资。Richardson（2006）[187]构建了非效率投资模型，针对投资机会的利用将非效率投资分为过度投资和投资不足两种现象。过度投资是企业没有好的投资机会而将资金配置给净现值为负的投资项目，投资不足是企业虽然有好的投资机会能够将资金配置给净现值为正的投资项目时却没有进行投资。无论是投资过度还是投资不足，均是对企业价值最大化原则的背离。

（2）企业投资决策的影响因素。

企业投资决策是企业投资行为形成的关键，决策时所考虑和考量的因素都是最终能否促成投资行为的决定性因素，这些因素包含投资结构、投资风险、资金来源等。

投资结构。投资结构涉及的是资金投向和风险配比问题，企业的生存和发展必定依赖主营业务的支撑，投资投向应当与产业之间保持高度关联性，以发挥企业主营优势与节约各类交易成本，需要考虑经营投资与金融投资之间、短期投资与长期投资之间的投资结构是否有助于在可控风险下最大化投资收益，是否能实现企业价值最大化等。

投资风险。投资风险涉及项目本身的风险，在公司财务中被称为"内含报酬率"，事实上，企业投资决策是一个动态过程，不仅仅是项目本身的风险报酬会影响投资决策，公司面临的经营风险、企业外部风险均会影响企业是否持续地完成投资，公司综合资本成本（也就是融资的成本）与内含报酬率的比较共同决定了投资决策。

资金支持。投资的资金支持是决定投资决策的关键性资源，资金来源按啄序理论（Myers 和 Majluf，1984）[188]可以分为内源融资和外源融资，根据代理成本的高低应当优先使用内源融资的方式（Jensen 和 Meckling，1976）[189]。我国的企业融资主要依赖于银行贷款为主的外源融资方式，其根本原因在于信用体系的缺失和居民的高储蓄率的客观现实。实施上还存在许多隐性的融资方式，诸如政府补贴、税收优惠均是属于资本成本极低的融资方式，未能被视作融资的资金流入企业后降低了企业的综合资本成本，在一定程度上也助推了某些企业过度投资、甚至成为影子银行的现象。

2.2 理论基础

行政垄断规制本质上是政府以规定的方式对行政垄断行为予以限制的

具体的制度安排，涉及企业活动以及政府法律法规等诸多方面的内容。行政垄断规制与企业投资研究的目的，在于分析政府行政垄断规制对于企业投资水平、投资领域和投资方式的具体影响机制，基于这一研究目标，政府与市场关系理论、社会转型理论、晋升锦标赛理论、产业分工理论、垄断抑制企业创新理论、企业投资理论成为其主要的理论基础。其中，政府与市场关系理论是行政垄断规制与企业投资研究的理论渊源，社会转型是行政垄断规制与企业投资研究的宏观理论，晋升锦标赛是行政垄断规制与企业投资研究的目标理论，产业链是行政垄断规制与企业投资研究的中观理论，垄断抑制企业创新理论是行政垄断规制与企业投资研究的微观理论，企业投资理论是行政垄断规制与企业投资研究的机制理论。

2.2.1 政府与市场关系理论

如何处理好政府与市场的关系，始终是经济学研究的重要问题。从古典经济学至新古典经济学，直至凯恩斯学派，关于政府与市场关系的认识和理论也在不断变化和丰富之中。以亚当·斯密为代表的古典经济学派，认为追求自身利益最大化的理性经济人，在"看不见的手"（价格机制）的作用下，市场的自由竞争最终会达到充分就业的均衡状态。在政府与市场关系方面，坚信市场是万能的，不需要政府干预。

新古典经济学时期，从马歇尔局部均衡到瓦尔拉斯一般均衡，意味着均衡状态不仅存在于单个市场，而且可以同时存在于所有市场。在政府与市场关系中，新古典经济的基本逻辑是：政府政策主张应实行自由放任，国家（政府）仅起到"守夜人"作用；信奉市场机制，相信它能够起到实现市场出清、达到一般均衡的作用，为大市场、小政府的政策主张提供了理论支持。具体而言，政府作用主要体现在两个方面：第一，健全法律，利己的同时不损害他人；第二，政府应该反垄断。

20世纪30年代的大萧条，新古典经济学无法从理论上予以解释。大萧条导致社会思潮的巨大变化。1936年，凯恩斯在其《通论》中从理论、方法和政策等方面提出了不同于传统的观点和政策主张，被称为"凯恩斯革命"。凯恩斯反对新古典经济学的"自由放任",主张国家(政府)对市场活动的全面调节和干预。

20世纪70年代以来,石油危机引发的"滞胀"问题,引发对凯恩斯主义的反思,新自由主义成为占主导地位的经济学流派。新自由主义继承了古典自由主义经济理论,提倡自由化、私有化和市场化,反对过多的国家干预,国家的作用限于守夜人,反对凯恩斯主义的国家干预政策。

政府与市场关系本质上是关于政府与市场作用及其边界范围。古典主义坚持市场万能,新古典主义基于市场失灵,新自由主义基于政府失灵,由于各自分析逻辑基点的差异,导致在政府与市场关系方面形成不同的理论观点与政策主张。古典主义的市场万能是基于完全竞争基础之上的,完全竞争市场是需要诸多假设条件的,如完全理性、产权清晰、信息完全性、要素自由流动、不存在交易成本等。这些假设并非完全现实的,特别是从宏观经济角度看,要同时符合以上诸多界定是不现实的。这意味着市场运行并非如古典经济学理论所设想得那么完美和有效。由于市场机制的不完全性和作用条件的缺失,导致市场无法实现资源有效配置状态即为市场失灵,具体包括:垄断、外部性和公共物品等。市场失灵是政府干预的必要条件,即通过政府干预可以解决市场失灵导致的低效或无效状况。但这并不意味着政府干预必然是有效的,同样存在政府失灵——如干预不足或干预过度等,并最终导致经济效率低下和社会福利的损失。

政府与市场关系理论的演变,反映了不同时期对于政府与市场各自属性、特点、作用认识的深化,这种认识上的深化又推动对于政府与市场关系认识的提升和完善。没有绝对的、唯一的政府与市场关系模式,只有现实的、具体的政府与市场关系模式。在不同的时期,应根据具体时空条件寻找适宜的政府与市场关系。20世纪90年代,"掠夺之手"与"扶持之手"理论模型为分析政府与市场关系提供了新的视角与思路。

1998年,美国经济学家安德烈·施莱弗(Andrei Shleifer)和罗伯特·维什尼(Robert W. Vishny)在其《掠夺之手:政府病及其治疗》(The Grabbing Hand: Government Pathologies and Their Cures)中第一次明确提出

政府"掠夺之手"理论模型,并认为政府可能会被某些利益集团俘获,从而背离其提高社会公共福利的初衷。因此,需要限制政府对市场的直接干预,从根本上否认政府干预的必要性。从这一角度,他们认为需要通过限制政府权力以解决"政府失灵"问题,而如何减少政府干预也正是需要研究的问题。

"扶持之手"观点是 Pfeffer 和 Salancik(1978)[190]基于资源依赖理论,认为政府执政的目标就是提高公共福利,应当通过各种政府手段如宏观调控、管制措施等来强化对"市场失灵"现象的管控,而市场实现最优资源配置是基于信息的完全对称背景下的,现实市场无法达到这一完美条件,"市场失灵"成为必然,而政府管制也从而成为必要。

作为微观市场经济活动的主体,企业要发展就必须从外部环境取得所需资源,意味着企业发展对外部环境必然存在着一定的依赖性。因为企业面临的各种风险和不确定性,会影响企业的经营绩效。如果企业能够与所依赖的外部建立良好的联系,外部环境发生改变时,企业可以由此降低风险和负面影响。政府的政策、管制措施和行政执法等是企业外部环境的主要组成部分,决定了企业要提高企业价值就要运用政治联系(Shaffer,1995)[191]。正确处理政府与市场的关系,合理确定政府与市场的边界,为企业发展创造公平的竞争条件。从以上关于政府与市场关系的各种理论观点可以看出,市场失灵是客观存在的,这就决定了政府干预企业的必要性,从具体方式来看,反垄断是其中最为重要的内容,因为垄断导致资源配置低效或无效。行政垄断规制是政府以规定的方式对行政垄断行为予以限制的具体的制度安排,目的在于减少垄断程度,提高资源配置效率。使市场在资源配置中起决定性作用的同时,更好发挥政府作用,走出具有中国特色的社会主义市场经济建设道路(裴广一,2021)[192]。认为中国特色社会主义市场经济建设需要有效市场和有为政府更好结合(叶光亮等,2022)[193]。因此,市场在资源配置中起决定性作用和更好发挥政府作用是并行不悖的,有效市场与有为政府是主要方向,成为行政垄断规制的理论渊源。

2.2.2 社会转型理论

19世纪中叶到20世纪初,社会转型理论初步成为发展社会学的重要分支。该理论认为社会转型是社会发展中"现代挑战阶段""现代稳固阶段""社会转移阶段""社会整合阶段"的第三阶段,是由农业为主的半封闭社会向工业化的现代社会转型的阶段。社会转型是一个优化社会结构的过程,问题不在于采取什么具体的形式进行社会改造,而在于取得一种本质上能够适应现时代环境、能够处理现时代社会各种问题或挑战的社会结构。

改革开放以来我国社会发展是在社会转型中实现的,经济体制改革的结果就是整个社会的全面转型。中国社会四十余年发展,是通过社会结构转型和经济体制转轨的方式实现的。中国社会发展与社会转型都有自己独特的轨迹和路径,示出浓厚的中国特色(郑杭生,2009)[38]。我国是典型的转型经济体国家,是从计划经济体制向市场经济体制转变,这也正是从不发达的经济体状态向现代化经济发展演进与转变。这也被称为"双轨制"且具有极强的社会主义特色,存在于少数社会主义国家(厉以宁,1996)[194],例如前苏联和东欧各国。这些国家政治上放弃共产党的领导,实行多党政策,效仿西方的议会民主,被称作体制转轨或体制转型(姚先国,1997)[157]。我国经济社会正经历的深刻转型对社会治理形成正反两方面重要影响。一方面,持续的经济增长为社会治理提供了坚实的物质基础;另一方面,经济风险可能向社会领域传导(李建伟等,2019)[195]。我国以工业化、城市化和市场化为主要内容的经济社会转型,是推动农村土地产权制度变迁的重要驱动力(谢冬水,2020)[196]。社会主义市场经济体制改革、对外开放和全面深化改革的重大理论创新是中国式赶超增长和结构转型的动力源泉(殷德生,2021)[197]。

从社会转型视角看,转型时期形成的"行政垄断"现象已经成为最难攻克的垄断类型,是一切垄断的真正根源。计划时期命令式的资源配置方式的目的在于快速实现工业化,其所形成的行政指挥棒模式继续残留于市场经济时期，导致了行政垄断与国民经济同步发展，共存共生。然而，这种包含政治牵连的行政垄断伴随而来的是市场低效运行以及收入差距拉大。国有企业的主要利润来源高度依赖于个别行业的行政垄断，而不是国有企业技术普遍的提高，进一步拉大垄断行业与竞争行业收入差距，垄断行业创新能力低下，资源配置效率低下，造成国有资产流失等。行政垄断成为社会转型中客观存在的现象，行政垄断规制成为政府必然行为。本书将行政垄断及其规制置于社会转型视角，可以更好地分析和理解其成因与特质，把握行政垄断规制的阶段性特征。

2.2.3 晋升锦标赛理论

早期在对公司职业经理人的研究中，锦标赛被用来描述参与竞争的人在竞赛时以相对的位次而非绝对成绩来决定绩效，以促使参与者通过相互比较来不断付诸努力提升绩效，从而绕过难以获取的私有信息达到激励目的。晋升锦标赛理论提出背景是1994年分税制后中国经济持续高增长率与低技术贡献率并存，在中国特有的"地方主官考核体制"下，能够带来更高增长率的地方官员获得提拔的概率要更高，结果是经济增长目标设定上出现了"层层加码"，地方官员为获得提拔而进行经济增长的"逐顶式竞争"。总结而言，晋升锦标赛理论主要从竞争的角度，研究地方政府和地方官员围绕上级政府设定的治理指标所展开的竞争行为，用竞争激励效应解释地方政府和地方官员的行为逻辑，并进一步引入对我国官员的晋升激励分析中。

"晋升锦标赛"由2007年由周黎安提出来后，被奉为解释中国增长奇迹的经典理论。在集权的政治体制下，地方政府官员为了获取考前的GDP排名，不断付诸努力并动用一切资源建设经济，以求得政治升迁的机会（周黎安，2007）[123]，甚至不惜代价过度干预经济，区域分割，地方保护等，均来源于这一政治动机。晋升锦标赛理论指出，我国"条块分割"体制既存在纵向的部委直管的"条状"命令权力束，也同样存在"块状"的行政区划之间的权力划分，纵向的行政指挥在一定程度上约束、影响了横向之间的协作与交流（中国经济增长前沿课题组，2014）[198]，加上以 GDP 为核心的地方政府官员晋升体系的激励，地方政府将有极大的动力招商引资，将能直接带动 GDP 发展的投资集中到当地（陈钊和徐彤，2011；姚洋和张牧扬，2013）[199][200]。

此外，晋升锦标赛理论还可用于不同层级政府关系中的研究，新中国成立初期我国实行的是政治经济一体化的高度集权模式，中央权力和职能范围触及社会生活的各个领域，地方政府没有自主权力和利益诉求，导致地方政府积极性缺失等诸多弊端。当代中国依然实行中央集权体制，但是为了调动地方的积极性，在处理中央与地方关系的实际过程中，实行一定程度的地方分权。从政府间事权关系来看，财权上收而事权下移，事权与支出责任不匹配，导致地方特别是基层财政困难。在财政分权过程中，事权下放导致了下级政府支出规模的扩张，使一些支出项目缺乏相应的财力的支持；为了保证资金发挥最大效益，有的甚至还硬性要求地方承担相对较高的配套比例。这些一定程度影响着下级政府的预算平衡，加重了下级的财政负担，加之地方财政机构膨胀，供养人口过多，使原本困难的基层财政雪上加霜。但是，地方官员为获得提拔，即使分税制降低了地方的"财权"，其发展本地经济的积极性依然强大。晋升锦标赛理论对于分析地方经济增长、行政性垄断、政府间关系以及政府与企业关系都有一定参考和借鉴。

2.2.4 产业链理论

产业链是对产业部门间基于技术经济联系而表现出的环环相扣的关联关系的形象描述，本质是建立在价值链和供应链的基础上，从产业角度和整体链条来思考产业链的整体价值创造活动。产业链本质上是一种以产业为主体的经济或技术关联，包含价值链条、企业链条、供应链条等。根据产业链理论，上游环节向下游环节提供中间品，下游向上游提供反馈信息，以产业集群与上下游合作达成密切联系，共生共存，提升整个链条的生产、反应速度，并共同提升风险抵御能力。

综合亚当·斯密与马歇尔的观点,产业链是一种因提供某类商品,从事具有内在技术经济关联活动的企业之间的网链式联盟结构,通过这种结构,从原材料到最终消费品的所有相关企业之间有序运作,共同实现价值增值(朱凤涛等,2008)[201]。按照区域经济发展的一般规律,从不发达地区到发达地区,农业产业链城乡间延伸区域开发的重点依次是增长极开发模式、点轴开发模式、网状开发模式(李杰义,2009)[202]。从市场优势、政策优势、区位优势、基础优势、成本优势分析产业竞争优势,构建产业链的具体模式。企业通过分析企业内外部资源、产业链结构以及国内外的经济环境等因素对企业的金融资产投资与经营资产投资的投资规模与结构进行动态调整,争取实现风险最小化、收益最大化的投资目标。

产业链理论指出,一家企业越靠近产业链上游,其利润往往越丰厚,竞争越缓和,究其原因在于处于上游的企业通常掌握着某种稀有的资源或核心技术,有着较高的行业进入壁垒。与之相比较,处于产业链下游的企业通常缺乏上述必要的生产要素或非生产要素,行业进入门槛亦相对较低,下游企业间的竞争更加趋于完全市场化,此类企业的利润率相对较低、经营风险较高。这意味着,处于不同产业链的企业,产业上游和下游的企业在产业链中的作用与影响不同,受政府行政垄断规制的程度亦存在较大差异。产业分工理论对于分析和研究行政垄断规制对企业的影响方式与机制具有重要的理论参考价值。

2.2.5 垄断抑制企业创新理论

从理论分析而言,垄断对企业创新具有抑制效应。从市场理论来看,垄断具有自然性和暂时性。首先,垄断的自然性是由特定时期的经济和技术特征内生决定的。自然垄断是市场竞争过程的自然结果,如果不存在政府人为设置的壁垒,自然竞争过程必然引起垄断。其次,垄断具有暂时性,垄断地位往往是暂时的,市场会有新的竞争对手不断进入,甚至会被看似毫无相关的行业中的竞争者夺走垄断地位。因此,除非有政府力量介入,否则不可能产生持续稳定的垄断。垄断利润都只能是暂时的,动态竞争过程的开放特征倾向于消除垄断。在新古典经济学的分析框架下，垄断的损失必然导致政府对垄断实施规制。因为垄断会阻碍市场竞争过程，阻碍市场发现过程，抑制创新，限制人们的选择，最终抑制了企业创新活动。

垄断对企业创新的抑制效应从理论分析和实证研究均得到很好的检验。稳定的垄断利润来源导致企业丧失对技术进步的追求动力（Arrow，1962）[31]。从理论上看，垄断导致的损失可能无法准确衡量，但在现实的市场环境中，可以发现垄断对创新存在抑制作用，垄断特别是依靠政府授予的权力形成的垄断造成的真正损失是未被实现的创新，这即是垄断损失的本质（董晓庆等，2017）[203]。垄断对企业创新能力主要体现为抑制作用。垄断对高质量创新的抑制作用主要体现在成长期企业、高科技行业企业和西部地区企业，而对低质量创新的抑制作用主要体现在成熟期企业、高科技行业企业和中部地区企业（周雪峰等，2021）[204]。垄断对于企业创新具有抑制效应，使行政垄断规制不仅在理论上是必要的，在现实上也是可行的，对于从微观视角分析和研究行政垄断规制对企业投资影响具有较好的理论指导意义。

2.2.6 投资相关的理论

（1）古典投资理论。

投资是实现经济增长目的的工具，总量投资更是被作为评估宏观政策的重要指标之一。从宏观层面讲，投资受到资金供给方的重大影响。政府的扩张性财政政策、官员的更替、税收激励等均有着显著的投资促进作用（秦朵和宋海岩，2003；王贤彬等，2010；付文林和耿强，2011）[205-207]。从微观层面讲，企业投资行为或投资决策受到资本成本、资本结构、金融支持、外部环境等因素的影响。

新古典投资理论认为，资本成本是影响投资企业投资行为的重要因素，资本成本和预期利润是投资行为的决定性因素（何青，2006）[208]，而非国有经济中的资本结构、市场势力等因素也同样影响投资行为（俞乔，

2002)[209]。民营企业相比国有企业的投资行为还会呈现更高的资本成本敏感性（徐明东和陈学彬，2012）[210]。企业投资决策还会对外部环境作出响应，当宏观经济不确定性增加时将抑制企业投资水平（王义中和宋敏，2014；李凤羽和杨墨竹，2015；饶品贵等，2017）[211-213]。无论从宏观还是微观层面，以银行金融体系为核心的资金供给是企业投资决策最为关键的因素，不仅具有资本形成的促进作用，甚至还可能引起过度投资；而企业决策时的风险考量，如经济不确定性风险、用资成本等，也是影响投资决策的重要因素，包括以下主要理论。

(2) 融资啄序理论。

啄序融资理论也称优序融资理论，金融学家 Myers (1984)[188]在《资本结构之谜》一文中初步提出观点之后，在其后续发表的论文中正式建立了融资啄序理论。Myers 认为，由于企业内部资金来源和外部资金来源的信息获取成本不同，企业管理层更了解企业真实状况，应当优先选择低成本的内源融资，而在选择外源融资时，应当选择风险相对较小的债权融资，最后才选择成本最高、风险最高的股权融资。从发达国家的经验来看，欧美企业的内源融资规模较大，但在中国信用体系缺失、制度建设不完善的背景下，股权融资的偏好明显，"上市"成为企业家发家致富的手段，这也称为"融资啄序悖论"。

(3) 行为金融理论与企业投资。

行为金融学认为，当放开理性经济人的假设后，个体的特质会影响其行为，在管理者特质中，管理者的从军经历、童年记忆、过度自信、持有飞行员驾照、签字大小等均能反映个体特质，而个体特质又会影响其决策与行为。比如过度自信会让管理者高估目标公司价值，出现溢价收购现象（Roll，1986）[214]，与此同时，过度自信也容易让管理者高估投资回报，导致投资规模与投资金额超过必要限度形成投资过度（Malmendier 和 Tate，2005）[215]。当管理者过度自信时，可能同时存在过于乐观估计风险导致投资过度，也可能低估风险导致自由现金流不足形成投资不足（Heaton 等，2002）[216]。

(4)代理理论与企业投资。

Jensen 和 Meckling（1976）[189]认为职业经理人与股东之间存在冲突，当自由现金流越多，这种冲突就越大，职业经理人就越可能通过投资攫取私利，并不会将现金支付给股东，从而形成过度投资而降低企业价值。这种"帝国建造"行为背离了股东与经理人之间的委托代理契约，过度投资现象即使是在投资机会较差的情况下仍然存在，以投资并购替代现金支付（Blanchard 等，1994）[217]损害股东利益的同时，背离委托代理关系建立的初衷。

(5)不确定性与企业投资。

不确定性是未来收益和损失的分布状态无法预知所形成的状态，作为理性经济人往往都会选择回避不确定性。不确定性广泛存在于企业场景中，如企业面临的外部经济政策环境中可能存在不确定性，当政府官员更替、政策前后没有衔接、特殊重大事件的发生都会带来外部环境不确定性，企业在面对不确定性时往往会选择等待或是回避，以期控制风险、降低损失。针对企业投资而言，企业投资面临外部不确定性和内部不确定性，如外部环境不确定性增加会带来管理者的非效率投资行为（徐倩，2014；饶品贵等，2017）[218][213]，内部不确定性如管理层变更、治理环境改变也同样会带来投资风格、投资水平的剧烈变化。

(6)投资替代理论。

投资替代理论指出实体经济中企业资本投向转变的主要目的是通过优化企业的投资结构实现企业投资利润最大化。实体企业的管理层普遍倾向于在实体经济低迷、主营业务利润率下跌时将企业的资本投入收益率相对较高的金融领域替代实体投资获取更高的利润（Arrighi，1994）[219]。对美国跨国公司研究发现，跨国公司销售额（替代 FDI）和美国出口额之间为反相关关系，即 FDI 与美国出口贸易之间表现为相互替代关系（Adler 等，1974）[220]。在外部交易成本不断增加的情况下，FDI 对出口贸易表现为替代效应（Buckley 等，1976）[221]。

受国内外市场需求疲软、企业自身创新力不足、利润率下降等诸多不利因素的影响，我国微观市场中越来越多的实体企业脱离了自身原有的主营业务，不断地将资金大量地投入到房地产和金融领域以获取较高的投资报酬率，企业金融资产在资产配置中的比重以及金融收益占企业总利润的比重均不断提高，进而导致我国实体企业金融化程度不断加深，实体经济发展"脱实向虚"的趋势日益凸显（张成思和张步昙，2016；杜勇等，2017）[222][175]。实体经济与虚拟经济之间出现的上述结构性失衡一方面严重制约了我国实体经济健康稳定的发展，另一方面加剧了国内系统性金融风险的产生。我国实体经济中企业面临的各种体制性、周期性和结构性矛盾并未得到有效的解决，进而导致我国实体企业投资"脱虚向实"困难重重。综合考虑我国跨国公司对外直接投资的产业选取、主体选取和区位选取的基础上加大对外直接投资，引领我国有能力的企业真正"走出去"，而以投资替代贸易是应对当前日益盛行的新型贸易壁垒的有效途径（王鑫，2017）[223]。认为国际贸易与国际直接投资是实物商品与生产要素进行国际流动的载体，两者的密切关系对投资及贸易有着重要的指导意义。在两者之间相互替代效应、互补效应的基础上，探析了我国这个特殊经济体对合理制定利用外资政策以及对外贸易战略具有重要的指导意义（张艳萍，2018）[224]。金融资产配置本质上是实体企业的经营性资产投资与金融性资产投资的投资结构和投资规模的选择问题。投资替代理论对于从中观层面分析行政垄断规制之后企业投资是否存在"脱实向虚"的问题具有重要的参考意义。

2.3 本章小结

本章重点研究了行政垄断、企业投资的相关概念及其衍生的类型和特征，在概念基础上结合了研究的理论基础，完善了理论研究的框架。第一，本章通过对比法定观点，将行政垄断定义为"行政主体通过不正当的行政管制、经济援助或其他不当方式保护特定市场主体，具有或潜在具有排除、限制竞争效果的危害性行政行为"，这一定义为后续的行政垄断分类提供了概念基础。与此同时，针对行政垄断与"经济垄断""国家垄断""宏观调控""产业政策"等可能存在概念混淆的词语进行了概念辨析，明确了行政垄断的概念边界。根据行政垄断的特征，本章进一步总结了行政垄断的四种类型，即不正当主体限定、不正当经营干预、不正当市场分割、不正当经济援助，在分类基础上进一步研究了这些类型的表现特征。第二，本章对企业投资的概念及其影响因素进行了研究。这一部分的研究是构建公平竞争审查微观经济效应的关键，通过理论分析与概念辨析，本章将企业投资的影响因素归类、精简为风险和资金支持两个方面，并将其与经典财务理论的折现率和现金流概念对应，从而引出企业面临的风险、获取的不正当资源补助等均有可能影响企业投资决策的客观事实。第三，本章对理论基础进行了总结。由于宏微观研究往往既涉及宏观理论，又涉及微观理论。因此，本章从宏观的"政府与市场关系理论""社会转型理论""晋升锦标赛理论"给出了行政垄断形成的理论解释，并从微观的"投资理论"解释了宏观政策可能带来的微观影响。

第 3 章 制度背景分析

公平竞争审查制度是指，依据我国 2016 年 6 月国务院发布的《关于在市场体系建设中建立公平竞争审查制度的意见》（国发 2016〔34〕号）所构架的政府自我审查机制制度体系，旨在约束政府行为，规范、防止、清理政府出台的含有排除、限制竞争的政策，以促进形成全国统一市场与公平竞争环境。本章将从历史沿革、设计优势、实践经验、宏观影响、内容剖析、微观路径等几个方面回答公平竞争审查制度"是什么""有什么用"以及"有哪些影响"的系列问题。

3.1 公平竞争审查制度的历史沿革

公平竞争审查制度的出台历史背景可以划分为三个明确的阶段，即萌芽与酝酿阶段、实践与探索阶段、完善与深化阶段。

3.1.1 萌芽与酝酿阶段（2008 年 8 月至 2016 年 4 月）

公平竞争审查制度作为竞争政策，是属于反垄断框架中的重要一环，正因如此，其萌芽阶段的起点应当界定为《中华人民共和国反垄断法》正式实施的年份，即 2008 年。在这一阶段，我国确立了反垄断法为核心的竞争政策总体框架，并以反垄断法与不正当竞争法相互配合完善国家对市场的治理，发挥"扶持之手"的作用。

2008 年 8 月，《中华人民共和国反垄断法》正式实施，其规制了垄断协议、滥用市场支配地位、经营者集中、滥用行政权力排除或限制竞争的四种垄断行为,"滥用行政权力排除或限制竞争"的界定,将政府行为作为反垄断规制的对象具有里程碑的意义,被誉为"经济宪法"。

2012年5月,最高人民法院出台《中华人民共和国反垄断法》司法解释,明确减轻了原告的举证责任、规定了诉讼证据、时效等。司法解释深化了反垄断法的应用,也对反垄断执法和司法执行力度的大幅提升提供了制度支持。

2013年11月,党的十八届三中全会指出"要处理好政府与市场的关系""发挥市场在资源配置中的决定性作用""清理妨碍全国统一市场和公平竞争的规定和做法",正式向行政垄断宣战。

2015年3月开始中央便紧锣密鼓地筹备《公平竞争审查制度》的出台,《中共中央 国务院关于深化体制机制改革加快实施创新驱动发展战略的若干意见》《关于2015年深化经济体制改革重点工作的意见》《关于大力推进大众创业万众创新若干政策措施的意见》《中共中央 国务院关于推进价格机制改革的若干意见》均明确提出"确立竞争政策的基础地位""探索实施公平竞争审查制度""协调产业政策和竞争政策"等。2016年3月,实施公平竞争审查制度被正式写入"十三五"规划纲要,筹备阶段正式结束,政策呼之欲出。

3.1.2 实施与探索阶段(2016年6月至2017年12月)

这一阶段我国探索建立了《公平竞争审查制度》,不仅在制度层面形成制度的顶层设计,也在实践层面实现了全国领域的铺开,由于公平竞争审查在我国未能有丰富的实践经验,但是从顶层设计到落地实施的整体快速布局,证明了政府的决心,我国快速进入实施并逐步探索的阶段。

2016年6月李克强总理正式签发《关于在市场体系建设中建立公平竞争审查制度的意见》(国发2016〔34〕号)(以下简称《意见》),标志着我国公平竞争审查制度正式建立。《意见》明确了公平竞争审查的总体要求与基本原则,规定了总共4类18项审查标准。《意见》出台后,相关部门积极推进了审查工作部际联席会议制度,并积极推进制定相关细则。

2017年10月国家发展和改革委员会、财政部、商务部、国家工商行政管理总局、国务院法制办五部门联合制定发布了《公平竞争审查制度实施细则（暂行）》（发改价监〔2017〕1849号），从强化程序约束、加强实体指导、严格监督问责几个方面强化落实。

至2017年年末，所有省份均出台了《公平竞争审查》落实与实施的指导意见与细则，标志着公平竞争审查制度在全国范围内全面铺开与正式落地，公平竞争审查的顶层部署工作告一段落，便迅速进入深化改革阶段。

3.1.3 完善与深化阶段（2018年1月至今）

在这一阶段，公平竞争审查制度的实施逐渐向完善与纵深发展，尤其是第三方评估制度的探索实施、细则的修订出台以及公平竞争审查制度的入法，均彰显着公平竞争审查制度无论在法律效力，还是在实施广度、深度上，均得到了史无前例的提升。

2018年12月召开的中央经济工作会议与2019年10月召开的党的十九届四中全会，强调"强化竞争政策的基础性地位""要创造公平竞争的制度环境""落实公平竞争审查制度"。2019年12月市场监督管理总局提出了存量政策"谁制定、谁清理"的原则，增量以自查为主的基本工作方案。

2020年1月，《〈反垄断法〉修订草案（公开征求意见稿）》的发布正式标志着把公平竞争审查制度"写进反垄断法"，通过赋予反垄断执法机构"实权"，来提高对行政垄断的执法威慑力，从而极限压缩行政垄断的"生存空间"。这一变动若正式以法律形式确定下来，那么对于《公平竞争审查制度》的深化实施将具有里程碑意义。

公平竞争审查制度的建立，目的在于防止政策措施排除、限制市场竞争。它是一个事前的审查，实际上是从源头上来打破行政垄断。公平竞争审查制度的核心内容就是反行政垄断。因此，公平竞争审查制定了多项标准，直接体现了竞争中性的原则，突出了政府在政策制定时应以公平竞争作为前置考量因素进行评估政策、实施政策。这一阶段在具体深化实施过程中，国家市场监督管理总局副局长甘霖指出，会把公平竞争审查作为落实竞争中性原则的一个重要措施，重点是在清理存量、严审增量、完善制度三个方面来加大工作力度。一要清理妨碍民营企业发展的相关政策，维护竞争中性。二是严控增量政策文件，防止违背竞争中性。三是对接国外经验，完善审查范围，弥补制度短板。

3.2 公平竞争审查制度的制度设计优势

公平竞争审查是对《中华人民共和国反垄断法》的有益补充，针对反垄断法的缺陷以审查的方式进行补漏，将所有的由行政主体作出的直接、间接不正当干预行为都进行了规制。从酝酿到正式出台仅仅用了一年有余的时间，突显了其重要性和紧迫性。

（1）从制度目标上，公平竞争审查制度的诞生旨在最大限度地抑制行政垄断。《公平竞争审查制度实施细则（暂行）》指出"政策制定机关在制定涉及市场主体经济活动的规章、规范性文件和其他政策措施时，应当开展公平竞争审查以评估对市场竞争的影响，防止排除、限制市场竞争"。公平竞争审查制度规制的行为主体直指以政府为核心的政策制定机关，规制的对象则是行政性质的规章、规范文件等，审查其是否在市场准入和退出、商品和要素自由流动标准、生产经营成本标准、生产经营行为标准等四大方面具有排除、限制竞争效果，通过18个"不得"负面情况约束政府行为。自2016年6月公平竞争审查制度建立以来，各地纷纷出台实施细则与落实方案，截至2019年2月全国范围内审查新增文件43万份，修改完善2300多份，清理了82万份存量文件，废止或修订2万多份，行政垄断从源头失去了实施的抓手。

（2）从价值取向上，公平竞争审查制度是在众多公共政策目标中优先保护市场竞争。政府调控市场的目标有很多，如产业政策、税收政策、货币政策、竞争政策都可以对微观主体产生重大影响，在某些情况下以对竞争进行行政限制的确会带来收益,但它是以加重公众成本为代价的(Centre for International Economics,2007)[225]。公平竞争审查制度的价值取向是将保障市场竞争机制作为其他价值目标的前提,从而确保市场对资源配置的基础性、决定性作用。因此,市场主体未来受到政府的直接干预将越来越少。

(3)从比较优势上,公平竞争审查制度相比传统竞争法事后规制具有明显的"先发优势"。传统的竞争法律(如我国的《反垄断法》)主要通过规制企业的竞争行为、依靠竞争执法来保护竞争,但事后执法的弊端在于危害竞争行为业已发生,当公权力干预市场并与竞争机制相悖时,行政处罚、行政诉讼都难以提供有效的救济渠道,只能等待公权力机构自我觉醒,而公平竞争审查制度的"事前预防"性质能有效地切断公权力干预市场的抓手,形成有效的"先发优势"。

3.3 公平竞争审查制度的核心内容剖析

2021年6月,市场监管总局等五部门发布《关于印发〈公平竞争审查制度实施细则〉的通知》(国市监反垄规〔2021〕2号,以下简称《细则》),在2016年6月《关于在市场体系建设中建立公平竞争审查制度的意见》(国发2016〔34〕号,以下简称《意见》)和2017年10月《公平竞争审查制度实施细则(暂行)》(发改价监〔2017〕1849号)的基础上,对暂行的实施细则进行了修订和完善,对规范有效开展审查工作、健全落实公平竞争审查机制起到了重要的作用。本节将从行政垄断规制的视角对公平竞争审查制度进行解读与剖析。

3.3.1 公平竞争审查制度的审查主体

《细则》规定,公平竞争审查的主体是"行政机关和法律规定的具有公共事务职能的机关(统称政策制定机关)",这一规定明确了政府作为行政机关既是政策制定主体也是审查义务的主体,基本确定了"自我审查"

的基本形式。针对"自我审查"可能产生的不公正问题,《细则》指出"在条件成熟时组织开展第三方评估",以独立第三方来保证审查结果的公正性,防止政府作为政策制定机关和审查主体"做自己的法官"。

政府作为政策制定主体,其政策制定的权限是受限的且有基本层次规定的,我国的法律位阶分为"宪法、基本法、法律、行政法规、地方性法规和行政规章"六个等级,对于地方政府,由于自我审查仅仅只能在本行政部门内针对"行政规章、规范性文件、其他政策性文件以及一事一议形式的具体政策措施"进行审查,无法向本级权力机关制定的地方性法规甚至是行政法规直接审查,针对这一情况,《细则》要求建立公平竞争审查工作联席会议制度,并规定"行政法规、国务院制定的政策措施,以及政府部门负责起草的地方性法规、自治条例和单行条例,由起草部门在起草过程中按照本细则规定进行公平竞争审查",这一规定相比《反垄断法》具备了更广的规制覆盖面,在审查组织上将具有更强的执行力,以往无法审查高位阶的法律、无法进行跨部门、跨主体的审查,均被赋予了实践空间。行政垄断凭借立法权获取"合法性"外衣将失去生存空间。

3.3.2 公平竞争审查制度的审查对象

《细则》指出,政策制定机关"在制定市场准入和退出、产业发展、招商引资、招标投标、政府采购、经营行为规范、资质标准等涉及市场主体经济活动的规章、规范性文件、其他政策性文件以及一事一议形式的具体政策措施时,应当进行公平竞争审查,评估对市场竞争的影响,防止排除、限制市场竞争"。这一规定,将政府能够用以经济干预的政策手段进行了悉数涵盖,同时,将本级政府自我审查权力无法涵盖的高位阶行政法规、地方性规章、国务院起草的文件等统一归类为其他政策文件,形成了良好的制度兼容性,封堵了原2016年《意见》的制度漏洞与缺口。在具体执行中,对不具备法律效力仅仅是行政性过程文件,如机关内部管理文件、沟通请示用函、行政性文件(如处罚决定、行政许可等)、事务性文件,排除在审查对象范围之外。

公平竞争审查的具体审查对象可以分为存量审查和增量审查。由于历史原因，在公平竞争审查出台之前，我国 21 世纪初经历了行政垄断的高峰期，随着政府职能转变与国家治理能力的提升，行政垄断行为纷纷寻求合法性外衣，导致规章、规范性文件中存有大量的排除、限制竞争的条款。公平竞争审查工作的开展，不仅需要将既已存在的危害竞争的因素进行清理，也要在新出台相关政策（尤其是产业政策）之前对竞争危害性进行审查。因此，公平竞争审查的对象既包括存量清理也包含增量审查。

3.3.3 公平竞争审查制度的审查标准

审查标准是公平竞争审查制度最为重要的核心内容。《细则》在 2016 年《意见》的基础上，完善了《意见》列举的四大类审查标准（即审查什么内容）和十八条二级标准（即以怎样的标准审查），这四类十八项标准几乎涵盖了所有行政垄断的形式。

第一，市场准入和退出标准。这一审查内容与政府的行政审批权力有密切的关联，如歧视性准入准出条件，将行业、地区、所有制等方面的准入、准出审批限定不得进行差别化、歧视性对待；不得在竞争领域增设特许经营权或以歧视性保护条件向特定经营者授予特许经营权；不得限定或变相限定经营、购买、使用特定经营者提供的商品和服务；不得设置没有法律依据的行政审批前置程序、负面准入的审批程序等。可以看出，这些审查标准均跟企业的审批权力或行政程序有密切关联，差别化审批是市场竞争主体地位的不平等的重要原因，也是行政直接干预经济、形成地方保护主义的重要手段。

第二，商品和要素自由流动标准。包括歧视性价格与歧视性补贴，不得利用技术标准、检验要求、直接设卡等方式限制外地商品流入和本地商品输出，不得排斥外地经营者在本地投标，不得限制外地经营者在本地设立分支机构且分支机构不得实行歧视性待遇。这一规定将企业生产所必需的要素、中间品在不同地区间的流动解除了行政性限制，尤其是商品输入输出的规定，既保证了企业商品竞争市场的统一完整，也促进了要素市场的要素流动与交换。

第三，影响生产经营成本标准。生产经营成本泛指各类优惠政策或义务减免，这一标准包含不得给予经营者的各类诸如补贴、税收减免、低价要素、排污权限等各类优惠，不得将财政支出与经营者纳税挂钩，不得法外扣留各类保证金。这一标准内所涉及的项目诸如纳税义务、环保义务、社保缴纳义务等均是法律规定的企业应尽义务，这些义务体现在企业生产经营过程中，就是各类成本的增加，当政府以各种优惠、减免影响义务履行时，企业将以更低的综合资本成本运行，提升了产品市场的成本竞争优势，也增加了企业扩大再生产所必需的资金。

第四，影响生产经营行为标准。这一标准属于直接利用行政职权对相关主体或市场的直接干预行为，其规制内容包括不得利用行政命令强制市场主体从事违反《反垄断法》的垄断行为，不得违法披露或要求披露经营者生产信息以帮助特定市场主体实施垄断，不得超越定价权进行政府定价，不得干预市场调节的商品与服务的价格水平。这一标准主要面向的是防止政府利用行政权力帮助市场主体实施垄断以及保护与发挥市场价格机制，本质上属于规制行政权力对市场的干预，保证市场运行效率以及市场竞争秩序，将资源配置权重新还给市场。

3.4 公平竞争审查制度的经济效应

3.4.1 公平竞争审查制度的宏观效应

第一，公平竞争审查制度破除了行政垄断的制度性抓手，切断了行政命令、政策倾斜对经济主体的直接或间接的干预。公平竞争审查的作用在于政府出台规章制度对限制竞争、破坏公平的政策要素进行前置审查，在存量清理的基础上严控增量政策，保障行政命令、政策倾斜不会对行业内所有主体具有异质性的影响。事实上，我国行政垄断实施的制度性抓手正是通过行政规章制度来设置行业、地区或产权性质的壁垒，造成主体市场权益的不同，也客观地催生了可能的寻租空间。根据寻租理论，当企业非生产性寻利成本发生时，企业创新投资、全要素生产率、追求可持续发展意愿、社会责任履行等都会受到负面影响（任曙明和张静，2013；魏下海等，2015；夏后学等，2019）[226-228]。产业政策改革的目标是塑造竞争友好型政策，在出台前对政策进行竞争评估，将政策的竞争损害降到最低（孟雁北，2018）[229]。通过公平竞争审查对产业政策进行"竞争评估与修正"，可以有效地缓解税收优惠、补贴政策在不同主体之间造成的事实不公平，形成增进市场机能、扩展市场作用范围与补充市场不足为特征的功能型产业政策，将政府功能重新定位在"提供公平的竞争环境"的服务属性而非以直接或间接干预的管理属性。

第二，公平竞争审查制度营造了良好的营商环境。营商环境是市场在经营时各类主体待遇的总和，涉及行政审批、市场环境、法治环境、人文环境等。营商环境对招商引资起决定性作用，从而会对经济发展、社会发展产生重大影响。公平竞争审查通过保障区域内各主体的公平竞争地位，提供行政诉讼法律依据、清理存量规章、严控增量规章，改善行政垄断带来的市场主体事实不平等待遇，优化、营造了更好的营商环境。营商环境的优化又会进一步促进企业创新产出效率（熊凯军，2021）[230]、产品质量升级（刘宏等，2020）[231]、产能利用率（刘军和付建栋，2019）[232]、企业绩效（杨进和张攀，2018）[233]等。因此，微观企业尤其是劣势企业、民营企业或无政企关联企业，在营商环境优化的背景下可以获得更为公平的市场待遇、非垄断的要素定价、无壁垒的行业准入准出，业绩、创新、追求高质量发展都将得到系统性的提升。

第三，公平竞争审查制度为行政诉讼提供了合法性依据，弱势企业通过行政诉讼可以实现在要素价格、主体待遇、准入壁垒等方面的平权。《中华人民共和国行政诉讼法》第五十三条规定，"公民、法人或者其他组织认为行政行为所依据的国务院部门和地方人民政府及其部门制定的规范性文件不合法，在对行政行为提起诉讼时，可以一并请求对该规范性文件进行审查"。根据该条规定，行政相对人认为行政行为所依据的规范性文件违反公平竞争审查制度的，在提起诉讼时可一并要求进行公平竞争审查。事实上，国务院 34 号文发布后，司法实践中已经陆续出现了与公平竞争审查有关的行政诉讼。只要涉及公平竞争审查的市场准入与退出、商品和要素自由流动、影响生产经营成本与影响生产经营四个方面因素，企业便可通过行政诉讼要求政策制定机关修改、废止妨碍公平竞争的政策。

3.4.2 公平竞争审查制度的微观经济效应

公平竞争审查制度从顶层制度设计到具体落地实施均是针对以政府为核心的政策制定机构实施的行政垄断行为，但是公平竞争审查制度所进行的政府自我审查是如何规制行政垄断的？又是如何传导到微观企业层面？以及如何进一步地影响企业的投资决策？似乎并未得到明确的回答。本节研究的重点在于架构公平竞争审查制度通过规制行政垄断并向微观企业行为传导的逻辑路径，明确公平竞争审查制度的微观影响，这是宏微观研究最核心也最难的关键。本节将公平竞争审查制度的影响分为"如何治理行政垄断""如何影响微观投资"两个部分。

（1）公平竞争审查制度如何规制行政垄断。

根据 2.1.1 针对行政垄断的分类，本书梳理了《公平竞争审查制度实施细则》（以下简称《细则》）中规制的内容标准与行政垄断细分类型的对应关系。如图 3-1 所示，分别对《细则》中 4 类 18 条规制内容标准进行了统一编号，大类使用英文字母 A-D 分别标记，每一大类下的细则共计 18 条分别使用二级代码数字 1—5 来标记，例如 B2 就是代表商品和要素流动标准中的第二条细则。由于行政垄断的分类与实践中的公平竞争审查实施规制标准难以形成一一对应的关系，将《细则》标记按规制的对象与内容分别对应到行政垄断的类型，代表这一行政垄断子分类是否受到某细则的规制与约束。

由此可见，第一，行政垄断的子类型均有公平竞争审查的对应条款覆盖。虽然不同的行政垄断类型其被覆盖的条款数量略有差异，说明几乎所有行政垄断类型都有不同程度的规制与约束。第二，国家垄断行业或央企

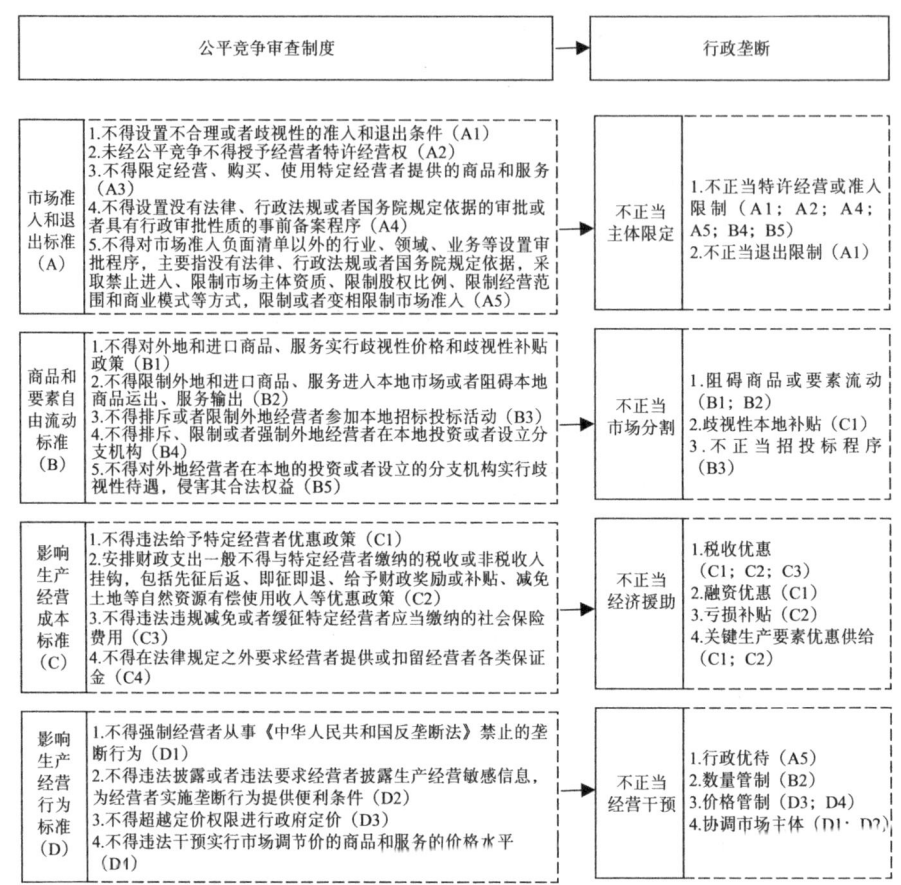

图 3-1　公平竞争审查制度规制行政垄断的核心路径

相关的优惠政策并未在规制之列。正如前文所述，目前某些战略性行业仍承担着重大的国家利益，其社会效益远大于垄断产生的竞争危害性。因此，《细则》将之列入"第四章：例外规定"中，重要的是，细则所指的"应明确实施期限"也彰显了政府对未在规制之列的情况持动态、持续性评估的态度。随着央企改革的推进与法律的相应完善，这些"例外规定"可能会逐步进入规制之列。第三，公平竞争审查制度与产业政策的协调只是第二层次的问题。第一层次的问题应当是如何利用制度规制行政垄断，在这一过程中如何防止产业政策成为实施行政垄断的"手段"。这一部分的分析，彰显了国家出台公平竞争审查制度规制行政垄断的决心，不仅做到了几乎全覆盖,而且其各种形式均有较为深度的规制约束设计。至此,公平竞争审查制度已然成为直指行政垄断的"利剑"。

(2)公平竞争审查制度如何影响微观投资。

正如2.1.2中所述,企业投资决策受到投资结构、投资风险、资金支持等多方因素影响,由于公平竞争审查制度并不直接影响微观企业的投资结构,本节就将重点聚焦在投资风险和资金支持两项因素上,以研究公平竞争审查对微观企业投资的影响。

投资风险的影响。当企业面临重大风险、经济政策不确定性、市场竞争程度等外部风险时,企业为了抵御风险会降低投资水平(刘星等,2008;潘攀等,2020)[234][235],同时增加现金持有水平(何青和李皓鹏,2013;刘端等,2015)[236][237]。因此,企业政策风险、竞争经营风险、项目特有风险等风险均会不同程度地影响管理者对于投资风险的研判。站在这一视角,行政庇护下的企业具有稳定的销售市场、稳定的要素供给、稳定的招标项目,其面临的政策风险、经营风险、项目特有风险均远低于非庇护企业,其对于投资项目要求的投资回报率也会相对更低,其更容易获得高净现值(NPV)的项目,从而影响其投资水平。

资金支持的影响。资金是企业投资过程中最为重要的因素,它既是项目中投入并预期获得未来收益的支出现金流,也是融资后形成的综合资本成本用以判断项目是否可以投资的用资成本。一方面,若一个企业面临着较强的融资约束,其匮乏的资金支持将直接抑制企业的对外投资(王碧珺等,2015;刘莉亚等,2015)[238][239]。另一方面,融资便利、较容易地获得低成本资金(如补贴、税收返还等)可能会引发公司的过度投资(魏志华等,2014)[103],更甚者存在超额现金持有的公司,更容易发生过度投资(王彦超,2009)[240],甚至成为影子银行出现信贷资源的二次配置(王彦超,2014)[241]。可见,资金支持是影响投资决策、投资效率的重要因素。根据融资啄序理论,企业融资可以分为内部融资和外部融资,当企业面临融资约束时企业会更依赖内部融资,而内部融资的主要来源便是以利润为核心的留存收益,对于外部融资而言,最核心的融资来源便是银行贷款。

因此，从利润角度来讲，行政垄断庇护下的企业不仅在市场份额、产品销路等收入端具有稳定的营收现金流，同时在生产要素、中间品成本上具有更低的成本，所获得的垄断利润更多且经营风险更低；从外部融资来讲，违规补贴、税收返还、优惠贷款等均降低了企业的资金使用成本且增加了企业的融资能力，行政垄断帮助庇护企业获得了更多的资金用于投资。

基于上述分析，本书将投资决策的影响因素分为折现率（风险）、现金流（资金支持），这一对概念也正好对应着经典公司财务理论的投资决策要素。风险进一步分为政策风险（准入准出等）、经营风险（市场竞争冲击等）、项目风险（政府招标项目等）；资金支持进一步分为内源融资（利润＝收入－成本）、外源融资（银行贷款、税收优惠、政府补贴等）。至此，本书形成了《公平竞争审查制度》微观投资影响路径的分析框架，如图3-2所示。

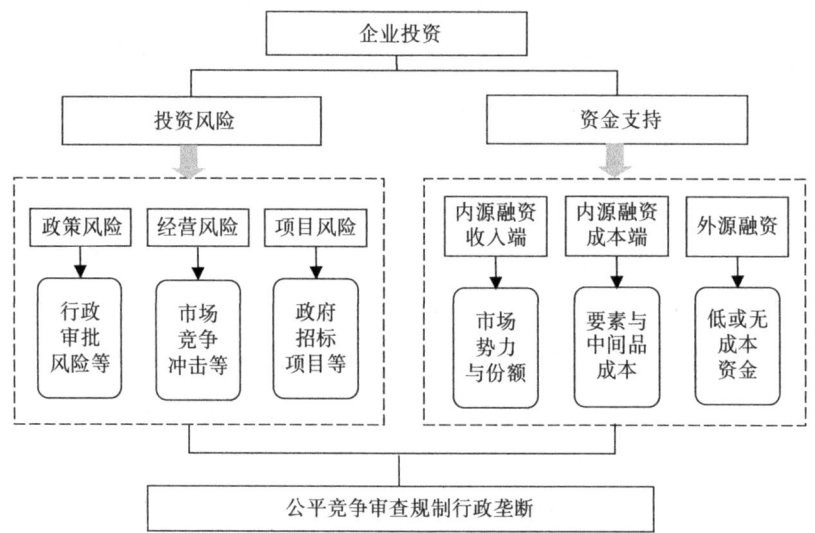

图3-2　公平竞争审查制度影响企业投资的微观分析框架

公平竞争审查对行政垄断的规制，将如何影响微观投资中的风险和资金要素仍尚未得到明确的回答。下面本书将从公平竞争审查的规制内容出发，探究公平竞争审查制度对微观投资决策因素的影响路径。

如图3-3所示，根据行政垄断的类型与表现可知，行政庇护下的企业往往享受行政审批优待与垄断保护，其审批速度、准入优待、市场竞争威胁、中标概率也会大大优于其他企业，因而其面临的政策风险、经营风险、项目风险均会远低于其他企业。与此同时，受保护的垄断市场提供了稳定的产品销路，受地方政府掌控的关键生产要素也能够以低价提供给企业，财政补助、税收返还、低息贷款等低成本或无成本融资渠道也提供了大量的资金支持。因此，受行政庇护的企业无论在面临的风险还是在资金支持方面均具有不可替代的优势。但是随着公平竞争审查制度的落地，这些优势将不复存在。

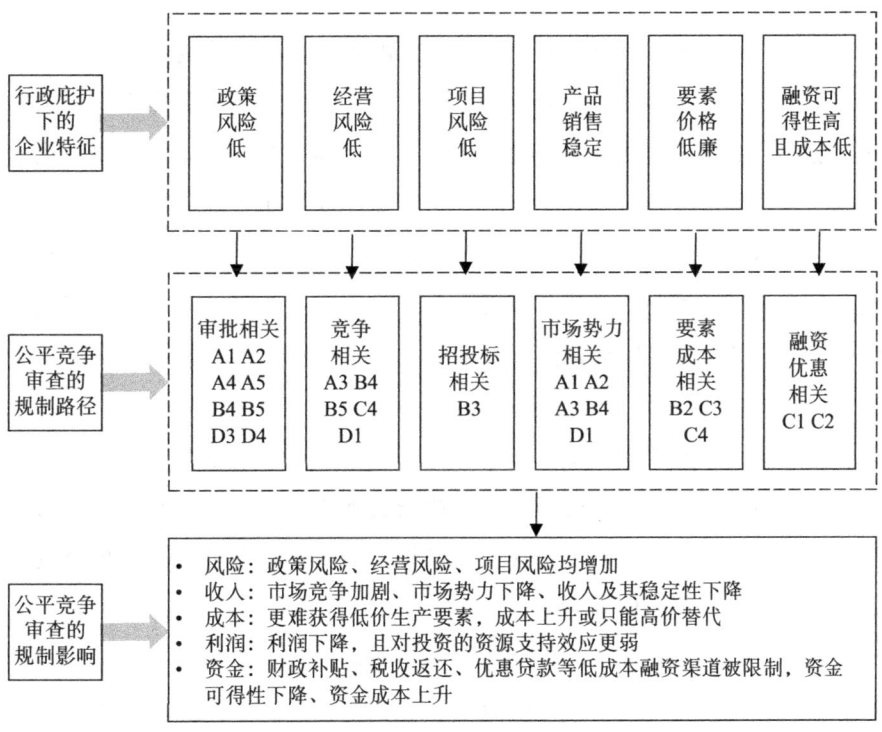

图3-3 公平竞争审查制度的企业投资影响路径

第一，风险增加。不合理的准入准出审批、不合理的特许经营授权、不合理的附加审批程序、不合理事前备案程序等，均在削减非庇护企业在审批环节所支付的时间成本和机会成本，越简单的审批程序，潜在竞争者进入市场的壁垒越低、意愿越高，丧失掉行政优待的被庇护企业将面临着更高的政策变动带来的政策风险、竞争加剧带来的经营风险以及招投标公平化而只能投资于风险更高的项目引发的项目风险。

第二，收入下降。行政庇护企业内源融资的收入端，也同样受到行政垄断破除带来的诸多负面影响。不合理准入准出的破除削减了市场壁垒、引发被庇护企业的垄断势力下降，竞争对手增多引发收入不稳定性增加且伴随着随时被弯道超车的可能。因此，以"行政权力"为核心的竞争力完全瓦解，市场份额、企业收入均不能维持原有垄断时的水平，营业收入下降。

第三，成本上升。行政庇护企业内源融资的成本端，随着要素市场壁垒的逐步打破，独享的低价要素（如土地、矿产等掌握在政府手中的关键性上游生产要素）将被更公平地分配给市场主体，被庇护企业的要素成本将持续上升，进一步挤压利润空间。而对于非庇护企业而言，其支付的要素成本下降的同时，其支付的制度性交易成本（如审批时间长带来的机会成本、为审批通过而支付的各项成本等）也会随着公平竞争审查制度的落地而下降，其生存风险会逐渐下降。

第四，利润下降。利润是内源融资的核心，公平竞争审查从经营风险、收入端、成本端的多重组合拳压缩了被行政庇护企业的利润空间，将其垄断利润转换为平等的市场机会释放给其他市场主体。利润的下降直接导致被庇护企业的内源融资失败，不仅将大大削弱对企业投资的资金支持效应，还将进一步加剧外源融资的压力。

第五，外源资金减少。行政庇护下企业可以较为容易地获得低成本的外源资金，比如财政补贴、税收返还、优惠贷款等，公平竞争审查对于违规优惠政策、违规补贴或税收返还的规制均会直接限制甚至切断庇护企业的此类资金来源，失去了低成本资金来源只能以高成本资金替代，将增加企业的资金使用成本。

总而言之，公平竞争审查制度对于企业风险、资金的约束将直接影响被庇护企业的投资决策，更高的风险、更低的利润加上更少的外部资金支持将直接影响企业的投资规模和投资效率。

3.5　本章小结

本章以公平竞争审查制度作为切入点进行了制度背景分析，主要通过历史沿革、制度设计优势、核心内容剖析、经济效应四个方面展开论述。历史沿革分析指出了公平竞争审查在我国经历的酝酿时间不到一年，且快速地在经历几年时间实现了全国铺开，证明了这一制度在社会、经济、市场、国家层面均有重要的制度需求。制度设计优势既研究了公平竞争审查规制行政垄断度目的，也体现了公平竞争审查优于其他竞争政策如反垄断法的优势。核心内容剖析从公平竞争审查制度的细则出发，按准入准出、商品流动、生产成本、经营行为4个规制标准进行了一一剖析，分析了其规制意图与规制内容。经济效应主要分析了公平竞争审查4个标准如何影响行政垄断以及进而如何影响企业投资的，本章将投资的影响因素总结为风险和资金支持两个方面，并将公平竞争审查规制行政垄断的内容对应到风险、资金两个方面，形成了宏微观的研究逻辑框架。

第4章 行政垄断规制与企业投资水平

4.1 问题的提出

在改革开放至今的40余年时间里,中国经济的飞速发展向全世界呈现了"中国奇迹"。中国经济的年均增速在8%—9%,而西方发达国家仅有2%左右的增速。随着我国经济快速增长,收入水平的节节攀升,物质生活极大富足,综合国力大幅提升。许多学者认为,投资是解释"中国奇迹"的最关键因素,即我国的高速增长来源于投资的推动与贡献。投资、消费和进出口被广泛认为是拉动经济增长的"三驾马车"。从投资的功能性上来讲,投资能够直接带来产能,为社会创造产品供给、就业岗位、资金回报等,投资所形成存在的资本,是创造GDP的基础,也就是说,投资的投入、运营、产出各个环节都会带来GDP的增长。在改革开放后到2010年,投资对经济增长的贡献率稳定保持在4.2%左右①,因而被众多学者们称为"投资驱动型"的经济增长。

然而,不可忽视的是,投资能够拉动经济增长,也同样能够引起经济波动与负面的社会经济影响。第一,产能过剩现象严重。制造业产能利用率低下,僵尸企业成为去产能的独有现象(王永钦等,2018;张栋等,2016)[242][243];政府投资项目实际运营率低,政府负债中对应资产以过剩产能存在;房地产产业的房屋空置率高等。第二,资源环境压力巨大。投

---

① 数据来源:《中国统计摘要2020》。

资本质上是对外部环境的一种改造过程,兴建交通设施、构建工厂与房屋、构建固定资产设备以及这些设备设施的运转的废水废气等均会对外部环境产生负面效应,在我国飞速发展的前20余年里,唯经济目标的发展模式导致了投资呈现一种破坏式改造的形态,积累了大量社会、环境问题。第三,技术进步停滞不前。由于投资热情高涨带来的对长期发展资金的挤占,比如对教育费用、科研经费等的挤占,而技术进步所亟需的人力资本、知识的积累需要持续不断的资金投入,延缓技术的积累过程;与此同时,经济发展依赖投资就可以获得高速增长,削减了社会经济对技术发展的需求。可见,投资两面性所隐含的是一种经济增长的逻辑,即高投资带来高增速,所放弃的是经济增长的质量,后面隐藏的风险应当引起警惕。应此所需,党的十九大提出"中国经济由高速增长阶段转向高质量发展阶段"的时代课题。

行政垄断是我国经济布局向高质量发展阶段转型的重大障碍。中国经济增长前沿课题组(2014)[198]对行政干预如何作用于市场机制给出了解释,第一,政府根据纵向一体化的方式安排生产组织体制,形成了以职能部委主导纵向分割行政体系,阻断了市场的资源配置功能。市场与市场之间、市场内部的横向协作与竞争被切割,大量审批服务均服务于这种纵向分割体制,导致要素、资源在不同市场之间无法横向流动或有序流动。第二,政府运用行政政策手段对某些企业进行扶持,包含产业政策、贸易政策、财政补贴等,设定制度门槛保护或扶持政府所认定的特定企业。第三,公共服务业被当作工业化发展的附庸,以财政补贴降低公共服务成本,并向工业部门提供廉价甚至免费的公共服务品。第四,科教文体卫等部门以事业单位形式存在,无法进入市场从而作为基础生产要素参与社会生产环节,难以形成自主的知识创新与积累。因此,地方政府在晋升锦标赛的制度体系内,首要保证的就是出台政策支持易于产生规模的部门,而企业在政府扶持下通过投资获取规模的同时,市场的资源配置机制被扭曲了,主要表现为资本、人力资源、其他生产要素均向低效率主体聚集,其根本原因在于利益分配机制被改变了。在整体经济下行或增速放缓的背景下，政策支持企业可以在"父爱主义"的关怀下通过政府隐性背书提高负债来抵御被淘汰掉的风险；而所处竞争集中、市场化程度高的行业中的企业或私营部门中，往往随时面临着破产风险；对于事业单位等部门而言，旱涝保收的机制实际上在向国家财政转嫁经营风险，国家财政仅能依靠提高税收的方式来维持。从这一整个市场主体运行机制来看，不难发现，效率主体不仅需要承受自身所在行业的经营风险、政策风险、破产风险，还需要额外负担国家财政转嫁而来的压力，信贷歧视所传递的融资困境，而非效率主体则可以轻松凭借与政府的庇护关系而规避掉大部分的风险。因此，行政垄断干预的直接结果就是，效率主体被淘汰，而非效率主体持续存在且难以清理，这一逆向淘汰机制也进一步推动了过度投资、产能过剩、资源错配等各种经济后果，损害经济增长的质量。

公平竞争审查制度属于《反垄断法》框架下的重要竞争政策，旨在规制行政垄断从而发挥市场对资源配置的决定性作用，改变因行政干预对市场机制的扭曲作用，其规制路径针对政府政策本身是否具有竞争限制与排除的功能，因而对于行政垄断属于源头性的治理手段。从既有研究来看，行政垄断所带来经济后果研究相对丰富，如行政垄断会带来消费者福利的损失（丁启军和伊淑彪，2008；许开国，2009）[131][132]、引发社会生产效率低下（宋则，1999；余晖，2001；高尚全，2004；王会宗，2009；魏庆文，2020）[135][136][244][137][138]、加重收入分配差距与分配不公（Slichter，1950；Shi，2007；潘胜文，2008）[139-143]、阻碍技术更迭与经济活力（杨兰品，1999；付强，2008；严海宁和汪红梅，2009；许新华，2016）[148-151]、诱发寻租导致腐败与社会经济损失（杨继生和阳建辉，2015；许新华和罗清和，2015）[20][147]等；在微观企业研究层面，行政垄断会导致企业的技术竞争被资源争夺所取代（丁重和张耀辉，2009）[160]、垄断壁垒会造成创新行为扭曲（周绍东，2008）[245]、要素资源错配和生产率的损失（Wurgler，2000；Wolfenzon，2005）[163][164]；在微观的企业投资和宏观的产能过剩方面，认为地方政府有动机保护当地企业投资，通过设置壁垒、提供政策扶持、将资金引导至更容易获得国家关注的项目上来以彰显行政政绩（余东华和吕逸楠，2015）[170]，但这也同样造成了大量的过度投资的产生（江飞涛和曹建海，2009；王彦超和蒋亚含，2020）[171][13]，过度投资的背后是行政庇护下的资源输送（张前程，2014；中国经济增长前沿课题组，2014）[246][198]和低决策风险（许新华，2016）[151]。事实上，非效率主体和资源倾斜结合，造成的结果必然是低风险、高供给为特征的非效率投资。因此，探究如何扭转非效率主体的不当资本输出、抑制行政垄断或行政保护所形成的无效率、低效率投资行为，将有助于我国经济从粗放的发展模式向高质量发展转变，显得十分必要。而公平竞争审查制度作为抑制行政垄断的利器，是重要且关键的制度供给，对其如何改变行政垄断的运行机制却未能得到全方位的研究与完善的理论回答。因此，研究公平竞争审查制度如何抑制行政垄断，如何改变微观企业投资决策，对于我国经济摆脱"投资驱动型"的"低技术贡献率"陷阱，有着重要的理论和现实意义。

本章节重点研究了《公平竞争审查制度》的实施对于企业总体投资水平的影响。主要研究目标是为了回答公平竞争审查制度是否在宏观层面和微观层面能够对企业投资水平产生影响，以及这种影响是否通过抑制行政垄断而发生作用的。研究结果显示，行政垄断程度越高，地区的投资水平也相应地越高；在《公平竞争审查制度》实施以后，行政垄断程度高的地区相比程度低的地区呈现出更低的投资水平增幅，即公平竞争审查制度对高行政垄断地区产生了相对的投资抑制作用。这一相对抑制作用在过度投资水平越高、全要素生产率越低、市场集中度越高、市场化进程越低、利润越高、收入越稳定、政府补贴越多、融资约束越低、银行借款越多的企业样本中更为显著，这说明了公平竞争审查制度对高行政垄断地区企业投资的相对抑制作用，在主体越受庇护、市场机制越完善、内外源融资来源越多的情况下呈现了更为显著的作用，进一步验证了公平竞争审查制度是通过抑制行政垄断的庇护渠道而影响企业投资的。

本章节的研究贡献在于：第一，拓展和补充了宏微观视角下的公平竞争审查对投资影响的相关文献。以往研究公平竞争审查的文献，多以顶层制度设计出发研究如何进行制度安排，而本章研究则从实证的角度对公平竞争审查制度与企业投资之间的关系进行了验证，从宏微观结合的层面，探讨了行政垄断推动企业投资的机制以及公平竞争审查如何切断不正当的行政垄断投资助推渠道，拓展了竞争政策微观影响的相关文献。第二，丰富了企业投资理论。企业投资不仅仅是微观视野下的财务行为，而会受到政策环境、经济环境、竞争环境的宏观影响，宏观影响下企业投资、融资、运营等全财务管理环节均会被不同程度波及，也就是说，职业经理人在做投融资决策时，看似是微观的现有资源约束内的决策，但如今复杂的政企关联背景，对企业财务决策的影响巨大，甚至是决定性的。因此，结合了中国经济转型过程中的特殊背景，考察企业决策的影响因素不能再局限于企业内部，外部政策可能是更重要的影响因素或治理机制。这拓展了传统的企业投资或企业财务理论。第三，为改变投资驱动的经济增长模式提供了可行的规制手段。公平竞争审查如何发挥作用抑制企业不合理投资的影响路径未能得到充分的研究，而它恰恰是抑制资源"行政权力流向"的关键机制设计，以转变"投资驱动型"向高质量发展，公平竞争审查为此提供了明确的规制路径，本书提供了规制路径的实施效果，为后续开展更深层次的经济模式转变，提供有效且充分的证据与经验启示。

4.2 理论分析与研究假设

微观的企业投资、民间投资在宏观层面上体现为区域投资水平，因此，投资水平既是宏观概念也是微观概念。晋升锦标赛理论指出，我国"条块分割"体制既存在纵向的部委直管的"条状"命令权力束，也同样存在"块状"的行政区划之间的权力划分，纵向的行政指挥在一定程度上约束、影响了横向之间的协作与交流（中国经济增长前沿课题组，2014)[198]，加上以 GDP 为核心的地方政府官员晋升体系的激励，地方政府将有极大的动力招商引资，将能直接带动 GDP 发展的投资集中到当地（陈钊和徐彤，2011；姚洋和张牧扬，2013）[199][200]，扶持特定的企业并通过企业投资实现当地的经济增长（周黎安，2007；王彦超和蒋亚含，2020）[13][123]。因此，行政垄断与区域经济增长之间的关系呈现正相关关系，在过去的特殊发展时期，行政垄断发挥了重要的经济增长促进作用，但同时也损害了经济效率（张卫国等，2011）[18]。

我国的经济高速增长时期被称为投资驱动型增长，投资是行政垄断实现经济增长目的的工具，总量投资更是被作为评估宏观政策的重要指标之一。从宏观层面讲，投资受到资金供给方的重大影响。李广众（2000）[247]指出中国的实际利率下降将会引起投资总量的上升，而实际利率则是资金最为直接的使用成本，是资金供给量的重要反映指标。实际利率水平对投资的负相关关系并无法向名义利率延伸，即名义利率与固定资产投资额呈现正相关（王军，2001）[248]，这一现象说明了我国名义利率不能真正反映市场主体的用资成本，供需双方的关系呈现扭曲的状态。这一现象源自改革开放早期金融市场对实体经济支持有限时，信贷计划下信贷配给时有发生。许多学者在信贷支持与资本形成之间展开了研究，发现信贷支持对总量投资有着明显的推动作用（赵晓男和刘霄，2007；任碧云和杨雪梅，2012）[249][250]，甚至过量的货币扩张还会加速资本形成（李治国，2010）[251]。然而，虽然信贷支持推动了投资扩张，但是投资并未带来资源配置效率的提升，投资效率呈现非效率化（李泽广和刘宇，2009；黄蓉，2012）[252][253]。这背后与政府支持有着密切的关联。政府的扩张性财政政策、官员的更替、税收激励等均有着显著的投资促进作用（秦朵和宋海岩，2003；王贤彬等，2010；付文林和耿强，2011）[205-207]。

从微观层面讲，企业投资行为或投资决策受到资本成本、资本结构、金融支持、外部环境等因素的影响。新古典投资理论认为，资本成本是影响投资企业投资行为的重要因素，何青（2006）[208]研究发现资本成本和预期利润是投资行为的决定性因素，而非国有经济中资本结构、市场势力等因素也同样影响投资行为（俞乔，2002）[209]。不仅如此，民营企业相比国有企业的投资行为还会呈现更高的资本成本敏感性（徐明东和陈学彬，2012）[210]。也有不少学者从金融体系支持与融资约束角度出发，研究了金融发展与企业投资之间的关系。如朱红军等（2006）[254]发现金融发展能够缓解企业的融资约束，从而推动投资增长（李斌和江伟，2006）[255]，降低投资现金流敏感性（沈红波等，2010）[256]。除此之外，企业投资决策还会对外部环境作出响应，当宏观经济不确定性增加时将抑制企业投资水平（王义中和宋敏，2014；李凤羽和杨墨竹，2015；饶品贵等，2017）[211-213]对其影响渠道进行了研究，发现当固定资产投资成本难以变现回收时，企业面对高不确定性将获得一个等待期权，等风险下降后再进行投资决策。综上，无论从宏观还是微观层面，以银行金融体系为核心的资金供给是企业投资决策最为关键的因素，不仅具有资本形成的促进作用，甚至还可能引起过度投资；而企业决策时的风险考量，如经济不确定性风险、用资成本等，也是影响投资决策的重要因素。

行政垄断会促进经济增长（张卫国等，2011）[18]，而经济增长的重要驱动力便是投资，地方政府为了保证当地经济增长，会通过行政垄断行地方保护主义之实（杨继生和阳建辉，2015）[20]，向地方企业输送资源、提供制度优势、排除竞争，以将经济利益圈定在本地。因此，企业投资作为重要的地方经济增长来源，可以预见，行政垄断保护会促进当地企业投资水平的提升，以拉动当地经济增长。在这种庇护关系中，被庇护企业具有稳定的市场销路、高额的垄断利润、低廉的要素成本，只需要支付相应的制度性交易成本就可以长期获取垄断利润，稳定的垄断利润来源会导致企业丧失对技术进步的追求动力（Arrow，1962）[31]，行政庇护虽然能够带来当地投资水平的增长与经济的发展，但它是以牺牲技术贡献率为代价的。

《公平竞争审查制度》作为规制行政的政策，将从多个方面影响企业投资水平。第一，不得违法给予特定企业优惠政策的明确规定，切断了被庇护企业多个违规资金来源。《公平竞争审查制度》实施细则规定了包含但仅限于"先征后返、即征即退、给予财政奖励或补贴"等利益与资金输送手段，税收优惠、财政补贴等，这些资金往往都是低成本甚至是无成本资金，对企业的投资具有重大的支持作用。第二，不得减免土地等自然资源有偿使用等提供低价生产要素的规定，不仅促进了要素在市场中的流动,也切断了庇护企业低成本的供应链条。我国的矿产、公用产品等均掌握在政府手中,或以国有企业或以事业单位的组织形式提供产品和服务,无偿或低价向垄断庇护企业提供关键生产要素,不仅扭曲、阻碍了要素市场的有序流动,而且为形成庇护企业更多的留存收益提供了温床。第三,外地商品进入本地与本地商品输出的限制解除,将直接促进竞争,加剧了竞争威胁。要素和商品的流动直接带来的是进入和退出壁垒的削弱,在位企业将面临更大的竞争压力,不仅要应对已有的竞争对手,还要面对潜在的竞争者。企业面临的外部风险与不确定性增加,长期依赖行政垄断获取垄断利润的企业将不得不重新回到技术竞争的赛道,较少或延缓投资,一方面需要保留更多的预防现金应对可能的经营风险,另一方面等待风险下降再进行投资决策,最终都将抑制企业的投资水平。基于上述分析,本书提出研究假设1和假设2:

H1:企业处于高行政垄断地区,将会有更高的企业投资水平;

H2:相较于低行政垄断地区,《公平竞争审查制度》实施之后,处于高行政垄断地区的企业投资水平将呈现较低的增幅。

本章研究内容如图4-1所示。

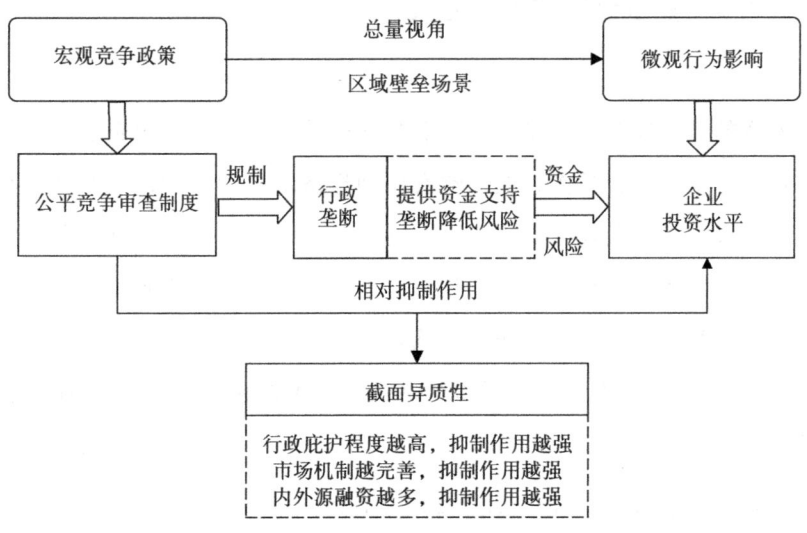

图4-1 本章研究内容框架

4.3 研究设计

4.3.1 样本选取和数据来源

本章研究所使用的数据均来自于国泰安（CSMAR）数据库和万得（WIND）数据库。具体而言，宏观层面的数据来源于万得数据库，其余上市公司层面的数据均来自于国泰安数据库。由于本章的论证先从区域层面验证行政垄断的宏观经济后果，因而区域企业投资的指标来自于样本中分省份的各上市公司企业投资数据的平均。

本章选取的研究样本是 2013—2019 年沪深两市 A 股上市公司，并在初始样本的基础上剔除了属于金融行业的公司观测和回归变量部分缺失的观测，共计得到 21106 个观测；DID 模型分组后无缺失的观测数量为 20667 个。为了排除异常值的干扰，对主要连续变量在上下 1% 处进行 Winsorize 处理。

4.3.2 模型设定和变量定义

（1）模型设定。

本章的检验逻辑为，先从宏观上验证行政垄断对于区域企业投资的影响作用，证明其是否是作为地方政府拉动经济增长的工具，并验证这种投资驱动模式是否以及具有哪些负面影响，随后再从微观层面以《公平竞争审查制度》实施为外生冲击，验证其对企业投资水平的影响。

第一，为了检验行政垄断对区域企业投资水平的影响，参照张卫国等（2011）[18]的二次项设计，使用如下模型对本章的主要研究假设 H1 进行实证检验：

$$rinv_{i,t} = \beta_0 + \beta_1 Segm_{i,t} + \beta_2 Segm^2_{i,t} + \beta Controls + \sum Year + \sum Industry$$

（式 4-1）

$$rinv_{i,t} = \beta_0 + \beta_1 Segm_{i,t} + \beta Controls + \sum Year + \sum Industry + \varepsilon_{i,t}$$
(式4-2)

根据张卫国等（2011）[18]，二次项研究设计目的在于捕捉行政垄断对因变量的非线性影响。公式4-1与公式4-2中，$Rinv_{i,t}$是以样本公司按所在省份进行平均的新增投资额，参照Richardson（2006）[187]关于新增投资额的计算获取公司年度层面的新增投资额，再以省份为基础进行平均，获取区域平均投资水平；$Segm_{i,t}$是各省份的区域分割指数，用于表征行政垄断的程度，具体计算参照下文"变量定义"；$Controls$代表系列控制变量；$\sum Year$和$\sum Industry$为年度和行业固定效应，$\varepsilon_{i,t}$为随机扰动项。

第二，为了从企业层面验证行政垄断对企业投资的影响，本章使用了如下研究模型对假设H1进行检验：

$$Invest_{i,t} = \beta_0 + \beta_1 Segm_{i,t} + \beta Controls + \sum Year + \sum Industry + \varepsilon_{i,t}$$
(式4-3)

其中，$Invest_{i,t}$是以Richardson（2006）[187]为基础计算的企业层面年度新增投资额，具体计算见变量定义表。其余变量均与公式4-1与公式4-2一致。

第三，为了检验《公平竞争审查制度》实施对企业平均投资额产生的影响，本章使用了DID模型对H2进行检验：

$$Invest_{i,t} = \beta_0 + \beta_1 Treat_{i,t} + \beta_2 Treat_{i,t} \times Post_{i,t} + \beta Controls + \sum Year + \sum Industry + \varepsilon_{i,t}$$
(式4-4)

其中，$Invest_{i,t}$是以Richardson（2006）[187]为基础计算的企业层面年度新增投资额，具体计算见变量定义表。$Treat_{i,t}$是以$Segm_{i,t}$为基础按行政垄断高低进行分组的分组变量，当Treat=1时，代表企业所在省份为高行政垄断省份，Treat=0时为低行政垄断省份。$Post_{i,t}$为《公平竞争审查制度》出台实施的年份虚拟变量，当年度大于等于2017年时，Post=1，否则为0。其余变量和设定均与公式4-1与公式4-2一致。公式4-1至公式4-4均在公司层面进行了聚类以获得稳健一致性标准误。

需要解释的是，本章使用的 DID 模型在控制了年度固定和行业固定效应之后，年度固定与公式中单独项 $Post_{i,t}$ 会产生虚拟变量陷阱，虽然单独项 $Post_{i,t}$ 可以获得回归系数，但是在不同的时间基准设定上回归系数并不唯一，甚至可正可负，已经失去了经济意义。因此，此处不再将 Post 单独项放入回归。

（2）变量定义。

企业新增投资额 Invest。根据刘慧龙等（2014）[257]的做法，企业新增投资额 Invest =（资本支出 + 并购支出 − 出售长期资产收入 − 折旧）÷ 总资产，其中资本支出为直接法现金流量表中的"构建固定资产、无形资产及其他长期资产的支出"项目，并购支出为直接法现金流量表中的"取得子公司及其他营业单位支付的现金净额"项目，出售长期资产收入为直接法现金流量表中的"处置固定资产、无形资产和其他长期资产回收的现金净额"，折旧为间接法现金流量表中的"当期折旧费用"。

区域平均投资额 Rinv。区域企业投资为企业层面的新增投资额 Invest 在省份层面的平均值，其衡量的是年内区域新增加的投资水平。

区域平均利润率 Rroa。区域企业平均利润率为企业层面的净利润占总资产比（Roa）在省份层面的平均值，其衡量的是年内区域企业的平均利润水平。

区域平均技术贡献率 RTFP。区域技术贡献率是以全要素生产率为基础在省份层面的平均值，其衡量的是年内区域企业的平均技术贡献水平。全要素生产率的主流计算方法有 OP 法和 LP 法，为克服投资额缺失带来的有偏估计问题，本章使用了 Levinsohn 和 Petrin（2003）[258]的 LP 法，其优势是可以根据自身可获得的数据灵活选择合理的代理变量不再依赖于投资额，从而能够更加准确地估计企业的全要素生产率，该指数数值越大，代表企业的全要素生产率越高。

行政垄断指数 Segm。参照陆铭和陈钊（2009）[259]、王彦超和蒋亚含（2020）[13]计算地区间市场分割程度指标，并以此将企业所在省划分为高行政垄断地区和低行政垄断地区。具体计算步骤为：首先确定每个省的接

壤省份，并按接壤关系形成 138 个单向的相邻省份组；其次，摘取《中国统计年鉴》中 2013—2019 年度的分地区商品价格指数，选取经调整的 21 种商品价格指数，根据公式 $|\triangle Q_{ijt}^{k}| = |\ln(p_{it}^{k}/p_{jt}^{k}) - \ln(p_{it-1}^{k}/p_{jt-1}^{k})|$（其中，$i$ 和 j 分别代表两个接壤省份，k 为某种商品，p 为价格指数）计算每个单向的相邻省份组的相对价格绝对值；再次，以相对价格绝对值和商品整体指数均值的差来计算各商品单向的相对价格均值方差，代表区域分割程度，并以此为基准计算所有接壤省份的价格方法均值，即可得到地区垄断程度。至此，可以通过行政垄断程度指标（Segm）来划分地区间行政垄断程度的高低。

Controls 是一组控制变量，包含公司规模 Size、有形资产集中度 Ppe、账面市值比 Bm、资产负债率 Lev、利润率 Roa、政府补贴 Subsidy、大股东持股比 Tophold、经营现金流 Oncf、地区国内生产总值增速 Gdp_g、地区国内生产总值的对数 Gdp_t、地区第二产业国内生产总值占比 Gdp_s。

DID 模型的虚拟变量。DID 模型的分组变量是以行政垄断指数 segm 按中位数生成大、小两组，当企业所在的省份属于高行政垄断组时，$\text{Treat}_{i,t} = 1$；当企业所在的省份属于低行政垄断组时，$\text{Treat}_{i,t} = 0$，并在本章的后续研究中以区分后的上下游企业跟踪《公平竞争审查制度》实施后企业投资水平。DID 模型的时间变量是以 2016 年年底为界的虚拟变量。《公平竞争审查制度》2016 年 6 月 1 日正式出台实施，由于宏观政策的实施布局往往具有滞后性。因此，本章将冲击分界设定为 2016 年年末，即 2017 年之前为事件前年度，2017 年及之后为事件后年度，当年份小于等于 2016 年时，$\text{Post}_{i,t} = 0$；当年份大于 2016 年时，$\text{Post}_{i,t} = 1$；为 $\text{Treat}_{i,t} \times \text{Post}_{i,t}$ 为 DID 模型主要考察的变量，其系数的经济意义为《公平竞争审查制度》实施后，处于高行政垄断地区中的企业与处于低行政垄断地区中的企业在企业投资水平的变化上是否会出现显著的相对差异。

主要变量定义具体如表 4-1 所示。

表 4-1　　　　　　　　　　主要变量定义

变量名称	变量符号	变量的说明
被解释变量		
企业新增投资	Invest	Invest =（资本支出 + 并购支出 − 出售长期资产收入 − 折旧）/总资产，参照刘慧龙等（2014）[257]
区域平均投资额	Rinv	以企业新增投资水平 Invest 按年度 − 省份进行平均
主要解释变量		
行政垄断指数	Segm	参照陆铭和陈钊（2009）[259]、王彦超和蒋亚含（2020）[13] 计算的区域分割指数用于表征行政垄断程度
行政垄断程度（事件分组变量）	Treat	按行政垄断指数 Segm 的中位数进行高低分组，企业处于高行政垄断地区取值为 1，否则取值为 0
制度出台实施年度（事件时间变量）	Post	年份大于 2016 年时取值为 1，否则取值为 0
主要控制变量		
企业规模	Size	企业资产总额的自然对数
固定资产占总资产的比例	Ppe	固定资产/总资产
净资产占企业流通市值的比例	Bm	净资产/企业流通市值
杠杆比率	Lev	负债总额/资产总额
资产收益率	Roa	净利润/总资产
第一大股东持股比例	Tophold	持股最多股东的持股数量/企业总股数
经营性现金净流量占总资产的比例	Oncf	经营性现金净流量/总资产
地区第二产业国内生产总值占比	Gdp_s	地区第二产业国内生产总值/地区国内生产总值
地区国内生产总值的对数	Gdp_t	地区国内生产总值的对数
地区国内生产总值增速	Gdp_g	（地区当年国内生产总值 − 地区上一年国内生产总值）/地区上一年国内生产总值

4.4 实证检验与结果分析

4.4.1 描述性统计

表4-2列示了主要变量的描述性统计，企业新增投资水平（Invest）的均值为0.032，表示我国非金融上市公司平均年新增投资占总资产比在3.8%左右，Invest的最小值为0，最大值为0.224，由此显示样本企业间企业投资水平存在着较大的差异。行政垄断指数（Segm）的均值为2.799，出于量纲考虑，本章统一将Segm值乘以10000纳入回归，该值与王彦超和蒋亚含（2020）[13]的研究基本一致，不存在量级差异。Segm的最小值为1.200，最大值为6.964，说明地区之间的行政垄断程度差异仍较大。其余控制变量的描述性统计结果均与既有研究无实质性差异，进而显示本章的控制变量能够较好地控制公司、地区层面的差异。

表4-2　　　　　　　　　　描述性统计

变量名	样本量	均值	方差	最小值	1%分位数	25%分位数	50%分位数	75%分位数	99%分位数	最大值
Invest	20667	0.032	0.046	0.000	0.000	0.000	0.013	0.047	0.224	0.224
Segm	20667	2.799	1.376	1.200	1.200	1.796	2.370	3.256	6.964	6.964
Size	20667	22.166	1.298	19.585	19.690	21.239	22.004	22.902	26.109	26.109
Lev	20667	0.424	0.208	0.058	0.058	0.256	0.411	0.578	0.906	0.908
Roa	20667	0.035	0.067	-0.341	-0.298	0.013	0.036	0.066	0.189	0.194
Ppe	20667	0.209	0.161	0.002	0.002	0.083	0.174	0.300	0.698	0.699
Bm	20667	0.653	0.499	0.036	0.039	0.314	0.523	0.838	2.881	2.881
Oncf	20667	0.044	0.070	-0.191	-0.180	0.006	0.044	0.085	0.237	0.242
Soe	20667	0.339	0.473	0.000	0.000	0.000	0.000	1.000	1.000	1.000
Tophold	20667	0.342	0.147	0.086	0.086	0.227	0.320	0.439	0.742	0.748
Subsidy	20667	0.004	0.005	0.000	0.000	0.001	0.003	0.006	0.030	0.030
Gdp_g	20667	0.075	0.013	0.031	0.031	0.068	0.075	0.081	0.110	0.110
Gdp_t	20667	10.567	0.635	8.917	8.917	10.123	10.539	11.124	11.587	11.587
Gdp_s	20667	0.411	0.088	0.162	0.162	0.396	0.434	0.466	0.541	0.541

图4-2和图4-3分别列示了"各省份平均海拔"和"各省份行政垄断指数",由于海南仅有一条跨海大桥与大陆相连,青海和西藏因为地势过高,造成与其他地区的地理性分割,不属于人为原因或行政原因导致的分割。因此,本章将这特殊的三个省份排除在计算行政垄断指数之外;同时北上广深与周边城市的联系密切,市场化进程均显著优于其他城市,也未列图比较。从图4-3可以发现,自2012年开始,多地行政垄断指数在逐渐地、波动式地下降,这可能是得益于《反垄断法》和营商环境优化的相关政策,在经历了2015—2016年相对收拢的状态之后,从2017年开始各个省份的行政垄断指数均产生了明显积聚效应,波动变小而且更为集中。这就说明了我国的营商环境在持续优化,以《公平竞争审查制度》实施为核心的组合拳起到了良好的政策效果。

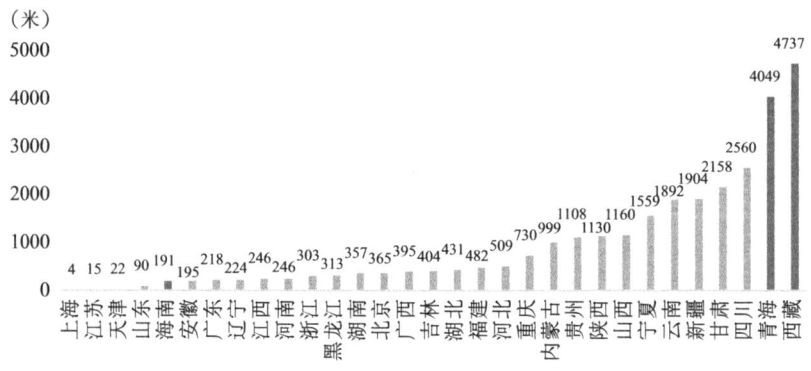

图4-2 各省份平均海拔排序

4.4.2 相关性分析

本章对主要变量进行了 Pearson 和 Spearman 相关系数分析,结果如表4-3所示,其中各主要变量的相关性系数均小于0.5,由此说明回归模型中各变量之间不存在多重共线性问题,本章模型的变量选取较为合理。本章的主要变量行政垄断指数(Segm)和企业投资水平(Invest)之间的Pearson 和 Spearman 相关系数分别为0.015和0.010,且分别在5%和1%的水平上显著,从而表明在未加控制变量和固定效应的前提下,地区行政

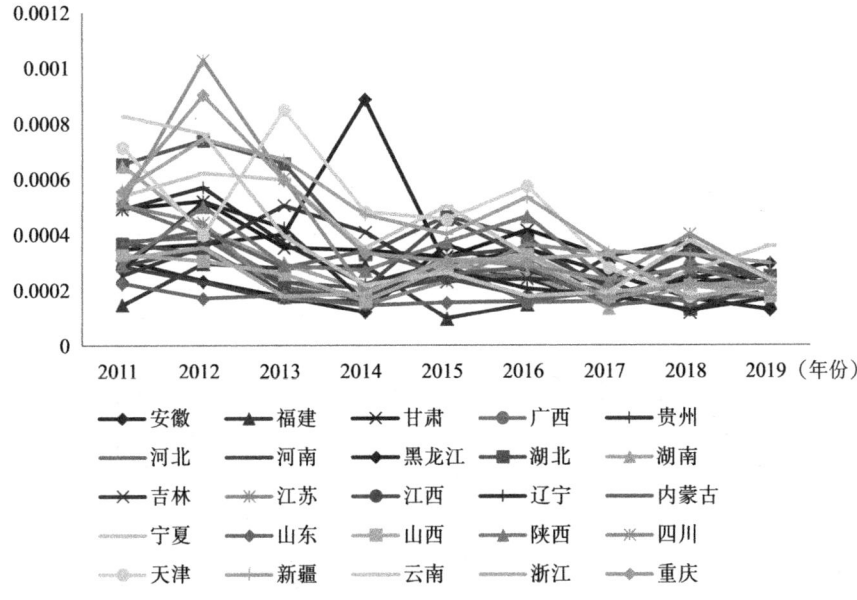

图 4-3 各省份行政垄断指数序时

垄断与企业投资水平呈现正相关关系。

4.4.3 基本回归分析

（1）行政垄断与企业投资水平。

为了验证本章提出的假设 1，表 4-4 的回归（1）至回归（3）分别验证了行政垄断 Segm 对区域企业投资水平 Rinv、企业层面投资水平 Invest 的影响。

表 4-4 回归（1）结果显示，在行政垄断指数与区域投资水平的一元二次关系中，行政垄断的平方项 Segm2 为负显著，Segm 为正显著，说明行政垄断对区域企业投资水平的影响呈现"倒 U 形"，这与张卫国等（2011）[18]所发现的行政垄断对经济增长的影响结果完全一致，张卫国等（2011）[18]认为行政垄断在到达顶峰之前，增加垄断程度有助于推动经济增长，其背后的原因是地方政府得到了短期内的经济绩效的回报（Young，2000；郑毓盛和李崇高，2003）[44][9]，而地方政府利用行政垄断推动经济

表 4-3　相关系数矩阵

	Invest	Segm	Size	Lev	Roa	Ppe	Bm	Oncf	Soe	Tophold	Gdp_g	Gdp_t	Gdp_s
Invest	1	0.010***	-0.035***	-0.110***	0.238***	0.064***	0.053***	0.106***	-0.199***	0.009	0.057***	0.088***	0.053***
Segm	0.015**	1	-0.008	-0.006	0.011	-0.048***	-0.082***	-0.032***	0.024***	0.012*	0.066***	-0.078***	-0.140***
Size	-0.059***	0.004	1	0.515***	-0.100***	0.036***	0.364***	0.051***	0.366***	0.160***	-0.086***	-0.081***	-0.081***
Lev	-0.083***	0.005	0.505***	1	-0.436***	0.020**	0.026***	-0.169***	0.281***	0.043***	0.012*	-0.103***	0.016**
Roa	0.141***	-0.001	-0.006	-0.350***	1	-0.083***	-0.012*	0.413***	-0.162***	0.126***	-0.016**	0.111***	-0.027***
Ppe	0.045***	-0.050***	0.101***	0.067***	-0.064***	1	0.063***	0.261***	0.141***	0.079***	0.116***	-0.068***	0.172***
Bm	0.002	-0.036***	0.405***	0.056***	0.023***	0.082***	1	0.016**	0.073***	0.152***	-0.139***	0.060***	-0.066***
Oncf	0.092***	-0.040***	0.057***	-0.177***	0.346***	0.242***	0.097***	1	0.002	0.114***	-0.039***	0.064***	-0.008
Soe	-0.177***	0.036***	0.378***	0.282***	-0.070***	0.200***	0.192***	0.108***	1	0.207***	0.044***	-0.258***	-0.038***
Tophold	-0.004	0.020**	0.207***	0.048***	0.140***	0.092***	-0.095***	-0.030***	0.215***	1	0.017**	-0.052***	0.001
Gdp_g	0.053***	0.059***	-0.091***	0.011	0.031***	0.081***	0.035***	0.063***	0.042***	0.021***	1	-0.166***	0.622***
Gdp_t	0.066***	-0.100***	-0.082***	-0.112***	0.062***	-0.107***	-0.043***	0.018**	-0.255***	-0.054***	-0.131***	1	0.098***
Gdp_s	0.050***	-0.187***	-0.112***	0.013*	0.002	0.167***	-0.043***	0.018**	-0.068***	-0.029***	0.448***	0.198***	1

注：*、**、***分别表示在10%、5%和1%的水平上显著；相关系数矩阵分别为 Pearson 和 Spearman 相关系数矩阵。

表4-4　　　　　　　　行政垄断与企业投资水平

变量名	(1) Rinv	(2) Rinv	(3) Invest
Segm	0.002***	0.001***	0.001***
	(13.06)	(17.60)	(2.79)
Segm2	-0.000***		
	(-10.35)		
Size	-0.000*	-0.000**	0.000
	(-1.94)	(-2.00)	(0.54)
Lev	0.000	0.000	0.012***
	(0.84)	(0.82)	(4.08)
Roa	0.000	0.001	0.080***
	(0.64)	(0.80)	(14.50)
Ppe	-0.000	-0.000	0.010**
	(-0.32)	(-0.30)	(2.57)
Oncf	0.001	0.001	0.019***
	(1.42)	(1.23)	(3.63)
Soe	-0.001***	-0.001***	-0.018***
	(-4.63)	(-4.69)	(-16.85)
Tophold	0.000	0.000	0.003
	(0.36)	(0.39)	(0.94)
Bm	0.000	0.000	0.003***
	(0.98)	(1.07)	(3.49)
Gdp_g	0.080***	0.085***	0.081**
	(13.11)	(13.69)	(2.09)
Gdp_t	0.006***	0.006***	0.003***
	(46.07)	(44.62)	(3.54)
Gdp_s	0.004***	0.004***	-0.004
	(4.71)	(5.13)	(-0.71)
截距项	-0.036***	-0.033***	-0.008
	(-17.23)	(-15.92)	(-0.58)
观测数	20667	20667	20667
R方	0.471	0.467	0.092
行业固定	Yes	Yes	Yes
年度固定	Yes	Yes	Yes
公司聚类	Yes	Yes	Yes
调整R方	0.469	0.466	0.0888

注：*、**、***分别表示在10%、5%和1%的水平上显著。

增长的重要手段之一就是限制竞争、扶持企业、圈定利益并引导投资于有助于提升经济业绩的领域。回归（2）的结果显示行政垄断从总体上的确提升了区域投资水平，结合回归（1）和张卫国等（2011）[18]的研究结论，可以得出，地方政府会利用行政垄断或行政庇护的方式保护企业并以增加投资的方式促进经济增长。

表4-4回归（3）是企业层面的研究，结果显示，Segm对Invest的回归系数为0.001且t值为2.79在1%的水平上显著，这证明了行政垄断在微观上的确会正向影响企业投资水平。

结合回归（1）至回归（3）的结果，可以得出结论，行政垄断所形成的企业庇护会对地区企业投资水平有显著的促进作用。假设1得证。

（2）公平竞争审查与企业投资水平。

为了验证假设2，本章通过表4-5列示公平竞争审查制度的微观企业投资影响。表4-5的回归（1）至回归（3）分别是一元回归、多元回归（置入控制变量）、多元回归（置入控制变量与年度行业固定效应）。

表4-5　　　　　　　公平竞争审查与企业投资水平

变量名	(1)	(2)	(3)
	Invest	Invest	Invest
Treat	-0.004***	0.001	0.001
	(-3.10)	(0.53)	(0.42)
Treat × Post	-0.005***	-0.004***	-0.003*
	(-4.51)	(-3.58)	(-1.77)
Size		-0.000	0.000
		(-0.68)	(0.50)
Lev		0.004	0.012***
		(1.54)	(4.08)
Roa		0.084***	0.080***
		(15.42)	(14.45)
Ppe		0.023***	0.010**
		(7.40)	(2.54)

续表

变量名	(1) Invest	(2) Invest	(3) Invest
Oncf		0.022***	0.019***
		(4.23)	(3.61)
Soe		-0.018***	-0.018***
		(-16.58)	(-16.81)
Tophold		0.001	0.003
		(0.40)	(0.95)
Bm		0.002**	0.003***
		(2.00)	(3.47)
Gdp_g		0.186***	0.085**
		(5.34)	(2.17)
Gdp_t		0.002*	0.003***
		(1.92)	(2.78)
Gdp_s		-0.009	-0.008
		(-1.33)	(-1.19)
截距项	0.034***	0.005	-0.001
	(56.66)	(0.30)	(-0.09)
观测数	20667	20667	20667
R方	0.005	0.061	0.091
行业固定	No	No	Yes
年度固定	No	No	Yes
公司聚类	Yes	Yes	Yes
调整R方	0.00522	0.0605	0.0886

注：*、**、*** 分别表示在10%、5%和1%的水平上显著。

表4-5回归（1）至回归（3）结果显示，DID模型下的交乘项Treat×Post系数分别为-0.005、-0.005、-0.003，T值为-4.51、-3.58、-1.77，分别在1%、1%和10%水平上显著。这说明《公平竞争审查制度》实施之后，实验组相比控制组具有更低的企业投资水平增幅，也就是说，《公平竞争审查制度》对处于高行政垄断地区的企业，相比低行政垄断地区的企业，具有更为明显的相对投资抑制作用。

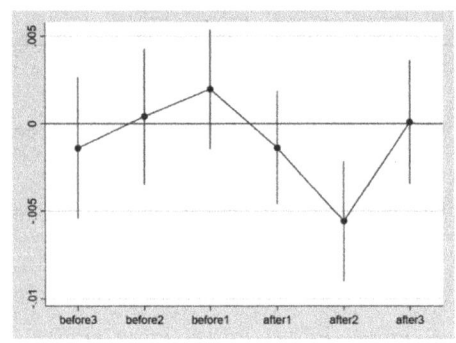

图 4-4　DID 模型的平行趋势假定检验

图 4-4 是针对表 4-5 回归（3）中 DID 模型的平行趋势假定检验结果图。DID 模型只有满足在冲击之前（即 before1-3）实验组和控制组之间的趋势存在平行关系，即两者之间的差异保持平稳，才能以此为假设推断冲击后的反事实结果。因此，需要关注的是事件冲击之前每一年两组之差是否异于零，若均无法拒绝不异于零的原假设，那么就可以说明通过了平行趋势假定检验。

图 4-4 结果显示，实验组和控制组之差在 before3、before2 和 before1 三个时间点上的置信区间均包含 0，即无法拒绝两组在 before3、before2 和 before1 三个时间点上的差值无异于零的原假设，由此说明实验组与控制组的企业在事件前的增长趋势并不存在显著的差异，表 4-5 的回归结果通过了平行趋势假定检验。

4.4.4　稳健性检验

为了保证结论的稳健性，本章应用了随机分组安慰剂检验对 DID 模型进行了稳健性考查。《公平竞争审查制度》的实施对企业投资的相对抑制效应可能受到一些尚未观察到的随机因素的影响。为此，本章进行了分组样本的安慰剂试验，以确定这种抑制效应的产生是否受到未观察到的随机因素的影响。安慰剂检验的基本逻辑如下：如果主回归中的显著结果是通过巧合实现的，那么通过将样本随机分为实验组和对照组，相同的显著结果将再次出现。如果在多次重复分组检验后无法在随机分配的样本上获得相同的显著性结果，那么便可以得出主回归的显著性结果并不是偶然获得的结论，即主回归的分组标准可以提供有效的信息。根据上述分析，我们将样本5000次随机分为实验组和对照组，并在安慰剂分组样本上对DID模型进行回归。在获得交乘项Treat×Post的5000个T值后，可以形成T值的经验分布。假设主回归中的T值（此处称为真实T值）与安慰剂检验的T值显著不同，则表明真实T值的出现是一个小概率事件，即Treat×Post的T值不是随机出现的，主回归中显示的显著结果不受随机分组因素的影响。安慰剂试验的结果具体如图4-5和表4-6所示。

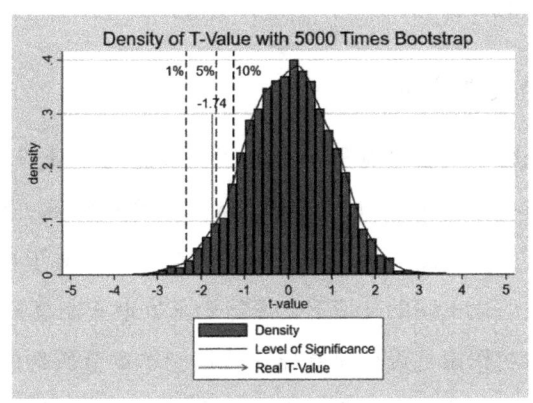

图4-5　随机分组安慰剂检验T值核密度

表4-6　　　　随机分组安慰剂检验的抽样程序与P值表

模型	DID模型
FPT检验	Bootstrap
经验P值	0.0416**
抽样次数	5000
随机数种子序号	From 456789123 To 456794122

此表为安慰剂检验的随机分组结果，应与图4-5结合分析。P值的计算方法如下：首先计算出绝对值大于真实T值的安慰剂T值的数量，接着将计算出的总数量除以5000。Bootstrap是对同一组样本重复抽样，抽样次数为5000次，种子号是随机种子数，将起始数设置为456789123（种子序号有规律）以证明安慰剂检验结果并非经过人为挑选而呈现的显著结果。

如图 4-5 所示，随机 5000 次分组下的 T 值核密度分布由 0 附近逐渐下降到两侧，表明分组具有良好的随机性。虚线标记了 1%、5%、10% 三个水平的显著性水平，两个模型的实际 T 值为 1.74，介于 1% 和 5% 的显著性水平线之间。

如表 4-6 所示，随机分组安慰剂检验的经验 P 值为 0.0416，在 5% 水平上显著，也即 5000 次抽样中，超过实际 T 值 1.74 的显著性系数的个数占比仅有 4.16%，说明随机分组并未得到普遍性的显著结果，本章得到的显著性结果是小概率事件，具有特定的信息含量而非随机产生。本章 DID 结果通过了安慰剂检验。

4.4.5 异质性分析

本章主要研究了《公平竞争审查制度》实施对企业投资水平的影响。在上述分析的基础上，本章以下部分将从主体庇护特征、市场完善程度、内外源融资渠道三个方面考察《公平竞争审查制度》对于企业投资水平的影响，以查看在上述不同的环境下，《公平竞争审查制度》对行政庇护企业投资的相对抑制作用是否呈现差异化特征。本章节所选的三个方面有助于加深本章的研究结论，即企业作为市场主体呈现高过度投资、低技术贡献率的主体特征就越可能受到行政庇护；市场集中度越高、市场化进程越低则可以说明市场的完善程度越差，越有可能被垄断；企业利润越高、收入越稳定则说明企业内源融资渠道越稳定，越有可能是行政准入壁垒保护的对象，而政府补贴越多、融资约束越低、银行借款越多的企业则越有可能享受了政府的行政优待与优惠政策。这些方面的横截面研究，进一步精准地识别可能被行政垄断保护的对象，以推动本章结论的精细化。

由于分组以后两组样本的分布、方差存在不一致，为此需要进行组间系数差异检验，本章使用了基于 Bootstrap 的 Fisher's Permutation Test，抽样次数均定为 1000 次，在表中以 FPT test 进行呈现。

(1) 主体庇护特征。

行政庇护下的企业往往会呈现过度投资（王彦超和蒋亚含，2020）[13]

和低技术贡献率(陈汝影和余东华,2020;代中强和刘从军,2011)[260][261]的特征。按过度投资程度的高低以及全要素生产率的高低进行分组,可以有效地查看在有更高可能被行政庇护的主体中,《公平竞争审查制度》对高行政垄断地区的企业是否具有更强的投资抑制作用。本章使用 Richardson(2006)[187]的计算公式计算获得了企业的过度投资水平,将其按中位数分为高低两组,标记为 PE,当 PE=1 时代表过度投资水平高,反之则 PE=0;使用 Levinsohn 和 Petrin(2003)[258]的 LP 法计算获得全要素生产率,将其按中位数分为高低两组,标记为 TFP,当 TFP=1 时,代表企业技术贡献率高,反之则 TFP=0。分组回归结果如表 4-7 所示。

表 4-7 按过度投资高/低和全要素生产率高/低分组的检验

变量名	(1) Invest PE=0	(2) Invest PE=1	(3) Invest TFP=0	(4) Invest TFP=1
Treat	0.002	0.004	0.002	0.000
	(0.77)	(1.09)	(0.92)	(0.17)
Treat×Post	-0.003	-0.007*	-0.004**	-0.002
	(-1.49)	(-1.91)	(-2.29)	(-0.80)
Size	0.003***	0.002	0.001	0.001
	(5.05)	(1.63)	(1.48)	(0.95)
Lev	-0.026***	-0.018**	0.008**	0.016***
	(-7.16)	(-2.52)	(2.12)	(4.29)
Roa	0.042***	0.058***	0.063***	0.101***
	(4.89)	(3.27)	(7.16)	(14.12)
Ppe	0.022***	0.012	0.004	0.006
	(4.12)	(1.42)	(0.83)	(1.19)
Oncf	-0.004	0.029**	0.020***	0.028***
	(-0.64)	(1.96)	(2.82)	(3.63)
Soe	-0.017***	-0.027***	-0.017***	-0.019***
	(-13.85)	(-11.16)	(-12.34)	(-13.51)
Tophold	0.008**	0.007	0.001	0.004
	(2.40)	(0.90)	(0.20)	(1.08)

续表

变量名	(1) Invest	(2) Invest	(3) Invest	(4) Invest
Bm	0.001	0.005*	0.001	0.005***
	(0.65)	(1.81)	(0.98)	(3.65)
Gdp_g	0.076*	-0.032	0.055	0.108**
	(1.67)	(-0.32)	(0.97)	(2.22)
Gdp_t	-0.002	0.009***	0.001	0.005***
	(-1.58)	(3.68)	(0.52)	(3.84)
Gdp_s	-0.005	-0.005	-0.002	-0.011
	(-0.54)	(-0.30)	(-0.24)	(-1.20)
截距项	0.000	-0.014	0.005	-0.030
	(0.02)	(-0.36)	(0.25)	(-1.46)
FPT 检验	0.004***		-0.003***	
观测数	4049	3670	10124	10522
R 方	0.314	0.246	0.089	0.107
行业固定	Yes	Yes	Yes	Yes
年度固定	Yes	Yes	Yes	Yes
公司聚类	Yes	Yes	Yes	Yes
调整 R 方	0.304	0.233	0.0835	0.102

注：*、**、***分别表示在10%、5%和1%的水平上显著。

表4-7结果回归（1）和回归（2）显示，在过度投资水平高的组中（PE=1）DID 的 Treat×Post 交乘项显著，而在过度投资水平低的组中（PE=0）DID 的 Treat×Post 交乘项不显著，且组间系数差异检验 FPT 检验显示两组之间的差异在1%水平上显著，这就说明，《公平竞争审查制度》在过度投资高的样本企业中对行政垄断有更强的投资抑制作用。

表4-7结果回归（3）和回归（4）显示，在技术贡献率低的组中（TFP=0）DID 的 Treat×Post 交乘项显著，而在技术贡献率高的组中（TFP=1）DID 的 Treat×Post 交乘项不显著，且组间系数差异检验 FPT 检验显示两组之间的差异在1%水平上显著，这就说明，《公平竞争审查制度》在技术贡献率低的样本企业中对行政垄断有更强的投资抑制作用。

结合上述结论，从主体庇护特征看，《公平竞争审查制度》的确是通过抑制行政垄断来达到高行政垄断地区企业的投资目的。

（2）市场完善程度。

一个企业所在市场竞争越激烈、市场各项功能发展越完善，则其越不可能受行政垄断的干预，因此可以预见企业所在的市场集中度高/低以及市场化进程高/低都会影响行政垄断的功能发挥，也会相应地增强或削弱《公平竞争审查制度》的政策效应。本节按市场集中度的高低以及市场化指数高低进行分组，可以查看不同竞争环境下，《公平竞争审查制度》对高行政垄断地区的企业是否具有更强的投资抑制作用。本章使用赫芬达尔指数按企业的营业总收入计算获得了企业所在市场的市场集中度，将其按中位数分为高低两组，标记为 HHI，当 HHI = 1 时，代表市场集中度高，反之则 HHI = 0；使用王小鲁等（2019）[107]的樊纲市场化指数来表征市场的发展完善程度，由于其公布的市场化指数隔年才有对应的数据，因而使用了线性外推的方法测算了 2013—2019 年的市场化指数，并将其按中位数分为高低两组，标记为 MI，当 MI = 1 时，代表市场化程度高，反之则 MI = 0。分组回归结果如表 4 - 8 所示。

表 4 - 8　　按市场集中度高/低和市场化指数高/低分组的检验

变量名	(1) Invest	(2) Invest	(3) Invest	(4) Invest
	HHI = 0	HHI = 1	MI = 0	MI = 1
Treat	0.000	0.002	0.002	-0.004
	(0.02)	(0.65)	(0.92)	(-1.11)
Treat × Post	-0.001	-0.004*	-0.004**	-0.000
	(-0.70)	(-1.84)	(-2.15)	(-0.09)
Size	-0.000	0.001	0.001**	-0.001
	(-0.20)	(0.78)	(2.10)	(-1.60)
Lev	0.016***	0.007*	0.006*	0.019***
	(4.14)	(1.75)	(1.73)	(4.27)

续表

变量名	(1) Invest	(2) Invest	(3) Invest	(4) Invest
Roa	0.086***	0.074***	0.070***	0.095***
	(11.01)	(9.68)	(10.07)	(11.10)
Ppe	0.004	0.018***	0.009*	0.011**
	(0.81)	(3.07)	(1.77)	(2.01)
Oncf	0.014*	0.022***	0.021***	0.012
	(1.81)	(3.17)	(3.15)	(1.56)
Soe	−0.020***	−0.016***	−0.016***	−0.020***
	(−15.01)	(−9.96)	(−12.23)	(−12.06)
Tophold	0.004	0.001	−0.004	0.012***
	(0.99)	(0.33)	(−1.11)	(2.70)
Bm	0.004***	0.003**	0.002	0.006***
	(2.78)	(2.24)	(1.23)	(4.08)
Gdp_g	0.107**	0.063	0.061	0.102
	(1.99)	(1.16)	(1.41)	(0.99)
Gdp_t	0.004***	0.001	0.003**	−0.001
	(3.30)	(0.74)	(2.14)	(−0.20)
Gdp_s	−0.006	−0.010	0.000	−0.021
	(−0.58)	(−1.03)	(0.02)	(−1.38)
截距项	−0.008	0.012	−0.021	0.060*
	(−0.38)	(0.60)	(−1.18)	(1.77)
FPT 检验	0.002***		−0.004***	
观测数	10864	9803	11826	8841
R 方	0.085	0.102	0.090	0.105
行业固定	Yes	Yes	Yes	Yes
年度固定	Yes	Yes	Yes	Yes
公司聚类	Yes	Yes	Yes	Yes
调整 R 方	0.0818	0.0972	0.0852	0.0988

注：*、**、*** 分别表示在 10%、5% 和 1% 的水平上显著。

表 4-8 结果回归（1）和回归（2）显示，在市场集中度高的组中（HHI=1）DID 的 Treat×Post 交乘项显著，而在市场集中度低的组中（HHI=0）DID 的 Treat×Post 交乘项不显著，且组间系数差异检验 FPT 检验显示两组之间的差异在 1% 水平上显著，这就说明，《公平竞争审查制度》在更容易形成行政垄断的高市场集中度环境中，对高行政垄断地区的企业投资表现出更强的抑制作用。

表 4-8 结果回归（3）和回归（4）显示，在市场化程度低的组中（MI=0）DID 的 Treat×Post 交乘项显著，而在市场化程度高的组中（MI=1）DID 的 Treat×Post 交乘项不显著，且组间系数差异检验 FPT 检验显示两组之间的差异在 1% 水平上显著，这就说明，《公平竞争审查制度》在更容易形成行政垄断的低市场化环境中，对企业投资的相对抑制作用更强。

结合上述结论，从市场完善程度看，《公平竞争审查制度》在越不完善的市场环境中其政策效果越好，越能够抑制高行政垄断地区企业的相对投资水平。

（3）内源融资特征。

企业市场垄断势力越强，其所处的市场环境就会越稳定，不仅能够提升收入稳定性还能保证其稳定地获取垄断利润。因此，可以预见企业的收入越稳定、利润越高就越可能处于垄断地位，一方面收到行政庇护的可能性更高，另一方面行政庇护带来的投资支持资金也会越多。《公平竞争审查制度》实施会切断行政庇护的链条，收入稳定、利润高的企业若能观察到更为显著的投资抑制效果，就可以证明公平竞争审查制度的确是通过行政庇护的消除带来投资水平的变化。本节按收入波动性的高低、企业利润率的高低进行考察。本章使用了三年营业总收入的方差作为收入波动的度量，将其按中位数分为高低两组，标记为 SD，当 SD=1 时，代表收入波动性高，反之则 SD=0；使用企业总资产回报率 Roa 来表征企业利润水平，并按其按中位数分为高低两组，标记为 NI，当 NI=1 时，企业获得的利润率高，反之则 NI=0。分组回归结果如表 4-9 所示。

表 4-9 按收入波动性高/低和利润率高/低分组的检验

变量名	(1) Invest SD=0	(2) Invest SD=1	(3) Invest NI=0	(4) Invest NI=1
Treat	0.002 (0.98)	0.001 (0.32)	-0.000 (-0.21)	0.002 (0.98)
Treat×Post	-0.004** (-2.06)	-0.001 (-0.60)	-0.001 (-0.59)	-0.004* (-1.86)
Size	0.001* (1.72)	-0.001 (-1.56)	0.003*** (3.74)	-0.001* (-1.95)
Lev	-0.005 (-1.39)	0.011*** (3.14)	-0.002 (-0.52)	0.022*** (5.09)
Ppe	0.011** (1.99)	-0.002 (-0.51)	-0.008 (-1.62)	0.029*** (5.25)
Oncf	0.037*** (4.68)	0.042*** (5.63)	0.019*** (2.89)	0.030*** (3.87)
Soe	-0.020*** (-13.57)	-0.015*** (-10.39)	-0.014*** (-10.22)	-0.021*** (-14.50)
Tophold	0.005 (1.06)	0.014*** (3.21)	0.003 (0.70)	0.006 (1.34)
Bm	0.001 (0.73)	0.012*** (6.38)	0.005*** (3.18)	0.001 (0.74)
Gdp_g	0.090 (1.62)	0.101* (1.76)	0.102** (2.08)	0.082 (1.35)
Gdp_t	0.003* (1.91)	0.004*** (2.69)	0.002* (1.86)	0.004*** (2.79)
Gdp_s	-0.008 (-0.88)	-0.007 (-0.64)	-0.003 (-0.34)	-0.013 (-1.30)
截距项	-0.009 (-0.41)	0.004 (0.15)	-0.045** (-2.40)	0.021 (1.03)
FPT 检验	0.003***		0.003***	
观测数	8569	8715	10491	10176
R 方	0.112	0.077	0.075	0.103
行业固定	Yes	Yes	Yes	Yes
年度固定	Yes	Yes	Yes	Yes
公司聚类	Yes	Yes	Yes	Yes
调整 R 方	0.106	0.0708	0.0691	0.0972

注:*、**、*** 分别表示在 10%、5% 和 1% 的水平上显著。

表4-9结果回归（1）和回归（2）显示，在收入波动低的组中（SD=0）DID的Treat×Post交乘项显著，而在收入波动高的组中（SD=1）DID的Treat×Post交乘项不显著，且组间系数差异检验FPT检验显示两组之间的差异在1%水平上显著，这就说明，《公平竞争审查制度》在更容易受行政庇护的市场主体特征中，收入稳定性来源于行政主体对市场的壁垒营造，内源融资对企业投资支持越强，对企业投资的相对抑制作用则更明显。

表4-9结果回归（3）和回归（4）显示，在利润率高的组中（NI=1）DID的Treat×Post交乘项显著，而在利润率低的组中（NI=0）DID的Treat×Post交乘项不显著，且组间系数差异检验FPT检验显示两组之间的差异在1%水平上显著，这就说明，《公平竞争审查制度》在更容易受行政庇护的市场主体特征中，利润率来源于企业接受行政保护形成的垄断地位，内源融资对企业投资支持越强，对企业投资的相对抑制作用则更明显。

结合上述结论，《公平竞争审查制度》在内源融资对投资支持更好的企业中其政策效果越好，越能够抑制高行政垄断地区企业的相对投资水平。

（4）外源融资特征。

当一个企业能够很轻易地获得政府补贴、银行借款时，或者具备较低的融资约束时，其有较大的概率是受到政府行政庇护给予的各类优惠政策。因此，可以预见，企业的财政补贴水平越高、银行借款越多、融资约束越小时，企业越可能处于行政庇护之下，《公平竞争审查制度》对行政垄断的阻滞，将对这一类样本呈现更为显著的治理作用，即行政垄断庇护链条被切断后，企业投资将成为无源之水，这类企业将呈现更为明显的投资水平相对下降。本章使用了财政补贴占总资产比作为财政补贴水平的度量，将其按中位数分为高低两组，标记为SU，当SU=1时，代表财政补贴水平高，反之则SU=0；使用WW指数（Whited和Wu，2006）[262]来表征企业融资约束高低，将其按中位数分为高低两组，标记为WW，当WW

=1 时，代表融资约束高，反之则 WW =0；使用银行贷款占总资产比来度量企业的贷款水平，银行贷款采用企业报表长期借款和短期借款之和来计算，计算获得的贷款资产比并按其按中位数分为高低两组，标记为 BL，当 BL = 1 时，企业获得的利润率高，反之则 BL = 0。分组回归结果如表 4 - 10 所示。

表 4 - 10　按财政补贴高/低、融资约束高/低、银行借款高/低分组的检验

变量名	(1) Invest	(2) Invest	(3) Invest	(4) Invest	(5) Invest	(6) Invest
	SU = 0	SU = 1	WW = 0	WW = 1	BL = 0	BL = 1
Treat	-0.001	0.002	0.002	0.000	0.001	0.001
	(-0.41)	(0.98)	(0.78)	(0.10)	(0.28)	(0.51)
Treat × Post	-0.001	-0.004**	-0.004**	-0.001	-0.002	-0.006*
	(-0.40)	(-2.01)	(-1.97)	(-0.35)	(-1.11)	(-1.92)
Size	0.001*	-0.000	-0.002**	-0.001	-0.001	0.001
	(1.85)	(-0.73)	(-2.20)	(-1.61)	(-1.26)	(0.83)
Lev	0.005	0.019***	0.011***	0.014***	-0.002	0.001
	(1.52)	(4.82)	(3.14)	(3.15)	(-0.53)	(0.11)
Roa	0.063***	0.096***	0.069***	0.075***	0.074***	0.114***
	(8.57)	(12.33)	(11.80)	(4.83)	(8.05)	(10.47)
Ppe	0.012**	0.004	-0.002	0.015***	0.012**	-0.013**
	(2.43)	(0.88)	(-0.41)	(2.75)	(2.21)	(-2.27)
Oncf	0.014**	0.019**	0.032***	0.005	0.014*	0.036***
	(2.15)	(2.53)	(4.66)	(0.56)	(1.80)	(3.44)
Soe	-0.017***	-0.018***	-0.016***	-0.019***	-0.016***	-0.020***
	(-12.68)	(-13.31)	(-11.18)	(-12.85)	(-11.37)	(-10.06)
Tophold	-0.001	0.007*	0.016***	-0.006	0.003	0.010*
	(-0.23)	(1.72)	(3.72)	(-1.36)	(0.72)	(1.69)
Bm	0.003**	0.004***	0.010***	0.002*	0.003**	0.002
	(2.04)	(3.35)	(5.59)	(1.84)	(2.11)	(0.91)
Gdp_g	0.076	0.088	0.143***	0.035	0.070	0.134**
	(1.49)	(1.61)	(2.71)	(0.61)	(1.23)	(2.04)

续表

变量名	(1) Invest	(2) Invest	(3) Invest	(4) Invest	(5) Invest	(6) Invest
Gdp_t	0.003**	0.003*	0.003***	0.002*	0.002	0.003*
	(2.21)	(1.96)	(2.66)	(1.75)	(1.22)	(1.66)
Gdp_s	-0.005	-0.009	-0.009	-0.008	0.003	-0.021
	(-0.57)	(-0.94)	(-0.88)	(-0.80)	(0.35)	(-1.54)
截距项	-0.014	0.007	0.021	0.055**	0.020	0.006
	(-0.71)	(0.36)	(0.90)	(2.40)	(1.01)	(0.24)
FPT 检验	0.003***		-0.003***		0.003***	
观测数	10449	10218	9795	9829	7155	7184
R 方	0.087	0.105	0.098	0.112	0.114	0.115
行业固定	Yes	Yes	Yes	Yes	Yes	Yes
年度固定	Yes	Yes	Yes	Yes	Yes	Yes
公司聚类	Yes	Yes	Yes	Yes	Yes	Yes
调整 R 方	0.0811	0.0992	0.0925	0.106	0.106	0.107

注：*、**、*** 分别表示在 10%、5% 和 1% 的水平上显著。

表4-10 结果回归（1）和回归（2）显示，在财政补贴高的组中（SU=0）DID 的 Treat×Post 交乘项显著，而在财政补贴低的组中（SU=1）DID 的 Treat×Post 交乘项不显著，且组间系数差异检验 FPT 检验显示两组之间的差异在 1% 水平上显著，这就说明，在更容易受行政庇护的市场主体特征中，财政补贴对企业投资支持越强，《公平竞争审查制度》对企业投资的相对抑制作用则更明显。

表4-10 结果回归（3）和回归（4）显示，在融资约束低的组中（WW=0）DID 的 Treat×Post 交乘项显著，而在融资约束高的组中（WW=1）DID 的 Treat×Post 交乘项不显著，且组间系数差异检验 FPT 检验显示两组之间的差异在 1% 水平上显著，这就说明，融资约束越低《公平竞争审查制度》对企业投资的相对抑制作用则更明显。

表4-10 结果回归（5）和回归（6）显示，在银行贷款高的组中（BL=1）DID 的 Treat×Post 交乘项显著，而在银行贷款低的组中（BL=

1）DID 的 Treat×Post 交乘项不显著，且组间系数差异检验 FPT 检验显示两组之间的差异在 1% 水平上显著，这就说明，银行贷款越高企业融资越容易，对投资资金支持效应更强，《公平竞争审查制度》在这些主体中，对企业投资的相对抑制作用则更明显。

结合上述结论，《公平竞争审查制度》在外源融资对投资支持更好的企业中其政策效果越好，越能够抑制高行政垄断地区企业的相对投资水平。

4.5 本章小结

本章从微观企业的投资总量入手，使用 2013—2019 年 A 股上市公司的数据，以 DID 模型作为基本分析工具，探讨了《公平竞争审查制度》对企业投资水平的影响。研究结果显示，在区域层面行政垄断的确会通过推动企业投资而拉动本地经济增长，也就是说企业投资是作为行政垄断拉动经济增长的重要工具。当《公平竞争审查制度》实施后，处于高行政垄断地区的企业将有更低的投资水平相对变化，即《公平竞争审查制度》实施将相对抑制高行政垄断地区的企业投资水平。在经历了横截面的研究后发现，这一相对抑制作用在过度投资水平越高、全要素生产率越低、市场集中度越高、市场化进程越低、利润越高、收入越稳定、政府补贴越多、融资约束越低、银行借款越多的企业样本中更为显著，这说明了公平竞争审查制度对高行政垄断地区企业投资的相对抑制作用在主体越受庇护、市场机制越完善、内外源融资来源越多的情况下呈现了更为显著的作用，进一步验证了公平竞争审查制度是通过抑制行政垄断的庇护渠道而影响企业投资的。

第 5 章　行政垄断规制与金融资产配置

5.1　问题的提出

20世纪80年代以来，世界主要经济体呈现出明显的经济金融化趋势。2008年美国次贷危机爆发后，各国政府均开始高度关注和警惕虚拟经济过度发展可能引发的系统性金融风险，并争相出台了各种规范金融行业、去杠杆化、再工业化的政策制度与措施以促进实体经济健康稳定地发展。宏观层面的经济金融化在中观层面表现为商品金融化，在微观层面则更为具体地表现为企业金融化。在世界经济虚拟化的大背景下，我国的实体经济产能过剩、产业链低端、创新力不足等问题导致实体企业的大量资本不断地流入收益率相对较高的金融、房地产等行业，进而引起了我国虚拟经济的不断膨胀，实体经济与虚拟经济之间出现了结构性失衡。

企业是经济的基本细胞，实体企业金融化作为经济金融化的重要内容，其产生原因、影响因素及经济后果一直以来都是学术界高度关注和研究的热点问题。回顾以往相关领域的研究文献来看，学者们主要集中于探讨实体企业金融化的影响因素及其经济后果。就经济后果而言，一部分研究结果显示企业金融化有助于增强企业资产的流动性，降低企业资金流断裂的风险，进而有助于促进企业的实体经济投资，即企业金融资产的蓄水池效应（Doidge等，2010；胡奕明等，2017）[263][264]；另一部分研究结果发现宏观经济不景气、运营成本上升、行业竞争加剧、创新力不足等诸多因素导致传统实体企业的利润率长期持续下降，而金融行业通过自身的垄断创新优势使投资金融领域的收益率远远超过了投资实体经济，资本逐利的性质促使实体企业的金融化程度不断加快加深，具体表现为金融资产对实体投资的挤出效应（Orhangazi，2006；张成思等，2016）[265][266]。结合我国经济转型时期的特殊国情，现有的研究结果普遍显示我国当前的企业金融化现象主要受到挤出效应的影响，即我国的实体企业，特别是中小企业和民营企业受到国内外市场需求不足、产能严重过剩、上游垄断、生产要素成本增加、融资困难、自主研发不足、产业结构低度化、运营效率降低等诸多不利因素的影响，自身的主营业务利润率逐年降低，面临着不断增高的破产风险，房地产投资和金融投资的超额收益率自然而然地成了我国实体企业资本保值、增值的首要选择（谢家智等，2014；张成思和张步昙，2016；王红建等，2017；杜勇等，2017；彭俞超等，2018）[267][222][268][175][269]。相关数据显示除ST、金融与房地产类企业外，我国A股上市企业的金融资产总量从2010年的269亿元逐年递增到2018年的1659亿元（陶晓慧等，2021）[270]。我国实体企业金融化程度的不断加快加深，一方面增加了企业自身的经营风险和股价崩盘风险（彭俞超等，2018；杜勇等，2019）[269][271]，导致整个市场要素资源的严重错配，实体产业空心化危机日益严峻；另一方面大量逃离实体经济的资本在虚拟经济中空转套利，未能进入生产领域创造实实在在的社会财富，从而不仅推高了资产的价格泡沫，而且加剧了系统性金融风险爆发的可能性。鉴于上述原因，全面系统地研究我国企业金融化的动因及其影响因素对更加有针对性地制定和出台相关的政策与措施，更加有效地抑制企业过度金融化的趋势具有重要的现实意义。

就实体企业金融化的影响因素而言，现有的研究结果显示，非金融企业主要出于预防性动机和逐利动机持有金融资产。其中预防性动机指的是相对于实物资产而言，金融资产具有较高的流动性，因此企业的管理层选择通过提高企业金融资产的配置水平降低企业资金链断裂的运营风险以及其他短期资金不足带来的机会成本（Baum等，2004；Denis和Sibilkov，2009；张成思等，2016；胡奕明等，2017；朱映惠和邵旭方，

2019)[272][273][266][264][274]。逐利动机则指的是由于金融市场的创新发展使企业投资金融领域的收益率远高于投资实体经济（王爱俭和林楠，2007)[275]，因而追逐利润率最大化目标的企业管理层通过提高企业金融资产的配置实现企业投资收益最大化的目标（托马斯·帕利，2010)[276]。鉴于我国的特殊国情和制度背景，在上述研究的基础上我国的学者们主要从微观视角出发，探讨我国转体经济模式下企业金融化的影响因素（于连超等，2021；刘帷韬等，2021)[277][278]。研究发现我国企业价值投资经营理念的转变（徐经长等，2010；邓超等，2017)[279][280]、企业自身的财务稳定性（李华民等，2020；吴一丁和陈甜甜，2020)[281][282]、企业高管薪酬的行业锦标赛（王虹等，2021)[283]、企业盈利预测和股价走势的压力（柳永明和罗云峰，2019)[284]、员工持股计划（任灿灿等，2021)[285]、企业声誉资本的保险机制（孟庆斌和侯粲然，2020)[286]、高管的背景和企业治理经验（龚光明和肖冰瑜，2020；杜勇和王婷，2019，韩忠雪，2021)[287-289]、国有企业混合所有制程度（梁上坤和徐灿宇，2021)[290]等因素均对我国实体企业的金融化水平有着显著的影响。从宏观经济和制度环境的视角探讨我国实体企业金融化影响因素的研究相对较少，仅有的研究主要探讨了宏观经济的发展前景（胡奕明等，2017；王红建等，2017)[264][268]、国际金融资本的流动性（刘涛，2018)[291]、经济政策（彭俞超等，2018；顾海峰和高水文，2021)[269][292]、货币政策（杜勇等，2017；李顺彬和韩平，2019，张卫国，2020，孙华好等，2021)[175][293-295]、产业政策（于连超等，2021；刘帷韬等，2021)[277-278]等因素与我国实体企业金融资产配置水平之间的关系，没有研究具体深入地探讨我国政府出台的竞争政策是否能够影响实体企业的金融化水平？如果有影响，那么影响的传导机制究竟又是怎样的？

与西方成熟资本市场不同，我国改革开放到现在仅有短短40多年的时间。虽然经过不断地积极探索和创新推进，我国的下游产品市场已经基本实现了自由竞争，市场在要素配置过程中起着主导性的作用，但是上游产业却在很大程度上依然处于国有垄断的状态，上游企业凭借行政庇护带来的垄断地位享受着大量的政治、经济特权，通过资源错配攫取了高额的垄断租，进而严重抑制了我国社会主义市场经济健康高效的发展（王永进和施柄展，2014；吕云龙和吕越，2018；魏庆文，2020）[19][95][138]。行政庇护下的上游企业在生产经营过程中通常能够得到大量的税收优惠、融资优惠、亏损补贴等，因此此类企业通常外源融资较为充沛；此外，上游大型国企在行政庇护下能够以极低的成本获得关键生产要素的优惠供给，垄断地位又决定了此类企业具有产品定价权，因此上游企业通常经营利润较高，内源融资亦较为充足。上述两方面的因素决定了上游企业有着更多的资金能够投入高风险、高收益的金融行业，实现企业投资收益最大化。2016年出台实施的《公平竞争审查制度》是我国竞争政策发展史上具有里程碑意义的事件，公平竞争审查剑指行政垄断，目标是通过事前预防的政府自查行为切断政治权力干预市场的抓手，保护公平有序的市场竞争环境。公平竞争审查制度的落地使得政府无法再通过垄断保护为上游企业提供稳定的产品销路，政府不仅不能够将关键的生产要素低价提供给垄断企业，也不能通过各类不当的财政补助、税收返还、低息贷款为此类企业提供资金支持。因此，随着公平竞争审查的展开，上游垄断企业低成本、高收入以及在外部资金支持方面的巨大优势将不复存在，内外源融资额的减少以及自身经营风险的增加降低了上游行政垄断企业的管理层将更多的资金投入高风险、高收益的金融领域的能力和动机。鉴于上述原因，本章重点研究了《公平竞争审查制度》的实施如何影响我国上下游企业的金融资产配置。研究结果显示企业越上游，其金融化水平越高；《公平竞争审查制度》实施后，上游企业比下游企业金融化水平降低得更为明显；进一步研究发现《公平竞争审查制度》实施后，与下游企业相比较，上游企业的应收账款净额显著降低、现金持有量显著增加、企业信贷资源的二次配置显著收紧，从而表明公平竞争审查切断了上游垄断企业的行政庇护，此类企业面临的市场竞争大幅加剧，可持续经营风险急剧提高，进而迫使上游企业的管理层减持金融资产，提高企业的自由现金流。

本章的研究贡献主要体现在以下三个方面：第一，以往研究企业金融资产配置的文献主要从微观视角研究实体企业金融化的影响因素。本章从竞争政策视角出发，研究《公平竞争审查制度》的出台实施与企业金融化之间的关系，研究结果显示，公平竞争审查有效地抑制了上游企业"脱实向虚"的趋势，从而丰富了企业金融化影响因素的研究成果。第二，《公平竞争审查制度》作为反垄断政策的关键一环，其实施效果如何是政府、企业、政策研究者等利益相关方十分关注的问题。本章利用微观企业的数据深入研究了《公平竞争审查制度》对行政垄断不同的上下游企业金融化水平的影响，进而为《公平竞争审查制度》实施的有效性提供了实证证据的支持，进一步拓展了竞争政策经济后果的研究。第三，本章研究除了考察《公平竞争审查制度》的实施是否影响企业现有的投资结构外，进一步探讨了影响的实现机制与路径，即《公平竞争审查制度》实施后，上游企业的管理层究竟通过何种渠道降低了企业的金融化水平，从而有助于更加深入地理解宏观层面的竞争制度作用于微观企业层面的内在机理，为更加深刻地理解宏观竞争制度的微观实现路径，未来更加有效地设计竞争制度，提升我国竞争政策实施的有效性提供了重要的启示。

5.2　理论分析与研究假设

企业金融资产配置本质上是实体企业的经营性资产投资与金融性资产投资的投资结构和投资规模问题。微观经济中实体企业的资产配置直接取决于市场需求，而市场需求又极大地受到宏观经济发展的影响。企业管理层通过分析企业内外部资源、产业链结构以及国内外的经济环境等因素对企业的金融资产投资与经营资产投资的投资规模和结构进行动态调整，争取实现企业风险最小化、收益最大化的投资目标。近年来，我国经济持续下行的巨大压力导致实体企业的生产经营成本显著增加，全球经济的持续低迷和地方贸易保护主义的兴起又进一步加速了全球产业链的重构和调整，降低了国际市场的需求。在内外部双重压力下，我国的实体经济正处于转变发展方式、转换增长动力、优化产业结构的艰难爬坡期。

投资替代理论指出实体经济中企业资本投向转变的主要目的是通过优化企业的投资结构实现企业投资利润最大化。Arrighi（1994）[219]研究发现实体企业的管理层普遍倾向于在实体经济低迷、主营业务利润率下跌时将企业的资本投入收益率相对较高的金融领域替代实体投资获取更高的利润。受到国内外市场需求疲软、企业自身创新力不足、利润率下降等诸多不利因素的影响，我国微观市场中越来越多的实体企业脱离了自身原有的主营业务，不断地将资金大量地投入房地产和金融领域以获取较高的投资报酬率，企业金融资产在资产配置中的比重以及金融收益占企业总利润的比重均不断提高，进而导致我国实体企业金融化程度不断加深，实体经济发展"脱实向虚"的趋势日益凸显（张成思和张步昙，2016；杜勇等，2017）[222][175]。实体经济与虚拟经济之间出现的上述结构性失衡一方面严重制约了我国实体经济健康稳定的发展，另一方面加剧了国内系统性金融风险的产生。实体经济是一国经济的立身之本、财富之源，是一个国家保持自身国际竞争力的基础，对提供就业岗位、改善民众生活、实现社会稳定及国民经济的可持续发展均有着重要的现实意义。因此，2016年的中央经济工作会议明确提出"要把防控金融风险放到更加重要的位置，下决心处置一批风险点，着力防控资产泡沫，提高和改进监管能力，确保不发生系统性金融风险"。尽管随后我国出台了一系列抑制资产泡沫的政策与措施，但相关制度集中于治理楼市、规范P2P业务和资产管理产品、严防银行理财产品风险等领域，我国实体经济中企业面临的各种体制性、周期性和结构性矛盾并未得到有效的解决，进而导致我国实体企业投资"脱虚向实"困难重重。

产业链理论指出，一家企业越靠近产业链上游，其利润往往越丰厚、竞争越缓和，究其原因在于处于上游的企业通常掌握着某种稀有的资源或核心技术，因而有着较高的行业进入壁垒。与之相比较，处于产业链下游的企业通常缺乏上述必要的生产要素或非生产要素，行业进入门槛亦相对较低。因此，下游企业间的竞争更加趋于完全市场化，此类企业的利润率相对较低、经营风险较高。立足于国家控制国民经济命脉的基本方针，

1994年起我国开始对国有企业实行"抓大放小"的改革，集中力量发展上游市场中的大型国有企业，通过对此类企业进行兼并重组保持其在国民经济中的垄断或寡头垄断地位，从而进一步提高了我国国有经济的质量和控制力。与此同时，通过产权改革使国有资本全部或部分退出控股地位，将下游市场中的大量中小型国有企业改制为民营企业或混合所有制企业。改革后虽然我国市场中国有企业的总体数量大幅减少，但处于行业上游国企自身的经济实力以及对整个国民经济的控制力却大大地增强了（褚敏和靳涛，2013）[296]。根据国资委公布的相关资料显示，我国40家国有垄断企业平分了169家央企6000多亿元总利润的95%，其中来自石油、石化、通信、电力、交通运输等系统的12家产业链上游的国有垄断企业就囊括了央企总利润的78.8%。随着我国社会主义市场经济的不断发展与完善以及政府市场化改革的不断深入，我国的产业链下游行业已经基本实现了企业间的自由竞争，而上游行业依然受到政府过多的行政介入和干预，成为行政垄断最为集中的领域，由此造成我国实体经济中"上游市场垄断、下游市场竞争"的产业格局。我国上游国企的垄断地位并非规模经济效应导致的自然垄断，也不是市场自由竞争引发的市场垄断，而是偏向行政垄断，即上游市场垄断局面形成的动因主要是由于政府的强制行政力，此类垄断脱离了市场经济的本质，是政府利用自身的行政权力保证特定政治、经济、社会需求的实现。因此，我国现阶段上游国企实现的巨额利润本质上是企业依靠行政庇护实现的垄断租金（刘瑞明和石磊，2011）[297]。具体而言，我国推行的国有企业"抓大放小"的改革将具有巨大经济价值的生产和非生产要素无偿或以极低的价格授予国有垄断企业，进而转化为此类企业的高额垄断利润。行政垄断保护下的上游国企所有者缺位、产权不清晰、收入分配不平衡等问题不仅导致此类企业管理水平低下，而且扭曲了要素的市场价格，从而造成整个社会资源的严重错配，限制了我国市场经济"需求引致创新"功能的发挥，降低了国民经济的创新绩效。王永进和刘灿雷（2016）[298]研究发现，2003年以来，我国上游行业国有企业的行政垄断势力不断加强，不仅导致了市场资源的误置，而且阻碍了企业的技术进步。由此可见,我国垄断国企获得的丰厚利润并非源自企业自身运营效率的大幅提升或创新力的提高,而是大型上游国企对社会利益的侵占,从而造就了国企改革中的"垄断食租阶层"。综上所述,我国产业链上游的垄断企业一方面利用自身在要素市场的垄断力量攫取了大量的垄断利润,进而提高了自身的垄断福利;另一方面通过占用过多的社会资源不断地向产业链下游的企业和市场中的消费者转嫁其运营成本,从而造成市场资源错配和结构失衡。

市场结构理论指出决定市场结构的主要因素有市场集中度、产品差异和进入壁垒,上述三大要素决定了市场的垄断竞争程度。市场结构制约着企业的市场行为,即企业需要适应市场并按照市场的要求调整自身的运营模式以获得更高的利润和市场占有率。垄断性市场结构决定了垄断企业可以通过各种价格或非价格行为排挤竞争对手,获取超额垄断利润。垄断经济客观上加剧了实体企业金融化现象,其原因在于垄断性企业增加投资、扩大产能将会导致实体产业的收益率整体下跌,进而使得此类企业失去投资实体项目的动机,转而将资金投入收益率相对较高的房地产和金融行业(Sweezy,1997)[173]。与西方资本市场不同,我国目前正处于由高度集中计划经济体制下的行业性垄断、地域性分割式市场逐渐走向自由竞争式市场经济的进程中。因此,我国经济中的垄断现象不仅具有西方国家一般经济垄断的共性,而且具有社会主义市场经济转轨时期的特殊性。具体而言,随着我国经济体制改革的不断深化,以GDP为核心考核目标的地方政府官员在"政治锦标赛"作用下为了促进本地经济的发展、提高本地企业的经济收益,通过设置各类行业、地区壁垒,政府限制、强制、专有交易等手段对地方经济进行行政垄断。我国的国有企业由于历史、文化等原因,行政权力的长期介入使此类企业通过享受各类行政特权进行"权力寻租"。行政垄断带来的政治庇佑一方面增加了国有企业的管理成本,降低了企业的运营效率(杨继生和阳建辉,2015)[20];另一方面使得民营企业和中小企业难以享受国有企业在税收优惠、补贴、信贷支持等方面的同等待遇,进而显著提高了此类企业的要素资源获取难度与获取成本(Song

等，2011)[299]，降低了企业的利润率。综上所述，亟待改善的国内外营商环境和竞争环境使得我国实体经济中的中小企业和民营企业在日常生产经营过程中面临着更多的政策不确定性和经营风险，进而迫使此类企业的管理层出于预防性动机储蓄流动性相对较高的金融资产，利用金融资产的"蓄水池效应"规避企业资金链断裂的风险（Tornell，1990；杜勇等，2017)[174][175]。由此可见，行政垄断一方面向垄断行业中的企业提供了高额的垄断租，从而大大削弱了此类企业投资实体经济的动机，导致企业富余资金金融化；另一方面，行政垄断加剧了没有行政庇护企业的市场竞争，提高此类企业经营风险的同时缩减了其主营业务的利润空间，此类企业出于规避市场环境不确定性的动机也倾向于走上金融化的道路。综上所述，行政垄断极大地破坏了整个市场的自由竞争秩序，造成国内市场整体缺乏活力、产品定价机制异化、企业资源配置效率不高等诸多问题（陈林等，2016；康妮和陈林，2017)[2][300]。为了创造公平公正的可持续市场竞争环境，促进企业高效运营，实现社会主义市场经济健康稳定发展的目标，2008年我国出台了规范企业竞争行为的《反垄断法》。虽然《反垄断法》在实现我国市场充分竞争领域发挥了重要的作用，为自由竞争市场奠定了坚实的法律基础，但由于我国国情的特殊性，《反垄断法》仍难以触及体量庞大的行政垄断领域。有效的竞争政策不仅要对市场中限制竞争的各类不当行为予以规范，还应当对政府通过各类红头文件干预市场自由竞争的行为予以防范。在上述背景下，被誉为破除行政垄断利器的《公平竞争审查制度》于2016年6月正式出台实施，明确规定以政府为核心的政策制定机关在出台涉及市场主体经济活动的各项规章制度和政策措施之前，必须通过开展公平竞争审查评估相关制度规定对市场公平竞争环境的影响，防止政府各类排除、限制市场竞争行为的出现。

《公平竞争审查制度》的实施为各类市场主体营造了公平竞争的统一大市场环境，通过改善生产要素的市场定价机制促进要素的自由流动，进而有助于降低市场中的要素成本，增加企业投资实体经济的利润率，降低企业投资金融资本市场的利差预期。具体而言，在我国上游垄断、下游竞争的产业链格局下，对于下游行业的企业而言，《公平竞争审查制度》实施后上游垄断行业体系的解构会向下游企业释放出更多的投资机会和巨大的垄断利润。上游垄断行业壁垒的消除给下游企业提供了更多的投资机会、更大的利润空间和更加广泛的业务拓展渠道，从而使此类企业不再单纯地依赖投资金融资本市场获取生存空间。对于上游垄断企业而言，《公平竞争审查制度》的实施影响着此类企业的资金量：首先，《公平竞争审查制度》明确规定政府不得违法给予特定企业优惠政策，安排财政支出不得与特定经营者缴纳的税收或非税收入挂钩，如先征后返、即征即退、给予财政奖励或补贴、减免土地等自然资源有偿使用等。因此，公平竞争审查阻断了行政垄断保护企业的外源融资来源。其次，《公平竞争审查制度》中要求政府不得设置不合理或者歧视性的准入和退出条件，不得非法授予经营者特许经营权，也不得限定经营、购买、使用特定经营者提供的商品和服务等相关规定降低了上游垄断企业的市场势力，此类企业面临的市场竞争增加，产品定价权将逐渐消失，营业收入降低。最后，《公平竞争审查制度》规定政府不得限制外地和进口商品、服务进入本地市场，也不得阻碍本地商品和服务的运出与输出，并且不得违法减免企业应当为职工缴纳的社会保险费用，也不得违规要求企业提供或扣留各类保证金，从而切断了垄断企业关键生产要素的优惠供给，此类企业的生产成本将会上升。收入减少的同时成本上升将会大幅压缩上游垄断企业的利润空间，降低此类企业可从内源融资渠道获取到的资金量。总结而言，《公平竞争审查制度》中的多项具体规定从外部资金、收入端、成本端等多个维度压缩了受行政庇护企业能够获取到的内外源融资额，增加了此类企业的经营风险和融资成本，降低了企业管理层将更多的资金投资金融资产的能力和动机。此外，《公平竞争审查制度》的出台实施加剧了上游垄断企业所在行业的竞争激烈程度和竞争水平，行业整体利润率的压缩将会进一步增加上游企业的短期经营风险和现金流风险，从而能够抑制此类企业将更多的资金投入风险相对较高的金融行业。根据上述分析，提出本章的第一个研究假设：

H1：与处于上游行业的企业相比较，《公平竞争审查制度》实施后，处于上游行业企业的金融化水平降低得更多。

本章研究内容如图 5-1 所示。

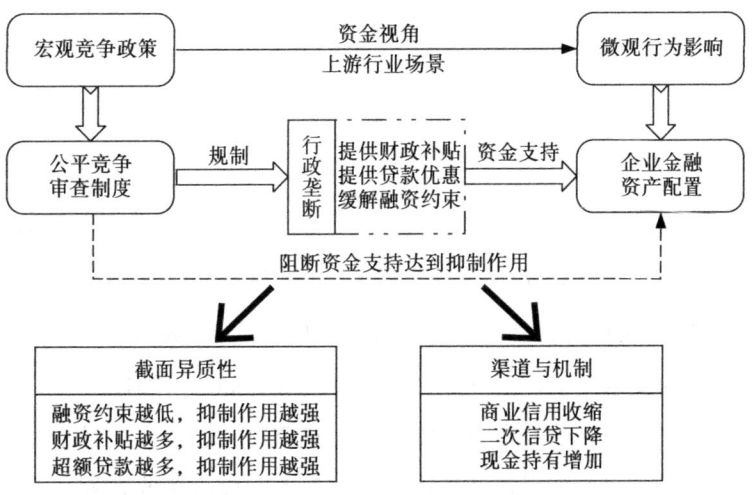

图 5-1 本章研究内容框架

5.3 研究设计

5.3.1 样本选取和数据来源

本章研究所使用的数据均来自于国泰安（CSMAR）数据库和万得（WIND）数据库。具体而言，宏观层面的数据来源于万得数据库，其余上市公司层面的数据均来自于国泰安数据库。

本章选取的研究样本是 2013—2019 年沪深两市 A 股上市公司，并在初始样本的基础上剔除了属于金融行业的公司观测和回归变量部分缺失的观测，共计得到 20878 个观测；DID 模型分组后无缺失的观测数量为 19476 个。本章以公司、地区层面特征变量进行了 PSM 匹配，并在 PSM 配对完成的样本基础上进行了 DID 检验。PSM 匹配后变量无缺失的观测数量为 19138 个。为了排除异常值的干扰，对主要连续变量在上下 1% 处进行 Winsorize 处理。

5.3.2 模型设定和变量定义

为了检验《公平竞争审查制度》的实施对上下游企业金融化的影响，设计如下模型对本章的主要研究假设 H1 进行实证检验：

$$Fin_{i,t} = \beta_0 + \beta_1 Treat_{i,t} + \beta_2 Treat_{i,t} \times Post_{i,t} + \beta Controls + \sum Year + \sum Industry + \varepsilon_{i,t} \quad （式5-1）$$

其中，$Fin_{i,t}$ 是实体企业金融化程度，使用企业的金融资产配置比例，即金融资产/总资产进行度量（杜勇等，2017）[175]；$Treat_{i,t}$ 项为企业是否属于上游行业的虚拟变量，上下游行业的分类按 Antràs（2012）[301] 的上游度指数进行计算，该指数是指企业所在行业在整个社会分工中的位置，当行业生产的产品与消费终端距离越远，指数越大，代表企业越处于上游（王永进和刘灿雷，2016）[298]。具体而言，本章用 up 代表上游度指数，通过以下四步的矩阵运算得出具体的数值（王永进和施斌展，2014）[18]：

第 1 步：假定某封闭经济中有 n 个行业，所有行业的总产出为：

$$y_i = f_i + \sum_{j=1}^{n} a_{ij} y_j \quad （式5-2）$$

其中，$a_{ij} = z_{ij} / \sum_{i=1}^{n} z_{ij}$，代表来自行业 i 的中间品在行业 j 接受的来自所有行业中间品的占比，z_{ij} 为行业 i 流向行业 j 的中间品价值。

将公式 5-2 进行迭代后得到：

$$y_i = f_i + \sum_{j=1}^{n} a_{ij} f_j + \sum_{j=1}^{n}\sum_{k=1}^{n} a_{ik} a_{kj} f_j + \sum_{j=1}^{n}\sum_{k=1}^{n}\sum_{l=1}^{n} a_{il} a_{lk} a_{kj} f_j \quad （式5-3）$$

第 2 步：将公式 5-3 的等式右端除以 y_i 后再乘以每一个中间品环节的序号后得到：

$$u_i = 1 \cdot \frac{f_i}{y_i} + 2 \cdot \frac{\sum_{j=1}^{n} a_{ij} f_j}{y_i} + 3 \cdot \frac{\sum_{j=1}^{n}\sum_{k=1}^{n} a_{ik} a_{kj} f_j}{y_i}$$

$$+ 4 \cdot \frac{\sum_{j=1}^{n} \sum_{k=1}^{n} \sum_{l=1}^{n} a_{il} a_{lk} a_{kj} f_j}{y_i} + \cdots \quad (式5-4)$$

其中，u_i 度量了行业 i 在产业链中的相对位置，由此代表行业 i 与最终消费者之间的平均距离，u_i 越大，行业 i 越处于产业链的上游位置。

第 3 步：由于公式 5-4 为无穷项方程，需要进行如下形式转换后进一步运算：

首先，第 2 步的处理是为了让构造的方程式满足定理的形式要求，进而能够将公式 5-4 转换为矩阵形式进行计算，其遵循的定理为：

$$I + 2A + 3A^2 + \cdots = (I + A + A^2 + \cdots)^2 = [(I - A)^{-1}]^2 \quad (式5-5)$$

定义矩阵 $Y = y_i$（$n \times n$ 阶以 y_i 为对角元素），矩阵 $F = f_i$（$n \times 1$ 阶），进而得到：

$$U = Y^{-1} \cdot (I + 2A + 3A^2 + \cdots) \cdot F = Y^{-1} \cdot [(I - A)^{-1}]^2 \cdot F$$

$$(式5-6)$$

其中，$(I - A)^{-1}$ 为里昂锡夫逆矩阵。

第 4 步：矩阵 A 为以 a_{ij} 为要素的 $n \times n$ 阶矩阵，因为 $a_{ij} = z_{ij} / \sum_{i=1}^{n} z_{ij}$，所以：

$$A = a_{ij}(n \times n \text{阶}) = z_{ij} / \sum_{i=1}^{n} z_{ij}(n \times n \text{阶}) = Z \cdot Y^{-1} \quad (式5-7)$$

其中，矩阵 $Z = z_{ij}$（$n \times n$ 阶），z_{ij} 为国家统计局公布的投入产出表中间投入的元素，$Y = y_i$（$n \times n$ 阶的 y_i 对角矩阵），经过进一步整理得到：

$$U = Y^{-1} [(I - Z \cdot Y^{-1})^{-1}]^2 \cdot F \quad (式5-8)$$

up 越接近 1，企业距离消费终端越近，企业越下游。由于《公平竞争审查制度》实施所带来的影响主要集中在受行政垄断保护的行业，而我国上游垄断下游竞争的格局为本章的研究提供了绝佳的准自然实验场景。因此，本章以冲击前 2013 年到 2016 年四年的平均上游度指数（Up）中位数为界，将样本区分为行业上游企业和行业下游企业，并以企业为对象取样本期内的公司观测形成本章的研究样本。在此基础上，本章以公司特征、地区特征的控制变量为匹配变量进行 PSM 匹配,获得配对样本后按照 Up 中位数生成分组变量 $Treat_{i,t}$,当企业属于上游行业时 $Treat_{i,t}=1$,当企业属于下游行业时 $Treat_{i,t}=0$,并在本章的后续研究中以区分后的上下游企业跟踪《公平竞争审查制度》实施后企业的金融化行为。

模型 5-1 中的 Post 为制度出台实施的年度虚拟变量。《公平竞争审查制度》于 2016 年 6 月 1 日正式出台实施,由于宏观政策的实施布局往往具有滞后性。因此,本章将冲击分界设定为 2016 年年末,即 2017 年之前为事件前年度,2017 年及之后为事件后年度,当年份小于等于 2016 年时,$Post_{i,t}=0$;当年份大于 2016 年时,$Post_{i,t}=1$,$Treat_{i,t} \times Post_{i,t}$ 为 DID 模型主要考察的变量,其系数的经济意义为《公平竞争审查制度》实施后,处于上游行业的企业与处于下游行业的企业在金融化程度的变化上是否会出现显著的差异。

Controls 是一组控制变量,包含公司规模 Size、有形资产集中度 Ppe、账面市值比 Bm、资产负债率 Lev、利润率 Roa、政府补贴 Subsidy、大股东持股比 Tophold、经营现金流 Oncf、地区国内生产总值增速 Gdp_g、地区国内生产总值的对数 Gdp_t、地区第二产业国内生产总值占比 Gdp_s。本章还控制了时间固定效应和行业固定效应,在公司层面进行了聚类。主要变量定义具体如表 5-1 所示。

表 5-1　　　　　　　　　主要变量定义

变量名称	变量标识	变量说明
被解释变量		
企业金融化程度	Fin	金融资产/总资产
主要解释变量		
上游度指数	Up	参照 Antras 等(2012)[301]的计算方式,具体计算过程参见 5.3.2 模型设定和变量定义
处于上游行业/下游行业(分组变量)	Treat	企业属于上游行业时取值为 1,否则取值为 0
制度实施年度(时间变量)	Post	年份大于 2016 年时取值为 1,否则取值为 0

续表

变量名称	变量标识	变量说明
主要控制变量		
企业年龄	Age	企业上市天数除以365加1的自然对数
企业规模	Size	企业资产总额的自然对数
固定资产占总资产的比例	Ppe	固定资产/总资产
净资产占企业流通市值的比例	Bm	净资产/企业流通市值
杠杆比率	Lev	负债总额/资产总额
资产收益率	Roa	净利润/总资产
企业获取的政府补贴除以总资产的比例	Subsidy	企业获取的政府补贴/企业总资产
第一大股东持股比例	Tophold	持股最多股东的持股数量/企业总股数
经营性现金净流量占总资产的比例	Oncf	经营性现金净流量/总资产
地区第二产业国内生产总值占比	Gdp_s	地区第二产业国内生产总值/地区国内生产总值
地区国内生产总值的对数	Gdp_t	地区国内生产总值的对数
地区国内生产总值增速	Gdp_g	(地区当年国内生产总值 - 地区上一年国内生产总值)/地区上一年国内生产总值

5.4 实证检验与结果分析

5.4.1 描述性统计

表5-2列示了主要变量的描述性统计，企业金融化（Fin）的均值为0.038，表示我国非金融上市公司平均配置了3.8%左右的金融资产，Fin的最小值为0，最大值为0.430，由此显示样本企业间金融资产的配置水平存在着较大的差异。上游度指数的均值与王永进和刘灿雷（2016）[298]不存在量级差异。其余控制变量的描述性统计结果均与既有研究无实质性差异，进而显示本章的控制变量能够较好地控制公司、地区层面的差异。

表 5-2　　　　　　　　　　　描述性统计

变量名	样本量	均值	方差	最小值	1%分位数	25%分位数	50%分位数	75%分位数	99%分位数	最大值
Fin	20878	0.038	0.074	0.000	0.000	0.000	0.008	0.039	0.428	0.430
Up	20878	3.642	1.647	1.068	1.068	2.374	3.285	5.159	9.347	9.347
Size	20878	22.163	1.299	19.569	19.688	21.236	21.999	22.901	26.101	26.101
Lev	20878	0.423	0.208	0.057	0.057	0.254	0.410	0.578	0.908	0.909
Roa	20878	0.035	0.067	-0.339	-0.299	0.013	0.036	0.066	0.189	0.194
Ppe	20878	0.210	0.161	0.002	0.002	0.084	0.175	0.300	0.698	0.698
Bm	20878	0.652	0.499	0.035	0.037	0.313	0.522	0.837	2.854	2.881
Oncf	20878	0.044	0.070	-0.191	-0.180	0.006	0.044	0.085	0.238	0.242
Tophold	20878	0.342	0.147	0.086	0.087	0.227	0.321	0.440	0.742	0.748
Age	20878	10.574	7.448	0.000	0.137	4.003	8.685	17.362	25.997	26.008
Subsidy	20878	0.005	0.005	0.000	0.000	0.001	0.003	0.006	0.030	0.030
Gdp_g	20878	0.075	0.013	0.031	0.031	0.068	0.075	0.081	0.110	0.110
Gdp_t	20878	10.520	0.714	8.061	8.061	10.103	10.519	11.124	11.587	11.587
Gdp_s	20878	0.410	0.089	0.162	0.162	0.392	0.434	0.466	0.541	0.541

5.4.2 相关性分析

本章对主要变量进行了 Pearson 和 Spearman 相关系数分析，结果如表 5-3 所示，其中各主要变量的相关性系数均小于 0.5，说明多重共线性问题较轻，变量选取较为合理。本章的研究变量企业上游度（Up）和企业金融化水平（Fin）之间的 Pearson 和 Spearman 相关系数分别为 -0.107 和 -0.139，且均在 1% 水平上显著，表明在未加控制变量和固定效应的前提下，企业越上游，其金融化水平越低。但后续研究中加入企业层面、地区层面的控制变量与行业与年度的固定效应后，上述关系发生了反转，即研究结果显示企业越上游，其金融化程度越高，说明在有基准的比较环境中，本章主要研究变量之间的关系与相关性检验呈现出的关系并不相同。

表 5-3 相关系数矩阵

	Fin	Up	Size	Lev	Roa	Ppe	Bm	Oncf	Soe	Tophold	Age	Gdp_g	Gdp_t	Gdp_s	Subsidy
Fin	1	-0.139***	0.182***	0.041***	-0.025**	-0.203***	-0.010	-0.015**	0.067***	-0.046***	0.268***	-0.109***	0.031***	-0.132***	-0.105***
Up	-0.107***	1	-0.006	-0.016**	-0.049***	0.377***	0.042***	0.067***	0.067***	0.012*	-0.002	0.069***	0.020***	0.125***	0.069***
Size	0.013*	0.026***	1	0.517***	-0.099***	0.038***	0.366***	0.052***	0.368***	0.159***	0.426***	-0.088***	-0.076***	-0.075***	-0.234***
Lev	-0.054***	-0.021***	0.506***	1	-0.435***	0.022***	0.029***	-0.170***	0.279***	0.043***	0.368***	0.011	-0.097***	0.019***	-0.212***
Roa	0.006	-0.028***	-0.007	-0.350***	1	-0.084***	-0.010	0.417***	-0.161***	0.128***	-0.294***	-0.013***	0.120***	-0.018***	0.160***
Ppe	-0.206***	0.310***	0.104***	0.067***	-0.064***	1	0.064***	0.258***	0.144***	0.080***	0.038***	0.115***	-0.066***	0.170***	0.145***
Bm	0.000	0.032***	0.406***	0.058***	0.024***	0.084***	1	0.016**	0.077***	0.152***	-0.098***	-0.141***	0.066***	-0.057***	-0.092***
Oncf	-0.012*	0.057***	0.057***	-0.177***	0.350***	0.240***	0.017**	1	0.002	0.118***	-0.067***	-0.034***	0.067***	-0.005	0.114***
Soe	0.009	0.079***	0.380***	0.280***	-0.071***	0.202***	0.099***	-0.000	1	0.207***	0.467***	0.045***	-0.253***	-0.039***	-0.139***
Tophold	-0.021***	0.023***	0.206***	0.047***	0.142***	0.093***	0.193***	0.112***	0.214***	1	-0.079***	0.016**	-0.044***	0.006	-0.036***
Age	0.179***	0.011	0.373***	0.362***	-0.184***	0.080***	-0.038***	-0.061***	0.476***	-0.055***	1	-0.041***	-0.200***	-0.058***	-0.274***
Gdp_g	-0.081***	0.034***	-0.093***	0.011	0.034***	0.079***	-0.098***	-0.024***	0.043***	0.020***	-0.209***	1	-0.173***	0.605***	0.008
Gdp_t	0.024***	-0.035***	-0.065***	-0.095***	0.073***	-0.098***	0.043***	0.064***	-0.229***	-0.041***	-0.044***	-0.152***	1	0.121***	0.081***
Gdp_s	-0.103***	0.097***	-0.105***	0.016**	0.012*	0.163***	-0.038***	0.023***	-0.068***	-0.022***	-0.170***	0.435***	0.221***	1	0.014*
Subsidy	-0.074***	0.028***	-0.188***	-0.127***	0.074***	0.063***	-0.101***	0.074***	-0.072***	-0.029***	-0.170***	0.026***	0.021***	0.039***	1

注：*、**、*** 分别表示在 10%、5% 和 1% 的水平上显著；相关系数矩阵分别为 Pearson 和 Spearman 相关系数矩阵。

5.4.3 基本回归分析

表 5-4 的单变量回归结果显示 Up 的系数为 0.02 且在 1% 的水平上显著为正,由此表明企业越上游,其金融化程度越高。这一研究结果一方面说明在金融投资收益率远高于实体投资收益率的经济环境下,资本逐利的性质促使实体企业将更多的资金投入金融领域;另一方面说明处于上游行业的企业自身资金相对充足,能够将多余的资金投资于金融行业赚取更高的投资回报率。根据前文的论述,由于上游企业所在的行业多为受行政垄断保护的行业,故上游企业投资金融领域的资金可能主要来源于企业凭借其垄断地位攫取的垄断租。

表 5-4　　　　上游度与企业金融资产配置

变量名	(1)
	Fin
Up	0.020***
	(3.89)
Size	-0.001
	(-1.23)
Lev	-0.051***
	(-8.04)
Roa	-0.021*
	(-1.93)
Ppe	-0.074***
	(-11.24)
Bm	0.003
	(1.28)
Oncf	0.029***
	(2.85)
Soe	-0.006**
	(-2.20)

续表

变量名	(1)
	Fin
Tophold	0.008
	(1.11)
Age	0.002***
	(11.56)
Gdp_g	0.122*
	(1.70)
Gdp_t	0.003*
	(1.93)
Gdp_s	-0.034**
	(-2.54)
Subsidy	-0.275**
	(-2.20)
截距项	-0.029
	(-0.88)
观测数	20878
R方	0.156
行业固定	Yes
年度固定	Yes
公司聚类	Yes
调整R方	0.153

注：*、**、***分别表示在10%、5%和1%的水平上显著。

为了检验本章的主要研究假设H1，对模型5-1进行回归分析，结果如表5-5 Panel A所示，其中第一列DID模型中Treat×Post的系数为0.005，且在1%的水平上显著负；第二列PSM+DID模型的研究结果显示Treat×Post的系数为0.006，且在1%的水平上显著为负；由此说明《公平竞争审查制度》实施后，上游企业的金融化水平比下游企业的金融化水平降低得更为明显，进而表明《公平竞争审查制度》对上游垄断行业的企业冲击更大，假设H1得以验证。

表5-5　　Panel A：公平竞争审查、上游度与企业金融资产配置

变量名	(1) Fin DID	(2) Fin PSM + DID
Treat	-0.006	-0.006
	(-1.00)	(-1.06)
Treat × Post	-0.005***	-0.006***
	(-2.97)	(-3.09)
Size	-0.001	-0.001
	(-0.83)	(-1.09)
Lev	-0.050***	-0.050***
	(-7.45)	(-7.23)
Roa	-0.031***	-0.030***
	(-2.71)	(-2.60)
Ppe	-0.071***	-0.069***
	(-10.36)	(-10.27)
Bm	0.000	0.000
	(0.02)	(0.01)
Oncf	0.023**	0.023**
	(2.16)	(2.17)
Soe	-0.006**	-0.005**
	(-2.15)	(-1.97)
Tophold	0.007	0.007
	(0.94)	(0.91)
Age	0.002***	0.002***
	(11.93)	(11.65)
Gdp_g	0.148**	0.158**
	(2.08)	(2.19)
Gdp_t	0.004***	0.004***
	(2.62)	(2.78)
Gdp_s	-0.041***	-0.045***
	(-3.02)	(-3.23)

续表

变量名	(1) Fin	(2) Fin
Subsidy	-0.274**	-0.259*
	(-2.07)	(-1.92)
截距项	0.026	0.031
	(0.90)	(1.05)
观测数	19476	19138
R方	0.168	0.171
行业固定	Yes	Yes
年度固定	Yes	Yes
公司聚类	Yes	Yes
调整R方	0.165	0.168

注：*、**、*** 分别表示在10%、5%和1%的水平上显著。

由于考虑到样本中的上下游企业在《公平竞争审查制度》实施之前可能存在系统性差异，进而导致上述研究结论存在严重的偏误。因此，本章进一步对研究样本进行了PSM平衡性检验和DID平衡趋势假定检验。PSM配对后的平衡性检验结果如表5-5 Panel B所示，PSM的配对样本通过了平衡性检验。

表5-5　　　　　　　　Panel B：PSM平衡性检验

配对变量名	匹配后	T或Chi-2检验的P值
Size	实验组 vs 控制组	0.752
Lev	实验组 vs 控制组	0.788
Roa	实验组 vs 控制组	0.885
Ppe	实验组 vs 控制组	0.808
Bm	实验组 vs 控制组	0.268
Oncf	实验组 vs 控制组	0.473
Soe	实验组 vs 控制组	0.486
Tophold	实验组 vs 控制组	0.486
Age	实验组 vs 控制组	0.522

续表

配对变量名	匹配后	T 或 Chi - 2 检验的 P 值
Gdp_g	实验组 vs 控制组	0.789
Gdp_t	实验组 vs 控制组	0.893
Gdp_s	实验组 vs 控制组	0.823
Subsidy	实验组 vs 控制组	0.669
总体样本	实验组 vs 控制组	0.982

本章研究的 DID 平行趋势假定检验结果如图 5 - 2 和图 5 - 3 所示，DID 模型只有满足在冲击之前（即 before1 - 3）实验组和控制组之间的趋势存在平行关系，即两者之间的差异保持平稳，才能以此为假设推断冲击后的反事实结果。因此，我们需要关注的是事件冲击之前每一年两组之差是否异于零，若均无法拒绝不异于零的原假设，那么就可以说明通过了平行趋势假定检验。

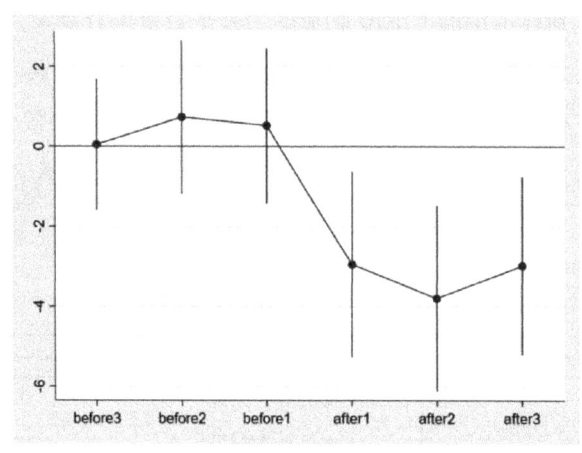

图 5 - 2 未匹配样本的 DID 平行趋势假定检验

图 5 - 2 和图 5 - 3 的 DID 平行趋势假定检验结果显示，实验组和控制组之差在 before3、before2 和 before1 三个时间点上的置信区间均包含 0，也即无法拒绝两组在 before3、before2 和 before1 三个时间点上的差值无异于零的原假设，由此说明实验组与控制组的企业在事件前的增长趋势并不存在显著的差异，模型 5 - 1 通过了 DID 平行趋势假定检验。

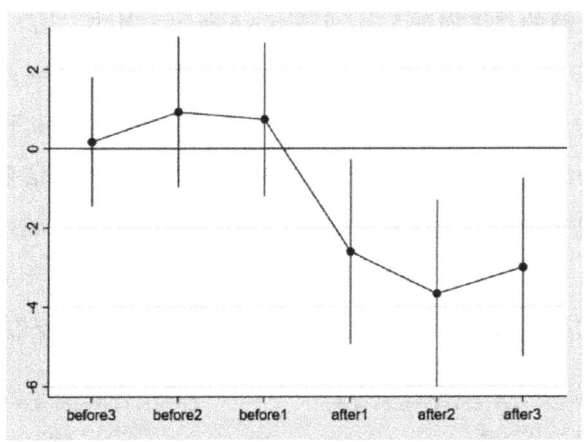

图 5-3　PSM 配对后样本的 DID 平行趋势假定检验

5.4.4　稳健性检验

为了保证本章研究结论的稳健性，本章进行了稳健性检验，主要包括安慰剂检验和替换变量指标。

（1）随机分组安慰剂检验。

《公平竞争审查制度》的实施对上游企业金融化影响的相对抑制效应可能受到一些尚未观察到的随机因素的影响，故本章进行了分组样本的安慰剂试验，以确定这种抑制效应的产生是否受到未观察到的随机因素的影响。安慰剂检验的基本逻辑如下：如果主回归中的显著结果是通过巧合实现的，那么通过将样本随机分为实验组和对照组，相同的显著结果将再次出现。因此，如果在多次重复分组检验后无法在随机分配的样本上获得相同的显著性结果，那么便可以得出主回归的显著性结果并不是偶然获得的结论，即主回归的分组标准可以提供有效的信息。根据上述分析，我们将样本 5000 次随机分为实验组和对照组，并在安慰剂分组样本上对 DID 模型进行回归。在获得交乘项 Treat × Post 的 5000 个 T 值后，可以形成 T 值的经验分布。假设主回归中的 T 值（此处称为真实 T 值）与安慰剂检验的 T 值显著不同，则表明真实 T 值的出现是一个小概率事件，即 Treat × Post 的 T 值不是随机出现的，主回归中显示的显著结果不受随机分组因素的影响。安慰剂试验的结果如图 5-4 和表 5-6 所示,其中,图 5-4 中未配对样本(左)和 PSM 配对样本(右)的密度分布逐渐下降到两侧,表明分组具有良好的随机性。虚线标记了 1%、5%、10% 三个水平的显著性水平,两个模型的实际 T 值均在 1% 的左侧区域;表 5-6 的结果显示 P 值分别为 0.001 和 0.0004,从而表明主回归的显著性结果并非随机获得的,其分组标准具有有效的信息含量。因此,本章主回归中特定分组标准的结果是随机产生的原假设可以被拒绝,研究的主要结论通过了安慰剂测试。

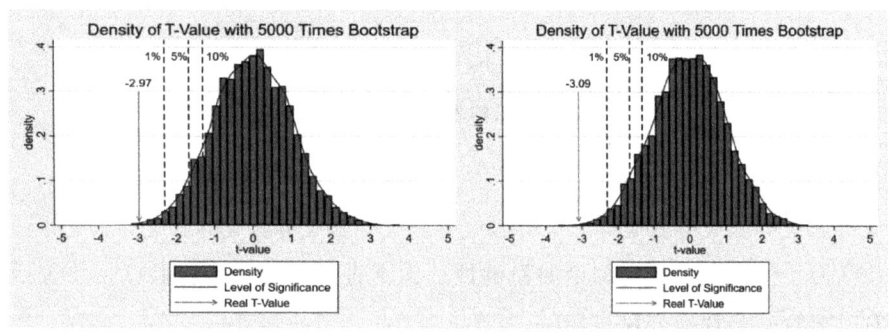

图 5-4 安慰剂检验

注:bootstrap 随机分组 5000 次,未配对样本(左)、PSM 配对样本(右)。

表 5-6　　　　　　　随机分组的安慰剂检验结果

模型	DID 模型	DID + PSM 模型
FPT 检验	(1)	(2)
经验 P 值	0.001***	0.0004***
抽样次数	5000	5000
随机数种子序号	From 456789123 To 456794122	From 456789123 To 456794122

此表为安慰剂检验的随机分组结果,应与图 5-4 结合分析。P 值的计算方法如下:首先计算出绝对值大于真实 T 值的安慰剂 T 值的数量,接着将计算出的总数除以 5000。Bootstrap 是对同一组样本重复抽样,抽样次数为 5000 次,种子号是随机种子数,将起始数设置为 456789123(种子序号有规律)以证明安慰剂检验结果并非经过人为挑选而呈现的显著结果。

(2) 替换被解释变量。

在主要回归分析中,本章研究的主要被解释变量,即企业金融化水平参考杜勇等(2017)[175]文章中的企业的金融资产配置比例,即金融资产/总资产进行度量。为了保证研究结论的稳健性,本章参照张成思和张步昙(2016)[222]文章中的方法采用经系统风险调整后的固定资产与金融资产收益率之差 return 重新度量企业金融化水平,其具体的计算方法如下:return = (金融资产收益率 – 固定资产收益率)/ (金融资产收益率三年滚动方差 + 固定资产收益率三年滚动方差)。该指标构建的内在原理为在当前的经济金融化环境下,随着企业金融投资意识的不断增强以及金融投资渠道的日趋拓宽,投资高风险、高收益的金融行业已经成为我国实体企业投资的重要组成部分。对于资金有限的企业来说,企业管理层必须权衡调整企业的固定资产投资和金融资产投资比例,实现企业整体投资收益最大化。因此,如果经风险调整后的金融资产相对收益率越高,那么企业投资固定资产的热情则越低,即 return 越大,企业的金融化程度越高。替换被解释变量后接着对模型 5-1 进行回归分析,结果如表 5-7 Panel A 所示,其中第一列 DID 模型中 Treat×Post 的系数为 0.005,且在 1% 的水平上显著负;第二列 PSM + DID 模型中 Treat×Post 的系数为 0.006,且在 1% 的水平上显著为负;由此说明在替换了主要被解释变量的情况下,《公平竞争审查制度》实施后,上游企业的金融化水平比下游企业的金融化水平降低得更为明显,进而表明本章的主要研究结果是稳健的。

表 5-7 公平竞争审查、上游度与企业金融资产配置(替换被解释变量)

变量名	(1)	(2)
	Fin	Fin
	DID	PSM + DID
Treat	-0.006	-0.006
	(-1.00)	(-1.06)
Treat × Post	-0.005***	-0.006***
	(-2.97)	(-3.09)

续表

变量名	(1) Fin	(2) Fin
Size	-0.001	-0.001
	(-0.83)	(-1.09)
Lev	-0.050***	-0.050***
	(-7.45)	(-7.23)
Roa	-0.031***	-0.030***
	(-2.71)	(-2.60)
Ppe	-0.071***	-0.069***
	(-10.36)	(-10.27)
Bm	0.000	0.000
	(0.02)	(0.01)
Oncf	0.023**	0.023**
	(2.16)	(2.17)
Soe	-0.006**	-0.005**
	(-2.15)	(-1.97)
Tophold	0.007	0.007
	(0.94)	(0.91)
Age	0.002***	0.002***
	(11.93)	(11.65)
Gdp_g	0.148**	0.158**
	(2.08)	(2.19)
Gdp_t	0.004***	0.004***
	(2.62)	(2.78)
Gdp_s	-0.041***	-0.045***
	(-3.02)	(-3.23)
Subsidy	-0.274**	-0.259*
	(-2.07)	(-1.92)
截距项	0.026	0.031
	(0.90)	(1.05)
观测数	19476	19138
R方	0.168	0.171
行业固定	Yes	Yes
年度固定	Yes	Yes
公司聚类	Yes	Yes
调整R方	0.165	0.168

注：*、**、***分别表示在10%、5%和1%的水平上显著。

5.4.5 异质性分析

本章主要研究了《公平竞争审查制度》的出台实施对上下游企业金融化程度的影响。在上述分析的基础上，本章以下部分将继续考察当企业融资约束程度不同、财政补贴不同以及超额贷款不同时，《公平竞争审查制度》的实施对上下游企业金融化的影响是否存在显著的差异。根据前文的分析，受行政庇护的企业凭借行政垄断的保护一方面获得了稳定的产品销路和低成本的关键生产要素，从而内源融资较为充足；另一方面，行政垄断为上游企业提供了大量的低息贷款、财政补助、税收返还等低成本或无成本的融资渠道，此类企业在外源融资支持方面有着巨大的优势。此外，以往大量研究结果显示我国的大型国有控股银行占据银行信贷市场主要份额（邓路等，2014；邓路等，2016）[302-303]，此类银行凭借其垄断地位在挑选贷款客户时存在对非国有企业的信贷歧视（祝继高和陆正飞，2011、魏志华等，2014）[102][103]。因此，与上游垄断国企相比较，下游的中小企业和民营企业受到抵押物规模较小、经营风险较高、无政企关联等因素的影响在金融市场中面临着诸多的融资约束。根据前文的分析，与下游企业相比较，资金总量相对充裕是上游垄断企业金融化程度较高的根本原因。而随着公平竞争审查制度的落地，受行政庇护企业的资金优势将不复存在，此类企业的融资约束程度将会显著提高，能够获得的财政补贴大幅降低，能够从银行获得的超额贷款也将减少。因此，与融资约束程度较低、财政补贴和银行超额贷款较少组的企业相比较，在融资约束程度较高、财政补贴和银行超额贷款较多组的企业中，《公平竞争审查制度》的实施对上游企业金融化的影响应更为显著。

(1) 按企业融资约束程度分组。

为了检验企业融资约束程度不同时，《公平竞争审查制度》对上下游企业金融化的影响，本章首先需要构造合理的融资约束代理变量。就融资约束的度量而言，以往的研究文献提出了多种衡量指标，其中应用较为广泛的有 KZ 指数（Lamont 等，2001）[304]、WW 指数（Whited 和 Wu，

2006)[262]和 SA 指数（Hadlock 和 Pierce，2010）[305]。其中 KZ 指数包含了很多具有内生性的变量，这些变量与融资约束之间可能相互影响（刘莉亚等，2015）[239]；SA 指数的计算虽然避免了上述内生性问题，但是该指数构造仅仅使用公司的 Size 和 Age 两个变量，从而与本章的控制变量存在较强的相关性问题。综上所述，为了保证研究结论的稳健性，本章选择使用 WW 指数度量企业的融资约束程度，该指数的具体计算方法如下：WW = -0.091 * CF - 0.062 * DivPos + 0.021 * Lev - 0.044 * Size + 0.102 * ISG - 0.035 * SG，其中 CF 为现金流、DivPos 为红利支付人虚拟变量、Lev 为杠杆率、Size 为公司规模、ISG 为行业销售增长率、SG 为公司销售增长率。并进一步将企业融资约束指数 WW 按中位数进行划分后构造虚拟变量进行分组，当 WW = 0 时代表企业属于融资约束较低组，WW = 1 时代表企业属于融资约束较高组。随后对模型 5 - 1 进行回归分析，结果如表 5 - 8 所示，其中第（1）列 DID 模型和第（3）列 PSM + DID 模型中 Treat × Post 系数均为 - 0.003，且均不显著，第（2）列 DID 模型和第（4）列 PSM + DID 模型中 Treat × Post 系数均为 0.009，且均在 1% 的水平上显著为负。第（1）列和第（2）列 DID 模型的 FPT 检验与第（3）列和第（4）列 PSM + DID 模型的 FPT 检验的 P 值分别为 0.085 和 0.088，即在 10% 水平上显著，从而表明当企业所在组融资约束程度较高时，公平竞争审查对上游企业金融化的抑制效应更加显著。

表 5 - 8　　公平竞争审查制度、企业融资约束与企业金融化

变量名	(1) Fin	(2) Fin	(3) Fin	(4) Fin
	WW = 0	WW = 1	WW = 0	WW = 1
Treat	-0.001	-0.012	-0.001	-0.012
	(-0.17)	(-1.53)	(-0.17)	(-1.53)
Treat × Post	-0.003	-0.009***	-0.003	-0.009***
	(-1.43)	(-2.83)	(-1.43)	(-2.83)
Size	0.000	-0.002	0.000	-0.002
	(0.13)	(-0.97)	(0.13)	(-0.97)

续表

变量名	(1) Fin	(2) Fin	(3) Fin	(4) Fin
Lev	-0.068***	-0.042***	-0.068***	-0.042***
	(-7.52)	(-4.61)	(-7.52)	(-4.61)
Roa	-0.043	-0.020	-0.043	-0.020
	(-1.42)	(-1.57)	(-1.42)	(-1.57)
Ppe	-0.076***	-0.069***	-0.076***	-0.069***
	(-8.02)	(-7.59)	(-8.02)	(-7.59)
Bm	0.002	-0.004	0.002	-0.004
	(0.51)	(-0.97)	(0.51)	(-0.97)
Oncf	0.007	0.036***	0.007	0.036***
	(0.43)	(2.63)	(0.43)	(2.63)
Soe	-0.004	-0.007**	-0.004	-0.007**
	(-1.00)	(-1.98)	(-1.00)	(-1.98)
Tophold	0.007	0.007	0.007	0.007
	(0.69)	(0.77)	(0.69)	(0.77)
Age	0.002***	0.002***	0.002***	0.002***
	(7.74)	(9.50)	(7.74)	(9.50)
Gdp_g	0.165**	0.132	0.165**	0.132
	(2.15)	(1.14)	(2.15)	(1.14)
Gdp_t	0.005***	0.003	0.005***	0.003
	(2.80)	(1.58)	(2.80)	(1.58)
Gdp_s	-0.047***	-0.038**	-0.047***	-0.038**
	(-2.68)	(-1.98)	(-2.68)	(-1.98)
Subsidy	-0.305*	-0.207	-0.305*	-0.207
	(-1.68)	(-1.16)	(-1.68)	(-1.16)
截距项	0.007	0.056	0.007	0.056
	(0.20)	(0.99)	(0.20)	(0.99)
观测数	9619	9056	9619	9056
R方	0.200	0.160	0.200	0.160
行业固定	Yes	Yes	Yes	Yes
年度固定	Yes	Yes	Yes	Yes
公司聚类	Yes	Yes	Yes	Yes
调整R方	0.194	0.154	0.194	0.154
FPT检验	0.085*		0.088*	

注：*、**、***分别表示在10%、5%和1%的水平上显著。

(2) 按财政补贴分组。

为了检验企业财政补贴不同时,《公平竞争审查制度》对上下游企业金融化的影响,本章采用企业获取的政府补贴除以总资产的比例度量企业获得的财政补贴 Subsidy,并进一步将财政补贴按中位数进行划分后构造虚拟变量 SU 进行分组,当 SU = 0 时代表企业属于财政补贴较低组,SU = 1 时代表企业属于财政补贴较高组。随后对模型 5-1 进行回归分析,结果如表 5-9 所示,其中第(1)列 DID 模型和第(3)列 PSM + DID 模型中 Treat × Post 系数均为 -0.002,且均不显著,第(2)列 DID 模型和第(4)列 PSM + DID 模型中 Treat × Post 系数均为 0.009,且均在 1% 的水平上显著为负。第(1)列和第(2)列 DID 模型的 FPT 检验与第(3)列和第(4)列 PSM + DID 模型的 FPT 检验的 P 值分别为 0.027 和 0.033,即在 5% 水平上显著,从而表明当企业所在组的财政补贴较高时,公平竞争审查对上游企业金融化的抑制效应更加显著。

表 5-9　　　　公平竞争审查制度、财政补贴与企业金融化

变量名	(1) Fin	(2) Fin	(3) Fin	(4) Fin
	SU = 0	SU = 1	SU = 0	SU = 1
Treat	-0.011	-0.009	-0.011	-0.009
	(-1.48)	(-1.22)	(-1.48)	(-1.22)
Treat × Post	-0.002	-0.009***	-0.002	-0.009***
	(-0.68)	(-3.11)	(-0.68)	(-3.11)
Size	-0.001	0.000	-0.001	0.000
	(-0.74)	(0.14)	(-0.74)	(0.14)
Lev	-0.054***	-0.044***	-0.054***	-0.044***
	(-6.74)	(-6.39)	(-6.74)	(-6.39)
Roa	-0.023	-0.017	-0.023	-0.017
	(-1.46)	(-1.25)	(-1.46)	(-1.25)
Ppe	-0.066***	-0.075***	-0.066***	-0.075***
	(-7.19)	(-9.61)	(-7.19)	(-9.61)

续表

变量名	(1) Fin	(2) Fin	(3) Fin	(4) Fin
Bm	0.001	-0.001	0.001	-0.001
	(0.31)	(-0.27)	(0.31)	(-0.27)
Oncf	0.016	0.033**	0.016	0.033**
	(1.23)	(2.25)	(1.23)	(2.25)
Soe	-0.006*	-0.003	-0.006*	-0.003
	(-1.89)	(-0.99)	(-1.89)	(-0.99)
Tophold	0.007	0.014*	0.007	0.014*
	(0.78)	(1.73)	(0.78)	(1.73)
Age	0.002***	0.002***	0.002***	0.002***
	(9.85)	(7.87)	(9.85)	(7.87)
Gdp_g	0.159*	0.223**	0.159*	0.223**
	(1.93)	(2.45)	(1.93)	(2.45)
Gdp_t	0.005***	0.003**	0.005***	0.003**
	(2.78)	(2.04)	(2.78)	(2.04)
Gdp_s	-0.057***	-0.017	-0.057***	-0.017
	(-3.65)	(-1.04)	(-3.65)	(-1.04)
截距项	0.033	-0.007	0.033	-0.007
	(0.97)	(-0.26)	(0.97)	(-0.26)
观测数	9518	8931	9518	8931
R方	0.173	0.205	0.173	0.205
行业固定	Yes	Yes	Yes	Yes
年度固定	Yes	Yes	Yes	Yes
公司聚类	Yes	Yes	Yes	Yes
调整R方	0.168	0.199	0.168	0.199
FPT检验	0.027**		0.033**	

注：*、**、*** 分别表示在10%、5%和1%的水平上显著。

(3) 按超额贷款分组。

为了检验企业获得的超额银行贷款不同时，《公平竞争审查制度》对上下游企业金融化的影响，本章主要采用回归分析法估计企业的目标银行借款 OLoan（Rangan 和 Flannery，2006、陆正飞和杨德明，2011、邓路等，2016）[306][307][303]，随后用企业当年实际银行借款减去估计出的目标银行借款得到公司超额银行借款。具体而言，本章通过以下四个步骤计算企业的超额贷款：

第 1 步：通过模型 5-9 估计企业的目标资本结构：

$$OSC_{i,t} = \beta_0 + \beta_1 Size_{i,t-1} + \beta_2 Tang_{i,t} \times \beta_3 Ndts_{i,t-1} + \beta_4 Liquidity_{i,t-1} + \beta_5 Unique_{i,t-1} + \beta_6 Growth_{i,t-1} + \beta_7 MB_{i,t-1} + \beta_8 ROE_{i,t-1} + \beta_9 Csahholding_{i,t-1} + \beta_{10} Risk_{i,t-1} + \beta_{11} Age_{i,t-1} + \beta_{12} Dividend_{i,t-1} + \beta_{13} Industry + \beta_{14} Year + \varepsilon_{i,t-1}$$

（式 5-9）

其中 OCS 表示公司目标资本结构，Size 为公司规模、Tang 为资产结构、Ndts 为非债务税盾、Liquidity 为资产流动性、Unique 为产品独特性、Growth 为营业收入增长率、MB 为市值账面比、ROE 为净资产收益率、Cashholding 为现金持有水平、Risk 为经营风险、Age 为公司年限、Dividend 为是否发放现金股利、Industry 代表行业、Year 为年份、$\varepsilon_{i,t-1}$ 为模型残差。

第 2 步：根据企业的目标资本结构计算企业的目标负债：

$$ODebt_{i,t} = OSC_{i,t} * Asset_{i,t}$$

（式 5-10）

其中，ODebt 代表企业的目标负债，Asset 代表企业的总资产。

第 3 步：根据企业的目标负债计算企业的目标银行借款：

$$OLoan_{i,t} = \frac{ODebt_{i,t} - QDebt_{i,t}}{Asset_{i,t}}$$

（式 5-11）

其中，QDebt 代表剔除银行借款后的企业其他负债的目标值，以企业所在行业其他负债类科目的中位数进行估计。

第 4 步：根据企业的目标银行借款计算企业的超额银行借款：

$$ELoan_{i,t} = Loan_{i,t} - Oloan_{i,t}$$

（式 5-12）

在按照上述步骤计算得到企业当年的超额银行借款后，本章进一步将 ELoan 按中位数进行划分后构造虚拟变量 EL 进行分组，当 EL=0 时代表企业属于超额银行贷款较低组，EL=1 时代表企业属于超额银行借款较高组。随后对模型 5-1 进行回归分析,结果如表 5-10 所示,其中第 (1) 列 DID 模型和第 (3) 列 PSM + DID 模型中 Treat × Post 系数均为 0.000,且均不显著,第 (2) 列 DID 模型和第 (4) 列 PSM + DID 模型中 Treat × Post 系数均为 0.011,且均在 1% 的水平上显著为负。第 (1) 列和第 (2) 列 DID 模型的 FPT 检验与第 (3) 列和第 (4) 列 PSM + DID 模型的 FPT 检验的 P 值均为 0.002,即在 1% 水平上显著,从而表明当企业所在组超额银行借款较高时,公平竞争审查对上游企业金融化的抑制效应更加显著。为了保证研究结果的稳健性,本章还分别采用动态调整法和行业均值法估计企业的目标银行借款,随后重新计算企业的超额银行贷款进行了稳健性检验,检验结果与上述研究结论保持一致(留存备索)。

表 5-10　　公平竞争审查制度、超额贷款与企业金融化

变量名	(1)	(2)	(3)	(4)
	Fin	Fin	Fin	Fin
	EL = 0	EL = 1	EL = 0	EL = 1
Treat	-0.011	-0.008	-0.011	-0.008
	(-1.63)	(-0.79)	(-1.63)	(-0.79)
Treat × Post	0.000	-0.011***	0.000	-0.011***
	(0.05)	(-3.51)	(0.05)	(-3.51)
Size	-0.001	-0.003	-0.001	-0.003
	(-0.56)	(-1.04)	(-0.56)	(-1.04)
Lev	-0.064***	-0.041***	-0.064***	-0.041***
	(-7.42)	(-4.05)	(-7.42)	(-4.05)
Roa	-0.037**	-0.015	-0.037**	-0.015
	(-2.24)	(-0.95)	(-2.24)	(-0.95)
Ppe	-0.077***	-0.074***	-0.077***	-0.074***
	(-8.56)	(-7.36)	(-8.56)	(-7.36)
Bm	0.004	-0.004	0.004	-0.004
	(1.27)	(-1.08)	(1.27)	(-1.08)
Oncf	0.001	0.036**	0.001	0.036**
	(0.08)	(2.50)	(0.08)	(2.50)

续表

变量名	(1) Fin	(2) Fin	(3) Fin	(4) Fin
Soe	-0.006*	-0.002	-0.006*	-0.002
	(-1.83)	(-0.54)	(-1.83)	(-0.54)
Tophold	0.001	0.010	0.001	0.010
	(0.14)	(0.87)	(0.14)	(0.87)
Age	0.002***	0.002***	0.002***	0.002***
	(7.44)	(8.60)	(7.44)	(8.60)
Gdp_g	0.219***	0.067	0.219***	0.067
	(2.79)	(0.57)	(2.79)	(0.57)
Gdp_t	0.005***	0.004*	0.005***	0.004*
	(2.69)	(1.92)	(2.69)	(1.92)
Gdp_s	-0.024	-0.078***	-0.024	-0.078***
	(-1.53)	(-3.23)	(-1.53)	(-3.23)
Subsidy	-0.295	-0.166	-0.295	-0.166
	(-1.64)	(-0.80)	(-1.64)	(-0.80)
截距项	0.024	0.074	0.024	0.074
	(0.71)	(1.19)	(0.71)	(1.19)
观测数	9141	8722	9141	8722
R方	0.186	0.183	0.186	0.183
行业固定	Yes	Yes	Yes	Yes
年度固定	Yes	Yes	Yes	Yes
公司聚类	Yes	Yes	Yes	Yes
调整R方	0.180	0.176	0.180	0.176
FPT检验	0.002***		0.002***	

注：*、**、***分别表示在10%、5%和1%的水平上显著。

5.4.6 进一步分析

前文研究发现《公平竞争审查制度》实施后，与行业下游企业相比较，行业上游企业的金融化程度降低更为明显，即《公平竞争审查制度》的实施对上游垄断行业企业的金融资产投资形成了显著的挤出效应。本章以下部分将进一步探讨产业链上游的企业在《公平竞争审查制度》实施后金融资产配置变动的内在机理和传导路径，以期更加深入地理解上游企业的管理层受到公平竞争审查的影响究竟通过何种渠道降低了企业的金融化水平。具体而言，本章以下部分将分别从商业信用、信贷的二次配置和现金持有三个渠道进行探索，验证上游企业的资金状况是否为影响企业金融化的动因。

（1）公平竞争审查、商业信用与企业金融资产配置。

应收账款是一家企业在正常的生产经营过程中因赊销商品或劳务形成的债权。在银根紧缩、市场疲软的情况下，赊销可以有效地促进企业的销售额，增加企业的当期收入和利润。虽然赊销是企业提高自身产品市场占有率和竞争力的一种重要手段，但是对于企业而言，赊销同样存在较大的风险。首先，我国企业实行权责发生制进行财务交易记录，已经发生的当期赊销会全部记入企业的当期收入，但是确定的收入并未增加企业的现金流入，而是使企业必须要动用自己的流动资金来垫付应收款，包括应由商品购买单位或接受劳务单位负担的各种税金和运杂费等。鉴于上述原因，赊销加速了销售企业的现金流出，增加了企业资金周转的负担。其次，除特殊企业外，我国的企业会计准则要求企业应当按照应收账款余额的3%—5%进行坏账准备的提取。在实务操作中，企业的坏账准备通常会设置一个上限，其实际计提的坏账准备并不能如实反映该企业的坏账风险，从而一旦企业实际发生的坏账额超过坏账准备，企业将面临巨大的经济损失。最后，赊销形成的应收账款增加了企业财务管理的机会成本。如果企业的应收账款金额较高、回收期较长，那么企业可能需要额外增设专门的部门，如清欠办负责追款，清欠部门员工的工资、差旅费等各种催款费用增加了企业的费用支出；此外，如果由于应收账款长期拖欠不还、金额争执等问题发生的各种纠纷不得不进行法律诉讼时，将会额外耗费企业大量的人力、物力和财力。根据前文的分析，处于产业链上游的垄断企业在《公平竞争审查制度》实施后，一方面自身的垄断势力将会大幅降低，进而导致此类企业对产业链下游企业的控制力减弱；另一方面，上游企业在失去行政庇护后自身面临的市场竞争压力加剧,企业短期的经营风险和破产风险将会急剧增加。综上所述,本章预期公平竞争审查制度的实施将促使上游企业收缩商业信用,通过降低应收账款提高企业的资金周转率,降低企业的坏账风险。

为了检验上述理论预期,本章设计如下模型检验《公平竞争审查制度》出台实施后,产业链上游的企业与产业链下游的企业在商业信用的提供方面是否会出现显著的差异。

$$CRE_{i,t} = \beta_0 + \beta_1 Treat_{i,t} + \beta_2 Treat \times Post_{i,t} + \beta Controls + \sum Year + \sum Industry + \varepsilon_{i,t} \qquad (式5-13)$$

其中,模型 5-13 中的被解释变量 $CRE_{i,t}$ 代表企业的商业信用提供行为,使用应收账款净额进行度量,其余变量均与模型 5-1 相同,$\varepsilon_{i,t}$ 为模型残差。

模型 5-13 的回归分析结果如表 5-11 所示,其中第一列 DID 模型与第二列 PSM + DID 模型中 Treat × Post 的系数均为 0.007,且均在 1% 的水平上显著为负,由此表明《公平竞争审查制度》实施后,与下游企业相比较,上游企业的应收账款净额显著降低,从而说明产业链上游企业在失去行政垄断的保护伞后出现资金风险的概率更高,此类企业需要通过尽快收回应收账款这一金融资产为企业提供更高的安全边际。因此,与下游企业相比较,上游企业在《公平竞争审查制度》实施后更加显著地收缩了自身对外提供的商业信用水平。

表 5-11　公平竞争审查、商业信用与企业金融资产配置

变量名	(1)	(2)
	cre	cre
	DID	PSM + DID
Treat	0.009	0.008
	(1.16)	(1.00)
Treat × Post	-0.007***	-0.007***
	(-3.09)	(-3.30)

续表

变量名	(1) cre	(2) cre
Size	-0.010***	-0.010***
	(-6.67)	(-6.45)
Lev	0.111***	0.112***
	(12.66)	(12.47)
Roa	0.097***	0.100***
	(5.98)	(6.07)
Ppe	-0.136***	-0.138***
	(-14.55)	(-14.50)
Bm	-0.004*	-0.004
	(-1.67)	(-1.58)
Oncf	-0.183***	-0.182***
	(-12.22)	(-12.12)
Soe	0.004	0.004
	(1.08)	(0.98)
Tophold	-0.013	-0.014
	(-1.31)	(-1.35)
Age	-0.002***	-0.002***
	(-9.32)	(-9.10)
Gdp_g	-0.126	-0.121
	(-1.18)	(-1.12)
Gdp_t	0.007***	0.007***
	(3.28)	(3.25)
Gdp_s	-0.047**	-0.050**
	(-2.32)	(-2.41)
Subsidy	0.203	0.213
	(1.06)	(1.09)
截距项	0.244***	0.244***
	(6.12)	(6.01)
观测数	19476	19138
R方	0.369	0.370
行业固定	Yes	Yes
年度固定	Yes	Yes
公司固定	Yes	Yes
调整R方	0.367	0.368

注：*、**、***分别表示在10%、5%和1%的水平上显著。

(2) 公平竞争审查、信贷二次配置与企业金融资产配置。

以往大量研究表明,在信贷市场,我国的上游垄断国企凭借自身产业链的优势地位、较低的经营风险与政治关联等因素通常被银行视为优质客户,从而使此类企业通常能够以较低规模的抵押物和较为优惠的利息获取经营投资所需的资金。与之相比较,处于产业链下游的中小企业和民营企业虽然技术创新力和成长力较高,却因自身较高的经营风险和较少的资产担保在我国国有银行垄断的信贷市场上饱受歧视,贷款难、贷款期限短、利息高的问题导致此类企业往往无法通过正规的融资渠道获取到日常生产经营与业务扩张所需的资金(祝继高和陆正飞,2011;齐兰和王业斌,2013;魏志华等,2014)[102][100][308],从而不得不以供应链融资的方式向产业链上游的大型垄断国企进行贷款,进而使获取信贷资源相对较为容易的上游企业通过充当影子银行实现自身信贷资源的二次配置(王彦超,2014;彭中文等,2016;王善平和彭莉莎,2018)[241][309][310]。根据前文的分析,随着公平竞争审查的展开,我国产业链上游企业的市场势力将会大幅下降,此类企业再也无法依赖行政保护伞获取高额的垄断利润和各种税费优惠,市场竞争的不断加剧亦会加大上游企业的经营风险和破产风险。因此,对于商业银行而言,上游企业在失去产业链优势地位和政治庇佑后的信贷风险将会大幅提高,此类企业获取贷款的难度将会增加。基于上述分析,本章预期《公平竞争审查制度》出台实施后,与下游企业相比较,上游企业将会更加显著地通过减少信贷资源的二次配置提高资金的安全边际,降低企业的短期破产风险。

为了检验上述理论预期,本章设计如下模型检验《公平竞争审查制度》出台实施后,产业链上下游的企业在信贷资源的二次配置行为上是否存在显著的差异。

$$CR_{i,t} = \beta_0 + \beta_1 Treat_{i,t} + \beta_2 Treat \times Post_{i,t} + \beta Controls + \sum Year + \sum Industry + \varepsilon_{i,t} \quad (式5-14)$$

模型5-14中的被解释变量 $CR_{i,t}$ 代表企业信贷资源二次配置水平,通过模型 5-15 进行计算（王彦超，2014）[241]，提取模型 5-15 中的 β_1 作为 $CR_{i,t}$ 的值。

$$TC_{i,t} = \beta_0 + \beta_1 SBank_{i,t} + \beta_2 LBank_{i,t} + \beta_3 ROA_{i,t} + \beta_4 Cash_{i,t} + \beta_5 Invent_{i,t} + \beta_6 Lasset_{i,t} + \sum Year + \sum Code + \varepsilon_{i,t} \quad (式 5-15)$$

其中，因变量 $TC_{i,t}$ 是企业对外提供的商业信用，用企业应收账款净额/总资产进行衡量，$SBank_{i,t}$ 代表短期银行信用，$LBank_{i,t}$ 代表长期银行信用，由于企业最有可能将短期银行信用通过商业信用转让出去实现信贷资源的二次配置，因而 $SBank_{i,t}$ 的系数 β_1 代表着企业的商业信用当中有多少来自银行的短期信用，即企业信贷资源的二次配置水平。控制变量为企业的资产回报率 $ROA_{i,t}$，现金及其等价物与总资产的比例 $Cash_{i,t}$，存货水平与总资产比例 $Invent_{i,t}$，扣除存货和应收账款净额后长期资产规模的自然对数 $Lasset_{i,t}$；此外还控制了公司固定效应 $\sum Code$ 和时间固定效应 $\sum Year$，$\varepsilon_{i,t}$ 为模型残差；模型中的其他变量均与模型 5-1 相同。

模型 5-14 的回归分析结果如表 5-12 所示，其中，第一列 DID 模型中 Treat×Post 的系数为 0.080，第二列 PSM+DID 模型中 Treat×Post 的系数为 0.081，以上两个系数均在 1% 的水平上显著为负，由此说明《公平竞争审查制度》实施后，与处于产业链下游的企业相比较，处于产业链上游的企业显著收紧了其二次放贷的水平，具体表现为此类企业将更多地从金融机构直接获得的信贷资源留存在企业内部，而不再将从银行获得的短期贷款通过信贷二次配置的形式转移给其他企业。

表 5-12　公平竞争审查、信贷二次配置与企业金融资产配置

变量名	(1)	(2)
	cr	cr
	DID	PSM+DID
Treat	0.048***	0.046***
	(10.12)	(9.51)
Treat×Post	-0.080***	-0.081***
	(-22.51)	(-22.40)

续表

变量名	(1) cr	(2) cr
Size	-0.001	-0.001**
	(-1.54)	(-1.99)
Lev	-0.002	-0.000
	(-0.56)	(-0.15)
Roa	0.036***	0.039***
	(3.00)	(3.26)
Ppe	0.007*	0.007*
	(1.86)	(1.86)
Bm	0.000	0.000
	(0.23)	(0.30)
Oncf	-0.001	0.001
	(-0.08)	(0.09)
Soe	0.000	0.001
	(0.16)	(0.65)
Tophold	-0.002	-0.001
	(-0.58)	(-0.35)
Age	0.000*	0.000
	(1.73)	(1.08)
Gdp_g	-0.150***	-0.162***
	(-2.79)	(-3.03)
Gdp_t	0.000	-0.000
	(0.55)	(-0.12)
Gdp_s	-0.003	-0.001
	(-0.51)	(-0.15)
Subsidy	0.107	0.119
	(0.90)	(1.01)
截距项	0.118***	0.128***
	(8.55)	(9.41)
观测数	19408	19070
R方	0.584	0.586
行业固定	Yes	Yes
年度固定	Yes	Yes
公司固定	Yes	Yes
调整R方	0.583	0.584

注：*、**、***分别表示在10%、5%和1%的水平上显著。

(3) 公平竞争审查、持有现金与企业金融资产配置。

根据本章理论研究部分的分析，我国政府的行政垄断行为将国家或地区的大量经济资源无偿或以极低的成本赋予运营效率低下、创新力不足的产业链上游企业，进而导致此类企业能够以极低的非生产性或生产性要素投资获取到高额的垄断利润，企业在行政庇护下的经营风险相对较小。此外，表5-4的研究结果显示，与下游企业相比较，处于上游行业的企业通过攫取大量的垄断租金，自身的资金较为充裕，企业所在行业较小的竞争压力使上游企业能够将较多的富余资金投资于高风险、高收益的金融行业，进一步提高企业的投资回报率。《公平竞争审查制度》的实施使得政府无法再通过行政手段设置上游行业的进入壁垒，也无法通过发布红头文件给予此类企业各种不当的歧视性优惠和补贴，随着公平竞争审查的深入展开，产业链上游的企业无法再继续依赖行政保护伞获取高额的垄断利润。此外，行政垄断消除后，各种生产要素流动性的不断增加将会导致上游企业面临的市场竞争加剧，与已经基本实现完全竞争的下游企业相比较，上游企业失去行政庇护后自身的短期经营风险和破产风险将会大幅增加。根据上述分析，本章预期《公平竞争审查制度》出台实施后，上游企业将会通过增加留存在企业内部自由现金流的方式降低企业短期资金断裂带来的经营风险和机会成本。

为了检验上述理论预期，本章设计如下模型检验《公平竞争审查制度》实施后，产业链上游的企业与产业链下游的企业在现金持有量上是否会出现显著的差异。

$$CAH_{i,t} = \beta_0 + \beta_1 Treat_{i,t} + \beta_2 Treat \times Post_{i,t} + \beta Controls + \sum Year + \sum Industry + \varepsilon_{i,t} \qquad (式5-16)$$

模型5-16中的被解释变量$CAH_{i,t}$为现金持有，以企业的库存现金/期末总资产来度量，模型中的其他变量均与模型5-1相同。

模型5-16的回归分析结果如表5-13所示，其中第一列DID模型中Treat × Post的系数和第二列PSM + DID模型中Treat × Post的系数均为

0.008，且在 1% 的水平上显著为正，进而表明处于上游行业的企业在《公平竞争审查制度》实施后，与处于下游行业的企业相比较，其现金持有量显著增加，即上游企业的管理层在企业失去行政垄断庇护后，选择通过将更多的现金留存在企业内部来提高企业短期抗风险的能力。

表 5-13　　公平竞争审查、持有现金与企业金融资产配置

变量名	(1)	(2)
	cah	cah
	DID	PSM + DID
Treat	-0.007	-0.009
	(-0.98)	(-1.17)
Treat × Post	0.008**	0.008***
	(2.54)	(2.64)
Size	-0.010***	-0.009***
	(-5.42)	(-5.05)
Lev	-0.110***	-0.113***
	(-10.51)	(-10.53)
Roa	0.128***	0.125***
	(7.65)	(7.37)
Ppe	-0.241***	-0.240***
	(-23.45)	(-23.05)
Bm	0.004	0.004
	(1.44)	(1.30)
Oncf	0.283***	0.282***
	(16.56)	(16.25)
Soe	0.023***	0.022***
	(6.29)	(6.10)
Tophold	0.040***	0.042***
	(3.83)	(3.97)
Age	-0.000	-0.000
	(-0.68)	(-0.70)
Gdp_g	0.103	0.101
	(0.85)	(0.82)

续表

变量名	(1) cah	(2) cah
Gdp_t	-0.004	-0.004*
	(-1.57)	(-1.68)
Gdp_s	-0.030	-0.025
	(-1.46)	(-1.20)
Subsidy	0.019	0.056
	(0.08)	(0.24)
截距项	0.496***	0.489***
	(11.20)	(10.86)
观测数	19476	19138
R方	0.265	0.264
行业固定	Yes	Yes
年度固定	Yes	Yes
公司固定	Yes	Yes
调整R方	0.262	0.261

注：*、**、***分别表示在10%、5%和1%的水平上显著。

5.5 本章小结

本章从微观企业的投资结构入手，使用2013—2019年A股上市公司的数据，以DID模型作为基本分析工具，重点探讨了《公平竞争审查制度》对上下游企业资产配置结构的影响，研究结果显示《公平竞争审查制度》实施的确起到了促进市场竞争的作用，尤其是对于处于上游垄断行业的企业而言，公平竞争审查破除了此类企业的行政保护伞，加剧了企业的短期经营风险，进而迫使上游企业不得不通过减持金融资产的方式降低自身资金链断裂的机会成本的破产风险。由此可见，在当前的经济环境下，要充分发挥我国社会主义市场机制的作用，就必须通过合理的竞争政策确保政府出台的其他政策不会限制、排除市场竞争。《公平竞争审查制度》

通过改善市场的竞争环境影响了微观企业管理层的投资行为，一方面促使企业从关注短期逐利的目标转向关注自身业务运营的风险，进而提升了企业自身的资源配置效率，有助于培养企业树立长期价值增长的投资理念；另一方面有助于抑制我国实体企业金融化的趋势，防范我国经济过度虚拟化可能产生的系统性金融风险。

第6章 行政垄断规制与企业研发投入

6.1 问题的提出

改革开放以来,我国经济连续多年以平均两位数的速度快速增长,2010年超过日本成为世界第二大经济体。与此同时,我国的劳动力成本优势不断下降,资源和环境的承载力持续弱化,产业结构优化升级效果不彰,城乡发展失衡等一系列问题逐渐突显,制约了经济的健康发展。2014年6月,习近平总书记在中国科学院与中国工程院院士大会上明确指出我国经济发展已经进入由高速增长转向中高速增长的"新常态",未来一个阶段的目标是从由要素驱动、投资规模驱动的经济发展模式转变为由创新驱动的发展模式。2008年金融危机爆发后,西方发达国家为保持自身的竞争优势,开始围绕信息技术、生物科技、新能源等领域展开了新一轮的科技和产业竞争,国内外市场中企业间的竞争也由生产要素成本与产品质量之间的竞争迅速转变为创新创造力领域的竞争。2001年全球市值最高的五家企业为通用电气、微软、埃克森美孚、辉瑞制药、花旗集团,而到了2021年,榜单上排名前五的企业分别是苹果、沙特阿美、微软、亚马逊和谷歌。除了能源行业的沙特阿美外,其他的四家企业均属于具有巨大技术创新优势的高科技行业。由此可见,在竞争异常激烈多变的国际市场环境中,创新已经成为当前企业最核心的竞争力。

研发投入是企业创新的重要物质基础和资源保障,是企业创新能力和创新意愿的重要体现。由于创新本身是一个充满不确定性、失败概率很高的长期过程（Holmstrom，1989）[311]，且需要有充足、稳定、持续的现金流支持（褚茂康等，2020）[312]。因此，对于资源有限的企业而言，研发投入是企业长期资本支出的重要内容，是企业管理者权衡短期生产投资与长期资本投资的比例，实现企业整体收益最大化的投资决策。对于市场经济中的企业而言，研发投入是企业获得创新竞争优势最直接、最重要的途径，因而影响企业研发投入的因素一直以来都是政府、企业、学术界广泛关注和探讨的研究问题。回顾以往相关领域的研究文献发现，学者们多从微观企业和市场层面研究影响企业研发投入的因素。具体而言，从企业视角出发的学者们探讨了企业高管的长期股权激励制度（王燕妮，2011；席龙胜和张欣，2021）[313-314]、高管人员的薪酬和持股比例（翟淑萍和毕晓方，2016；苗淑娟等，2018；梁毕明等，2019）[315-317]、CEO权利（王楠等，2017；张栓兴等，2018）[318-319]、高管的政治关联（苏方国，2017；严若森等，2019；杨孝安等，2021）[320-322]、企业的股权性质（梁彤缨等，2016；邓若冰，2018）[323-324]和股权集中度（舒谦和陈治亚，2014）[325]、风险投资和机构持股（马嫣然等，2018）[326]、公司治理（孙早和肖利平，2015；肖利平，2016；张林刚等，2020）[327-329]等因素对企业研发投入的影响。从市场视角出发的学者们则主要关注市场结构（陈仲常和余翔，2007；沈弋等，2016；谢申祥等，2017；康志勇等，2018）[330-333]和行业集中度（Dasgupta，1980；Scott，1984；张耘和钟少颖，2014；王昀和孙晓华，2018）[72][334-336]与企业研发投入之间的关系。从宏观层面入手研究企业研发投入的文献相对较少，且集中于探讨国家的财政激励措施，如税收优惠（Walicka等，2015；李昊洋，2017；李香菊和杨欢，2019）[337-339]、政府补贴（邢斐等，2018；俞立平和钟昌标，2020）[340-341]以及产业政策（芮明杰和韩佳玲，2020；苏子逢和张笑，2020）[342-343]对企业研发投入的影响，极少有研究深入探讨竞争政策与企业研发投入之间的关系。

我国政府2006年颁布实施的《中国中长期科学发展规划和纲要》明确提出2020年进入创新型国家行列。竞争是创新的主要动力，是市场经济的源头活水，为企业营造一个良好公平的市场竞争环境是实现企业间自由竞争的前提和保障。尽管中央多次强调坚持市场对资源配置起决定性作用，但在我国"强政府"型的经济运行体系下，地方政府官员为了完成GDP这一核心考核目标，不可避免地通过区域封锁、歧视性标准、不当优惠政策等行政手段对本地区特定的行业和企业予以保护，从而严重扭曲了市场的配置资源、形成均衡价格的机制，提高了企业的交易成本，抑制了企业的创新活力。王永进和施柄展（2014）[18]研究发现，我国上游垄断下游竞争的产业链格局严重阻碍了下游企业的创新。杨继东和罗路宝（2018）[12]、王彦超和蒋亚含（2020）[13]研究发现，我国的行政垄断导致地区产能重复配置，严重阻碍了企业效率的提升，抑制了企业的创新动力。已有研究结果显示，如果一个国家或地区的经济资源和经济利益大量流向那些拥有行政垄断庇护的企业，一方面会使此类企业能够以较低的生产和非生产性投资换取高额的垄断利润，进而会丧失承担风险进行投资创新的动力和意愿；另一方面使其他没有行政庇护的企业在运营过程中不得不支付大量与企业正常生产经营无关的非生产性成本和高额的生产要素成本，从而必然会对此类企业的生产和创新资源形成挤占效应。由此可见，强化反行政垄断，以公正监管保障公平竞争，通过为各类市场主体投资兴业营造一个公平、透明的良好竞争环境，实现市场竞争和企业创新的良性互动具有重要的现实意义。2016年6月出台实施的《公平竞争审查制度》作为《反垄断法》的有效补充是我国反垄断框架下事前预防政府行政垄断的竞争制度，为优化企业的竞争环境和营商环境提供了有力的政策抓手，其出台实施承载了政府、社会、企业、市场的多方期望，制度的实施效果亦是社会各界广泛关注的问题。《公平竞争审查制度》对企业研发投入的影响主要体现在公平竞争审查加剧了受行政庇护企业的市场竞争冲击，此类企业的短期经营风险将会提高，进而影响企业管理层的长期研发投资与短期生产经营性投资决策。具体而言，《公平竞争审查制度》明确规定政府不得限定经营、购买、使用特定企业提供的商品和服务，也不得排斥、限制、强制外地企业在本地投资或对其实行歧视性待遇。上述规定极大地降低了没有行政垄断保护的企业在市场准入、审批程序、备案程序等环节所需支付的各类时间成本和机会成本，提高了潜在竞争者进入市场的意愿，进而加剧了受行政庇护企业面临的市场竞争威胁和经营风险。鉴于上述原因，本章重点研究了《公平竞争审查制度》与企业研发投入之间的关系。研究结果显示与没有行政垄断保护或行政保护程度较低的企业相比较，行政垄断保护程度较高的企业在《公平竞争审查制度》实施后研发投入的增幅显著降低，即公平竞争审查对行政庇护程度较高企业的长期研发投资形成了挤出效应。随后，就公平竞争审查对企业研发投入的影响进行了异质性分析，结果发现企业所在地区的区域分割指数较高、企业规模相对较小时，《公平竞争审查制度》的实施对行政庇护程度较高企业的研发投入挤出效应更加显著。最后，进一步研究发现上述现象产生的原因在于行政保护程度较高的企业在《公平竞争审查制度》实施后市场势力下降得更多，经营风险增加得更快，从而表明此类企业在失去了行政垄断的保护伞后自身短期的运营风险和收益不确定性均显著增加，此时企业的管理层选择以削减长期研发支出的方式增加企业当前的自由现金流，降低企业短期资金缺乏带来的机会成本和破产风险。

本章的研究贡献主要体现在以下三个方面：第一，回顾以往研究宏观政策对企业研发投入影响的文献发现，已有研究多关注政府鼓励企业研发创新的各种财政政策、税收政策或研发补贴究竟是否提高了企业的研发投入，而忽略了竞争政策对企业研发投入的影响。本章重点研究了《公平竞争审查制度》的实施与企业研发投入之间的关系，从而丰富了企业研发投入影响因素的文献。第二，《公平竞争审查制度》的出台对推动形成高效规范、公平竞争的国内市场，建设市场化、法治化的营商环境具有重要的意义，其实施是否真正起到了矫正资源权利流向的作用、有效地改变了微观企业的动态资源配置过程，是社会各界极为关注的问题。本章从微观企业研发投入的视角入手，研究了竞争制度实施的经济后果，从而为《公平竞争审查制度》实施效果的评估提供了客观的实证依据。第三，以往探讨市场结构的研究多关注垄断对企业创新的影响，极少有研究充分探讨反垄断机制与企业研发投入之间的关系。本章以《公平竞争审查制度》的出台实施这一绝佳的准自然实验为契机，深入研究了我国的反垄断竞争政策对企业研发投入的影响，并且进一步探讨了竞争政策影响微观企业研发投资行为的实现路径，从而有助于更加深入地理解竞争制度影响微观企业管理层行为的内在机理。

6.2 理论分析与研究假设

创新是企业生存和发展的灵魂，是一国经济高质量发展的引擎。市场与企业创新之间的关系一直都是学术界高度关注和研究的焦点问题，相关领域的学者们从技术市场、金融市场、产品市场等多个视角出发研究了知识外溢、融资成本等因素对企业创新的影响。Grossman 和 Shapiro（1987）[96]研究发现，企业在研发创新过程中不仅会关注自身知识积累带来的创新产出，还会根据竞争对手的知识外溢调整自身的研发策略。杨风（2016）[98]研究发现，知识外溢效应使企业因技术被模仿而失去研发创新的动力，改善市场的创新环境能够极大地激励企业提高自身的创新水平。创新的高不确定性和高风险性特征决定了企业需要长期大量内外源资金的支持。由于企业内源融资的固有局限性，银行信贷作为企业外源融资的重要来源对企业的创新能力有着重要的影响。祝继高和陆正飞（2011）、魏志华等（2014）[102][103]研究发现，虽然我国的民营企业是技术创新力和成长力最高的企业，但此类企业受到抵押物规模较小、经营风险较高、无政企关联等因素的影响，在金融市场中面临着诸多的信贷歧视。齐兰和王业斌（2013）[100]研究发现，我国的国有银行凭借其垄断地位在挑选贷款客户时有着严重的所有制倾向，信贷资金的配给整体向运营效率相对低下的国有企业倾斜，从而导致技术创新上的全局效率损失。企业是创新的主体，创新是现代产业体系的核心动力，而研发投入是企业创新的重要物质基础和保障。企业通过研发投入实现技术变革，提高了自身的运营效率和产品质量（齐秀辉和武志勇，2015）[344]，降低了生产成本（曹阳和易其其，

2018)[345]，从而显著提高了企业的经营业绩和经济效益（陈丽霖和冯星昱，2015；尚洪涛和黄晓硕，2018）[346-347]。虽然研发投入是企业获得创新绩效最重要、最直接的途径，但创新本身是一个充满了风险和不确定性的长期过程。具体而言，对于企业来说，创新仅有一个充满了创意的新颖想法是远远不够的，企业必须能够从理论出发结合市场的实际需求，通过创造性整合自身现有的资源优势，将好的创意转化为具有广泛社会效益的经济活动，最终为消费者提供更加优质的产品或服务。在瞬息万变的市场经济环境中，上述目标的实现通常周期长、资金需求量大、充满了各种机遇和挑战，整个创新过程的每一个环节都需要有充足、稳定、持续的现金流投入作为基本的支持和保障。因此，对于资源有限的企业而言，研发投入水平不仅体现了企业的创新意愿，而且体现了企业的创新能力，研发投入决策是企业管理层长期资本支出的重要内容。

竞争是一种促进创新、推动社会经济发展的有效机制。竞争性市场结构与垄断性市场结构相对立，对企业创新有着重要的影响。学术界就市场结构与企业创新之间的关系已经进行了广泛的研究，形成了较为丰硕的研究成果。总结以往相关领域的研究文献，学者们主要从创新能力和创新意愿两个视角解释市场结构对企业创新的影响。一部分研究结果支持古典经济学垄断抑制创新的理论（Nickell，1996；Blundell 等，1999）[67][348]，该理论认为垄断市场结构下商品的产量小于完全竞争市场结构下的均衡产量，商品的价格高于完全竞争市场中的均衡价格。因此，垄断一方面损害了消费者的利益，另一方面，垄断企业凭借自身的市场地位和规模经济优势能够获取超额的垄断利润，为了不破坏原有的垄断利润，此类企业往往不愿意承担创新风险；此外，取得垄断地位的生产者由于失去了竞争压力，也不再有动力继续通过研发投入进行产品和技术的创新，进而阻碍了整个市场生产要素的自由流动和优化配置，降低了全社会的经济发展水平和社会福利。与之相比较，在完全竞争的市场环境中，企业间的激烈竞争降低了企业的利润率，企业必须通过不断创新，超越竞争对手，才能不被市场淘汰。因此，竞争市场结构中的企业为了避免竞争会选择努力创新，通过创新暂时甩开其他的竞争对手，即所谓的竞争逃逸效应。Hashmi（2013）[93]研究发现，处于技术差距小、竞争激烈行业的企业更有动力通过创新提高产品的质量，增加产品的差异度与竞争对手的产品进行区分。另外一部分研究发现，垄断亦有可能促进企业创新（Aghion 和 Howitt，1992）[68]，相关研究以垄断竞争理论为基础，认为在完全竞争和完全垄断之间存在垄断竞争的市场结构。具体而言，同类产品在品牌、外观、质量等方面存在着差异，各自能够满足不同消费者的异质性需求，无法相互完全替代，从而会引起某种程度的垄断。但由于有差异的产品间仍存在着一定程度的替代性，彼此间的竞争依然存在，进而能够推动企业通过创新不断优化自身的产品和服务。Schumpeter（1942）[30]研究指出，动态市场经济本质上是由创新型企业家通过引进或研发更加先进的产品、技术、生产方法等实现创造性破坏的竞争过程。垄断企业具有规模经济效益、较强的融资能力和风险分散能力，因而能够更加高效地进行创新活动。在垄断竞争的市场结构下，短期的市场局部垄断是通过垄断企业技术创新实现的，这种垄断利润具有暂时性，从而能够激励企业家不断创新。换句话说，追求垄断利润是企业家从事创新活动的重要动力，即所谓的熊彼特效应。在上述两种效应并存的经济环境下，相关领域的学者们研究发现，竞争与创新之间呈现出一种倒"U"形关系（Aghion 等，2005）[32]。

改革开放以来，我国充分发挥地理位置、人口红利以及低要素成本等优势，大力发展出口加工贸易，积极承接国际产业转移，拓展国际市场，社会主义现代化建设取得了举世瞩目的伟大成就。经过30多年依靠生产要素高投入强力拉动的高速粗放式经济增长，我国的生态环境、人力资本和自然资源等生产要素均遭遇严重的瓶颈。城乡发展不平衡、地区发展不协调、收入分配不公、贫富差距扩大等社会矛盾日益加剧。此外，金融危机大大削弱了国际市场的购买力，面临经济全球化程度的日益加深和产业链的不断重构升级，发达经济体在信息技术、新能源等新兴领域展开了新一轮激烈的创新竞争，大国之间的竞争也由单一的经济实力竞争迅速转变为经济实力与科技实力相结合的综合国力竞争。面对国际经济格局的深刻改变和国内经济健康可持续发展的巨大挑战,我国传统的经济增长模式难以为继,必须转入创新驱动发展的新轨道,将创新作为我国经济发展的首要动力,通过释放全社会的创新潜能推动我国经济行稳致远。我国早在2006年颁布的《国家中长期科学和技术发展规划纲要(2006—2020)》中就提出"把科技进步和创新作为经济社会发展的首要推动力量,把提高自主创新能力作为调整经济结构、转变增长方式、提高国家竞争力的中心环节,把建设创新型国家作为面向未来的重大战略"。党的十八大以来,习近平总书记将创新摆在国家发展全局的核心位置,并多次强调随着产业链的不断优化升级,未来我国的经济增长必将更多地依靠人力资本质量和技术进步。因此,必须使创新成为驱动我国经济发展的新引擎,通过提高劳动生产率和资本回报率,全面提升经济发展的科技含量。党的十九大报告再次强调创新是引领我国经济发展的第一动力,是建设社会主义现代化经济体系的战略支撑,并提出当前经济工作的首要任务是通过放宽政策、搞活市场以及创新产业化发现和培育新的经济增长点。其中放宽政策就是要加快政府职能的转变,通过划清政府和市场的边界真正落实市场在资源配置中起决定性作用,进而营造有利于市场主体创新创业的商业环境、政策环境和制度环境。2016年出台的《公平竞争审查制度》通过事前审核检查规范政府行为,防止政府利用职权出台各种排除、限制市场竞争的不当政策措施,其最终目标是为企业营造一个公平竞争的市场环境,进而充分发挥市场自身的价格机制和资源优化配置的作用。

《公平竞争审查制度》实施后,对于受到行政庇护的企业而言,此类企业所在的行业进入门槛无法再通过行政规章制度来进行限制,从而行业竞争对手将会增多。此外,随着生产要素流动性的不断增加,政府垄断企业的市场势力将会大幅下降,以前通过行政庇护得到的各种贷款优惠、税收优惠等歧视性政策红利也将消失,此类企业再也无法以较低的生产和非生产性投资获得高额的垄断利润。根据企业财务管理理论,对于资源有限的企业而言,失去行政垄断保护的企业管理层必须考虑《公平竞争审查制度》实施后重构的市场竞争格局,通过PEST分析、SWOT模型、波特五力模型等工具分析企业内外部环境、行业竞争对手、企业自身的优势和劣势等,重新权衡企业的长期资本投资和短期生产经营性投资,动态调整企业的投资结构和投资规模,实现企业整体收益最大化。换句话说,失去行政庇护的企业管理层不仅需要考虑如何应对当下行业竞争突然加剧带来的经营风险,而且需要考虑市场竞争环境不断改善后如何保持企业的长期竞争力,即管理层需要在企业短期生存与可持续经营和长期竞争优势获取之间进行抉择。具体而言,一方面,《公平竞争审查制度》的出台进一步强化了竞争政策在我国经济政策中的基础性地位。随着这一竞争制度的不断完善和有序实施,政府调控和干预市场经济的权力将得到科学的规范和约束。企业营商环境与竞争环境的优化改善将推动整个市场重新回归动态失衡的状态,进而促使具有创新优势的企业通过创造性破坏实现暂时的超额利润,同时激励其他暂时落后的企业通过创新超越竞争对手,成为下一个市场技术引领者。随着市场要素质量和产业链的不断升级,企业间竞争效率的提高将促使整个市场通过自由竞争实现均衡价格和资源的优化配置。意识到企业未来面临着更为公平激烈的市场竞争,要长期生存下去必须提高企业的创新竞争力,受政府垄断保护的企业管理者在《公平竞争审查制度》实施后可能会通过加大企业的研发投入以提高企业的创新能力,促进企业高质量可持续发展。另一方面,《公平竞争审查制度》实施后,政府官本位的权力机制将逐渐瓦解,行政垄断破除后市场释放的大量的投资机会和垄断利润将会吸引竞争对手进入利润率相对较高的行业,此时失去了行政庇护的企业自身面临的短期经营风险将会显著地提高。与此同时,对于垄断企业而言,虽然《公平竞争审查制度》实施后其自身所在行业的竞争自由化带来了巨大的竞争压力和风险,但是其他垄断行业的突然对外开放又为此类企业提供了新的投资渠道和投资机会。对于资源有限的企业而言,管理层此时必须权衡短期投资和长期投资的风险与收益,作出合理的投资决策。根据前文的分析,虽然垄断企业的管理者知道失去行政庇护后自主创新是提高企业核心竞争力的关键因素,但同时也会意识到创新本身并不是一个线性的过程,它充满了诸多的风险和不确定性,研发过程中大量的长期资金投入不仅无法在短期内为企业带来实际收益,而且研发项目最终失败的概率也很高。因此,如果垄断企业的管理层综合权衡分析后认为企业当前面临的短期经营风险较高、现金流并不充裕,或者管理层在企业失去行政庇护后分析发现自身面临的短期经营业绩压力较大,自己的薪酬、奖金、声誉等均会受到不利影响,又或者企业管理层认为行政垄断破除后市场当前释放出的大量投资机会收益率更高,则可能会选择放弃进行高风险性、高不确定性、高资金投入的长期研发投资,转而选择确定性更高、获利更快的短期投资项目,实现快速提升业绩的目标,或者直接决定将资金留存在企业内部以降低资金链断裂带来的破产风险。基于上述分析,提出本章第一个竞争性研究假设:

H1a:与受行政庇护程度较低或不受行政庇护的企业相比较,《公平竞争审查制度》的实施将促使受行政庇护程度较高的企业提高研发投入。

H1b:与受行政庇护程度较低或不受行政庇护的企业相比较,《公平竞争审查制度》的实施将促使受行政庇护程度较高的企业降低研发投入。

本章研究内容如图 6-1 所示。

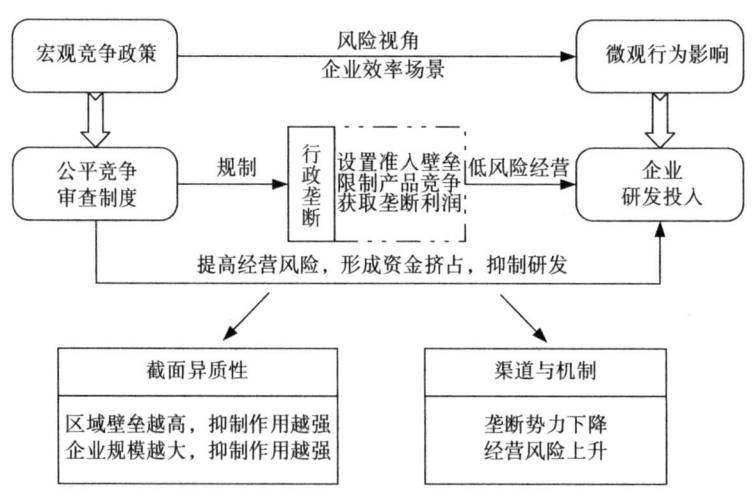

图 6-1 本章研究内容框架

6.3 研究设计

6.3.1 样本选取和数据来源

本章选取 2013—2019 年沪深两市 A 股上市公司为初始研究样本探讨《公平竞争审查制度》与企业研发投入之间的关系，并在初始样本的基础上按照如下原则对数据进行了进一步筛选：（1）剔除了属于金融行业的上市公司样本；（2）剔除回归变量部分缺失的公司样本；共计得到 21016 个观测，DID 模型分组后且无缺失的观测数量为 19541 个。为了削弱因分组带来组间公司特征与地区特征的系统性差异，本章以公司和地区的特征变量为匹配变量进行了 PSM 匹配，并在此配对样本的基础上应用 DID 模型进行实证检验，进行 PSM 匹配后无缺失观测的数量为 19242 个。为减轻异常值的影响，本章针对所有连续变量均采取了 1% 和 99% 分位的缩尾处理。

本章研究所使用的上市公司财务数据均来自于国泰安（CSMAR）数据库，宏观层面的数据来源于万得数据库（WIND）。

6.3.2 研究模型和变量定义

为了检验《公平竞争审查制度》的实施对企业研发投入的影响，设计如下模型对本章的两个主要竞争性假设 H1a 和 H1b 进行实证检验：

$$R\&D_{i,t} = \beta_0 + \beta_1 Post_{i,t} + \beta Controls + \sum Industry + \sum Year + \varepsilon_{i,t}$$

（式 6-1）

$$R\&D_{i,t} = \beta_0 + \beta_1 Treat_{i,t} + \beta_2 Treat_{i,t} \times Post_{i,t} + \beta Controls + \sum Industry + \sum Year + \varepsilon_{i,t}$$

（式 6-2）

其中，模型 6-1 中的 $R\&D_{i,t}$ 为企业的研发投入强度，使用企业研发费用总和/期末总资产进行度量（刘诗源等，2020）[349]；$Post_{i,t}$ 为《公平竞争审查制度》出台实施的年度虚拟变量，考虑到宏观政策的实施布局往往具有滞后性,本章将冲击分界设定为2016年年末,即2016年及之前为事件前年度,2016年后为事件后年度,当年份大于2016年时$Post_{i,t}=1$,年份小于等于2016年时$Post_{i,t}=0$。

Controls是一组控制变量,包含公司规模Size、有形资产集中度Ppe、账面市值比Bm、资产负债率Lev、利润率Roa、政府补贴Subsidy、大股东持股比Tophold、经营现金流Oncf、地区国内生产总值增速Gdp_g、地区国内生产总值的对数Gdp_t、地区第二产业国内生产总值占比Gdp_s。本章还控制了时间固定效应和行业固定效应,在公司层面进行了聚类。本章研究的主要变量定义具体如表6-1所示。

表6-1　主要变量定义

变量名称	变量符号	变量的说明
被解释变量		
研发投入强度	R&D	企业研发费用总和/期末总资产
主要解释变量		
全要素生产率高/低分组（实验分组变量）	Treat	当企业属于TFP较低组时取值为1,否则取值为0
制度出台实施年度（事件时间变量）	Post	当年份大于2016年时取值为1,否则取值为0
主要控制变量		
企业年龄	Age	企业上市天数除以365加1的自然对数
企业规模	Size	企业资产总额的自然对数
杠杆比率	Lev	负债总额/资产总额
资产收益率	Roa	净利润/总资产
固定资产占总资产的比例	Ppe	固定资产/总资产
净资产占企业流通市值的比例	Bm	净资产/企业流通市值
经营性现金净流量占总资产的比例	Oncf	经营性现金净流量/总资产
第一大股东持股比例	Tophold	持股最多股东的持股数量/企业总股数

续表

变量名称	变量符号	变量的说明
企业获取的政府补贴除以总资产的比例	Subsidy	企业获取的政府补贴/总资产
地区国内生产总值增速	Gdp_g	(地区当年国内生产总值－地区上一年国内生产总值)/地区上一年国内生产总值
地区国内生产总值的对数	Gdp_t	地区国内生产总值的对数
地区第二产业国内生产总值占比	Gdp_s	地区第二产业国内生产总值/地区国内生产总值

模型6－2中的$Treat_{i,t}$的分组变量为企业的全要素生产率（Total Factor Productivity，TFP），本章研究采用全要素生产率指标将样本划分为行政庇护程度较高的企业和行政庇护程度较低或没有行政庇护的企业两组。全要素生产率的概念由Tinbergen（1942）[350]首次提出，指企业技术、知识、管理、数字等非传统要素对产出的综合贡献。企业在生产过程中需要使用劳动、资本、原材料、能源等各类生产要素，在当前科技创新驱动的经济环境下，技术进步是企业为了获得垄断利润通过有意识的研发活动实现创造性破坏的结果（Romer，1990）[351]，技术进步是全要素生产率提升的主要路径，因而全要素生产率的增长通常被视为企业技术进步的指标。一家企业的TFP越高，说明企业非生产性要素的贡献率越高，即企业内部团结协作的企业文化、开拓创新的工匠精神、公正合理的规章制度以及积极进取的研发创新等因素是企业提高自身生产率的主要因素。根据前文理论部分的分析，受行政庇护高的企业并不需要依赖市场对其产品的认可才能持续经营，此类企业一方面依赖行政保护对市场的垄断大幅降低了自身各类生产要素的获取难度与获取成本，从而能够以较低的要素投入获得高额的垄断利润；另一方面，通过行业壁垒、歧视性政策的保护，侵占其他市场主体的正当利益。因此，受行政庇护的企业无须通过自身积极的研发创新能力提升或运营效率的提高来盈利，此类企业通常行政色彩浓重、运营效率低下、组织变革迟滞、研发创新的积极性较低。马甜（2010）[52]研究发现，随着国有企业在电力行业中所占比重的下降，电力行业的全要素生产

率不断提高；代中强和刘从军（2011）[261]研究发现，区域行政垄断显著降低了整个地区的 TFP；盖庆恩等（2015）[51]研究发现，垄断改变了企业的行业进入与退出行为，扭曲了要素市场，进而降低了制造业的全要素生产率；才国伟和杨豪（2019）[352]研究发现，贸易自由化后市场竞争程度的提高有助于矫正要素的市场价格，从而显著地提高了企业的生产效率。综上所述，我国企业的全要素生产率较低主要是由于我国的市场经济发展仍不完善，过多的行政干预导致我国的要素市场发展水平远远地落后于产品市场的发展水平（张杰等，2011a；张杰等，2011b）[353-354]。综上所述，非市场化竞争引起的要素价格机制的扭曲严重影响了我国市场的要素配置效率，从而不但造成了企业运营效率的损失，而且降低了企业的创新意愿和创新能力，即降低了企业的全要素生产率。党的十八大以来，习近平总书记多次强调创新是引领我国经济发展的第一动力，明确提出确立以创新为首的新经济发展理念。鉴于全要素生产率通常被视为企业和社会技术进步的重要指标，2017 年党的十九大报告首次提出必须努力提高我国国民经济的全要素生产率，通过改善营商环境、增加研发投入、强化技术创新能力、加快市场化改革、提高教育质量等手段实现市场资源的优化配置，以更少的投入获得更多的产出，依靠全要素生产率的提升推动我国经济持续稳定的增长。根据上述分析，TFP 越高的企业其利润增长点越不可能来自于行政庇护，TFP 越低的企业越有可能受到行政庇护。因此，本章将 TFP 较低的组划分为实验组，即行政垄断保护程度较高的组；TFP 较高的组为控制组，即行政垄断保护程度较小或者不受行政垄断影响的组。根据本章的主要研究假设，《公平竞争审查制度》的实施对受行政庇护程度较高企业的研发投入影响更大，即与受行政庇护程度较低或不受行政庇护的企业相比较，TFP 较低组在《公平竞争审查制度》实施后受到的冲击更大。

就全要素生产率的具体计算而言，现有文献中的主流度量方法有 FE 固定效应法、IV 工具变量法和控制函数法。在目前较为成熟的控制函数法中，Olley 和 Pakes（1996）[355]首次提出用投资水平作为生产率代理变量的 OP 两步估计法，该方法假定企业根据自身当前的生产率状况作出投资决策，因而用企业的当期投资作为不可观测的企业生产率的代理变量能够解决同时性偏差问题，进而在很大程度上克服了全要素生产率的内生性问题。但是使用 OP 法计算全要素生产率需要满足企业投资与生产率之间存在单调递增的关系，而市场中的企业并非每年都有正的投资，使得 OP 法无法估计投资额为零的样本企业的全要素生产率，在实际研究中大量观测的缺失将会引起参数的有偏估计。为了克服上述局限性，Levinsohn 和 Petrin（2003）[258]对 OP 法进行完善后形成了 LP 法，该方法不再用投资额作为代理变量，而是以中间品投入指标作为企业生产率的代理变量，研究人员可以根据自身可获得的数据灵活选择合理的代理变量，从而能够更加准确地估计企业的全要素生产率。鉴于上述原因，本章采用 LP 法计算企业的 TFP（鲁晓东和连玉君，2012）[356]，该指数数值越大，代表企业的全要素生产率越高，即企业越不可能受到行政庇护，具体的计算过程如下：

$$Y_{i,t} = \beta_0 + \beta_1 L_{i,t} + \beta_2 K_{i,t} + \beta_3 M_{i,t} + \varepsilon_{i,t} \quad (式6-3)$$

其中，$Y_{i,t}$ 为企业当期的工业总产值，以当期存货增加值与当期营业收入之和的对数进行度量；$L_{i,t}$ 为企业的劳动要素投入，以企业在编员工数量的对数进行度量；$K_{i,t}$ 为企业的资本投入，以期末固定资产净额的对数进行度量；$M_{i,t}$ 为中间品投入，以企业当期的营业成本、销售费用和管理费用之和减去企业当期的折旧摊销费用、支付给职工的现金和为职工支付的现金后余额的对数进行度量；$\varepsilon_{i,t}$ 为随机扰动项。对模型 6-3 进行分年度、分行业回归后得到的残差即为企业的全要素生产率（Solow，1957）[357]。TFP 指数的经济意义为企业除资本、劳动等主要生产要素投入贡献之外，通过研发创新、技术进步、产能升级等实现的产出增加。随后本章进一步按照事件发生年度，即 2016 年的 TFP 指数中位数进行分组后以企业为对象取 2013 年到 2019 年的公司观测形成研究样本，并在此基础上以企业特征和地区特征的控制变量为匹配变量进行 PSM 配对，以获得匹配后的分组变量 $Treat_{i,t}$，当企业属于 TFP 较低组时，$Treat_{i,t} = 1$，当企业属于 TFP 较高组时，$Treat_{i,t} = 0$。$Treat_{i,t} \times Post_{i,t}$ 为本章 DID 模型（模型 6-2）主要考察的变量，其系数 β_2 的经济意义为《公平竞争审查制度》出台实施后，行政庇护程度较高的企业与行政庇护程度较低或没有行政庇护的企业相比较,企业间的研发投入是否会出现显著的差异。模型 6-2 中的其他变量均与模型 6-1 相同。模型 6-1 和模型 6-2 的主要变量定义参见表 6-1。

6.4 实证检验与结果分析

6.4.1 描述性统计

表 6-2 列示了主要变量的描述性统计,根据欧盟标准,企业研发投入超过 5% 则被认定为具备研发竞争优势,而我国上市公司的研发投入(R&D)均值为 0.038,说明我国企业的整体研发投入与国际标准相比还存在一定的差距。R&D 的最小值为 0,最大值为 0.244,由此显示各公司间研发投入水平存在较大差异。全要素生产率指数(tfp)的均值为 4.683,与中位数 4.644 极为相近,且其标准差较小,说明样本企业的全要素生产率水平基本符合正态分布。其余控制变量均与现有文献基本一致,从而能够较好地控制公司、地区层面的差异。

表 6-2　　描述性统计

变量名	样本量	均值	方差	最小值	1%分位数	25%分位数	50%分位数	75%分位数	99%分位数	最大值
R&D	21016	0.038	0.044	0.000	0.000	0.004	0.031	0.049	0.242	0.244
TFP	21016	4.683	0.392	3.717	3.742	4.434	4.644	4.885	6.004	6.005
Size	21016	22.163	1.297	19.569	19.690	21.238	22.001	22.901	26.101	26.101
Lev	21016	0.423	0.208	0.057	0.057	0.255	0.411	0.578	0.906	0.909
Roa	21016	0.035	0.067	-0.339	-0.298	0.013	0.036	0.066	0.189	0.194
Ppe	21016	0.209	0.161	0.002	0.002	0.083	0.175	0.300	0.696	0.698
Bm	21016	0.651	0.499	0.035	0.038	0.312	0.521	0.835	2.854	2.881
Oncf	21016	0.044	0.070	-0.191	-0.179	0.006	0.044	0.085	0.237	0.242
Tophold	21016	0.341	0.147	0.086	0.087	0.226	0.320	0.439	0.742	0.748
Age	21016	10.645	7.473	0.000	0.137	4.003	8.788	17.471	26.008	26.008

续表

变量名	样本量	均值	方差	最小值	1%分位数	25%分位数	50%分位数	75%分位数	99%分位数	最大值
Subsidy	21016	0.005	0.005	0.000	0.000	0.001	0.003	0.006	0.030	0.030
Gdp_g	21016	0.075	0.013	0.031	0.031	0.068	0.075	0.081	0.110	0.110
Gdp_t	21016	10.521	0.713	8.061	8.061	10.103	10.519	11.124	11.587	11.587
Gdp_s	21016	0.410	0.089	0.162	0.162	0.392	0.434	0.466	0.541	0.541

6.4.2 相关性分析

对主要变量进行了相关性分析，结果如表6-3所示，无论是Pearson还是Spearman相关系数检验，各主要变量的相关性系数均未超过50%，说明回归模型的变量之间不存在多重共线性问题，模型的主要被解释变量、解释变量和控制变量选取较为合理。

本章主要的研究变量全要素生产率（TFP）和研发投入（R&D）之间的Pearson和Spearman相关系数分别为-0.018和-0.084，且均在1%的水平上显著，说明在未加入公司层面和行业层面的控制变量和固定效应的前提下，企业的全要素生产率越小，企业的研发投入越多。但在后续研究中加入企业层面、地区层面的控制变量与年度、行业固定效应后，企业的全要素生产率与研发投入水平之间并无显著的相关关系，进而说明在有基准的比较环境中，两者之间的关系与相关性分析呈现出来的关系并不相同。

6.4.3 基本回归分析

图6-2显示从2013年到2019年，全样本企业的研发投入随着时间不断增加；图6-3中经过PSM匹配后全样本企业的研发投入与图6-1呈现出相同的随时间逐年增加的趋势。图6-4中PSM匹配前实验组和控制组的企业研发投入整体随着时间上涨，但是实验组在2016年后增速明显放缓；图6-5中经过PSM匹配后实验组和控制组的研发投入趋势与图6-4

表 6-3 相关系数矩阵

	R&D	TFP	Size	Lev	Roa	Ppe	Bm	Oncf	Soe	Tophold	Age	Gdp_g	Gdp_1	Gdp_s	Subsidy
R&D	1	-0.084***	-0.295***	-0.353***	0.154***	-0.085***	-0.106***	0.012*	-0.316***	-0.137***	-0.410***	-0.090***	0.212***	-0.050***	0.404***
TFP	-0.018***	1	0.395***	0.111***	0.311***	-0.329***	0.139***	0.224***	0.105***	0.104***	0.098***	-0.149***	0.014	-0.162***	-0.131***
Size	-0.255***	0.363***	1	0.515***	-0.099***	0.036***	0.367***	0.051***	0.364***	0.160***	0.423***	-0.088***	-0.075***	-0.076***	-0.234***
Lev	-0.324***	0.084***	0.504***	1	-0.433***	0.023***	0.028***	-0.169***	0.279***	0.042***	0.366***	0.012*	-0.097***	0.019	-0.210***
Roa	0.019***	0.271***	-0.007	-0.347***	1	-0.083***	-0.010	0.416***	-0.162***	0.130***	-0.295***	-0.013	0.119***	-0.019	0.160***
Ppe	-0.192***	-0.253***	0.101***	0.069***	-0.063***	1	0.063***	0.259***	0.140***	0.079***	0.032***	0.114***	-0.067***	0.170***	0.148***
Bm	-0.144***	0.142***	0.407***	0.057***	0.024***	0.082***	1	0.017**	0.073***	0.153***	-0.098***	-0.142***	0.066***	-0.059***	-0.092***
Oncf	0.003	0.231***	0.057***	-0.176***	0.348***	0.241***	0.017**	1	0.001	0.118***	-0.069***	-0.035***	0.066***	-0.006	0.115***
Soe	-0.246***	0.088***	0.376***	0.281***	-0.072***	0.199***	0.096***	-0.001	1	0.205***	0.466***	0.044***	-0.251***	-0.037***	-0.139***
Tophold	-0.157***	0.104***	0.207***	0.046***	0.143***	0.091***	0.193***	0.112***	0.212***	1	-0.083***	0.016**	-0.045***	0.005	-0.035***
Age	-0.315***	0.088***	0.370***	0.360***	-0.185***	0.075***	-0.038***	-0.063***	0.475***	-0.060***	1	-0.043***	-0.196***	-0.058***	-0.274***
Gdp_g	-0.071***	-0.110***	-0.094***	0.012*	0.035***	0.079***	-0.099***	-0.025**	0.041***	0.020***	-0.057***	1	-0.172***	0.606***	0.009
Gdp_1	0.134***	0.027***	-0.064***	-0.094***	0.072***	-0.100***	0.043***	0.063***	-0.228***	-0.042***	-0.204***	-0.151***	1	0.122***	0.079***
Gdp_s	-0.109***	-0.151***	-0.106***	0.016**	0.012*	0.163***	-0.039***	0.022***	-0.066***	-0.022***	-0.044***	0.435***	0.222***	1	0.014*
Subsidy	0.244***	-0.106***	-0.188***	-0.126***	0.074***	0.065***	-0.101***	0.074***	-0.072***	-0.029***	-0.170***	0.026***	0.019***	0.038***	1

注：*、**、*** 分别表示在 10%、5% 和 1% 的水平上显著；相关系数矩阵分别为 Pearson 和 Spearman 相关系数矩阵。

相同,由此显示实验组,即行政庇护程度高的企业受到《公平竞争审查制度》的影响更大。

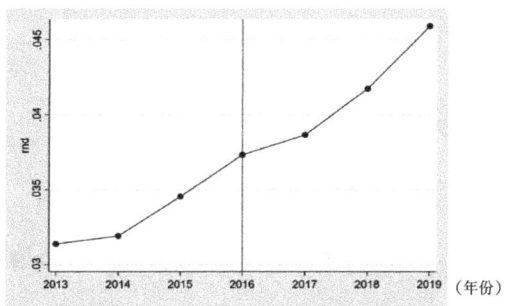

图 6-2　未匹配前全样本企业的研发投入情况

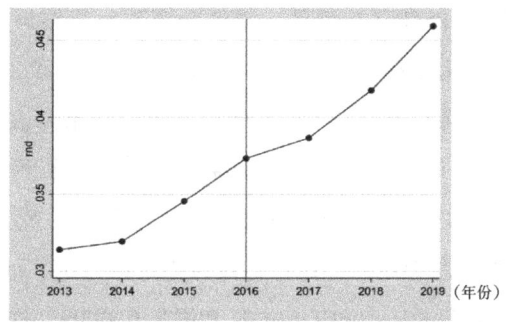

图 6-3　PSM 配对后全样本企业的研发投入情况

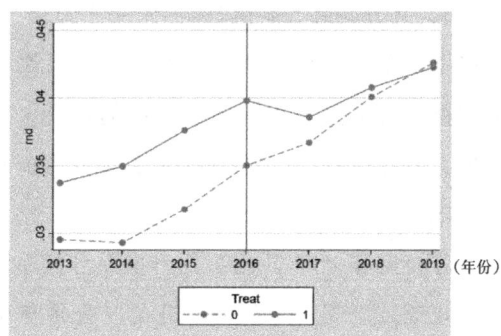

图 6-4　未匹配前实验组和控制组的研发投入情况

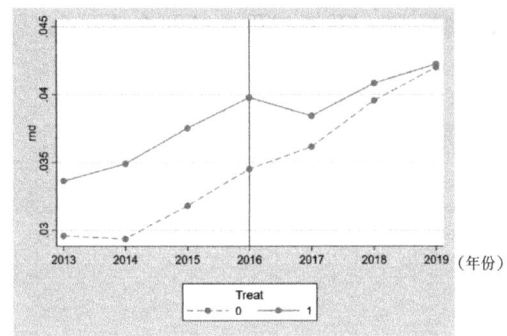

图 6-5　PSM 配对后实验组和控制组的研发投入情况

为了检验本章的竞争性假设 H1a 和 H1b，对模型 6-1 进行回归分析，结果如表 6-4 所示，其中第（1）（2）（3）列和第（4）(5)（6）列分别是一重差分模型和 PSM 匹配后的一重差分模型回归结果。具体而言，第（1）列和第（4）列为全样本回归结果，第（2）列和第（5）列为实验组回归结果，第（3）列和第（6）列为控制组回归结果。表 6-4 中第（1）列和第（4）列中 R&D 的系数均为 0.004 且在 1% 的水平上显著为正，由此表明公平竞争审查后，企业的研发投入整体增加。一重差分模型第（2）列的系数为 0.002 且在 5% 的水平上显著为正，第（3）列的系数为 0.006 且在 1% 的水平上显著为正，PFT test 的 P 值为 0.0009，即在 1% 的水平上显著；PSM 匹配后的一重差分模型第（5）列和第（6）列中 R&D 的系数分别为 0.002 和 0.006，并分别在 5% 和 1% 的水平上显著为正，PFT test 的 P 值为 0.0020，即在 1% 的水平上显著，上述研究结果说明实验组和控制组虽然在公平竞争审查后研发投入均有不同程度的提升，但是实验组比控制组提升的显著更少，由此显示行政庇护程度较高组的企业受《公平竞争审查制度》实施的影响更大。

在对上述一重差分模型和 PSM 匹配后的一重差分模型进行回归分析的基础上，为了更加有效地控制实验组和控制组在《公平竞争审查制度》出台实施前的差异，将竞争政策的影响结果有效地分离出来，更为准确地进行因果关系的研究，本章接着对双重拆分模型（6-2）进行回归分析，结果如表 6-5 Panel A 所示，其中，第（1）列 DID 模型与第（2）列 PSM +

表6-4　　　　　　　公平竞争审查前后企业研发投入的变动

变量名	(1) R&D Whole	(2) R&D Treat=1	(3) R&D Treat=0	(4) R&D Whole	(5) R&D Treat=1	(6) R&D Treat=0
Post	0.004***	0.002**	0.006***	0.004***	0.002**	0.006***
	(6.68)	(2.24)	(7.32)	(6.80)	(2.46)	(7.25)
Size	0.002***	0.004***	0.001**	0.002***	0.004***	0.001**
	(4.85)	(4.39)	(2.25)	(4.74)	(4.19)	(2.29)
Lev	-0.043***	-0.045***	-0.039***	-0.042***	-0.045***	-0.039***
	(-13.65)	(-10.62)	(-8.47)	(-13.49)	(-10.41)	(-8.49)
Roa	-0.063***	-0.078***	-0.048***	-0.063***	-0.078***	-0.049***
	(-8.58)	(-8.31)	(-4.23)	(-8.51)	(-8.16)	(-4.29)
Ppe	-0.016***	-0.019***	-0.013***	-0.016***	-0.019***	-0.013***
	(-4.85)	(-3.92)	(-2.89)	(-4.83)	(-3.88)	(-2.90)
Bm	-0.006***	-0.008***	-0.005***	-0.006***	-0.008***	-0.005***
	(-8.31)	(-6.08)	(-5.68)	(-8.07)	(-5.92)	(-5.49)
Oncf	0.007	-0.006	0.015**	0.007	-0.003	0.015**
	(1.39)	(-0.78)	(2.29)	(1.49)	(-0.50)	(2.15)
Soe	-0.002	0.000	-0.003	-0.001	0.001	-0.002
	(-1.30)	(0.21)	(-1.56)	(-1.19)	(0.30)	(-1.53)
Tophold	-0.012***	-0.010*	-0.014***	-0.013***	-0.011**	-0.014***
	(-3.68)	(-1.94)	(-3.28)	(-3.86)	(-2.18)	(-3.30)
Age	-0.001***	-0.001***	-0.001***	-0.001***	-0.001***	-0.001***
	(-8.11)	(-5.93)	(-5.83)	(-8.05)	(-5.98)	(-5.68)
Gdp_g	0.050*	0.055	0.050	0.047	0.051	0.051
	(1.65)	(1.15)	(1.38)	(1.53)	(1.06)	(1.37)
Gdp_t	0.002***	0.003***	0.001	0.002***	0.003***	0.001
	(3.13)	(3.28)	(0.97)	(2.98)	(3.16)	(0.90)
Gdp_s	-0.029***	-0.043***	-0.021**	-0.028***	-0.041***	-0.020**
	(-3.71)	(-3.13)	(-2.24)	(-3.50)	(-2.98)	(-2.11)
Subsidy	1.109***	1.245***	0.916***	1.125***	1.271***	0.928***
	(10.05)	(8.00)	(6.24)	(9.95)	(7.88)	(6.27)

续表

变量名	（1）R&D	（2）R&D	（3）R&D	（4）R&D	（5）R&D	（6）R&D
截距项	Whole -0.017 (-1.41)	Treat=1 -0.054*** (-2.79)	Treat=0 0.009 (0.54)	Whole -0.016 (-1.30)	Treat=1 -0.051*** (-2.58)	Treat=0 0.009 (0.50)
观测数	19541	9733	9808	19242	9548	9694
R方	0.478	0.423	0.540	0.478	0.424	0.538
调整R方	0.477	0.420	0.537	0.477	0.421	0.536
FPT检验		P=0.0009***			P=0.0020***	
行业固定	Yes	Yes	Yes	Yes	Yes	Yes
年度固定	Yes	Yes	Yes	Yes	Yes	Yes
公司聚类	Yes	Yes	Yes	Yes	Yes	Yes

注：*、**、***分别表示在10%、5%和1%的水平上显著。

DID 模型中 Treat×Post 的系数均为 -0.003，且在1%的水平上显著，这一研究结果表明与行政垄断较低组的企业相比较，行政垄断较为严重的企业在2016年《公平竞争审查制度》实施后，研发投入的增幅显著较小，由此说明此类企业在失去了行政垄断的保护伞后，短期运营风险和收益不确定性增加，企业的管理层以降低研发支出的方式增加企业的自由现金流，降低资金短缺带来的机会成本和破产风险，即《公平竞争审查制度》的实施对受行政庇护程度较高企业的长期研发投资形成了较强的挤出效应，从而进一步验证了本章的主要的研究假设。

表6-5　　　Panel A 公平竞争审查对企业研发投入的影响

变量名	（1）R&D	（2）R&D
Treat	0.001 (1.09)	0.001 (0.98)
Treat×Post	-0.003*** (-3.71)	-0.003*** (-3.35)
Size	0.002*** (4.65)	0.002*** (4.56)

续表

变量名	(1) R&D	(2) R&D
Lev	-0.043***	-0.043***
	(-13.63)	(-13.47)
Roa	-0.061***	-0.061***
	(-8.26)	(-8.20)
Ppe	-0.016***	-0.016***
	(-4.73)	(-4.73)
Bm	-0.007***	-0.007***
	(-8.44)	(-8.18)
Oncf	0.004	0.005
	(0.90)	(1.01)
Soe	-0.001	-0.001
	(-1.24)	(-1.13)
Tophold	-0.012***	-0.013***
	(-3.64)	(-3.82)
Age	-0.001***	-0.001***
	(-8.33)	(-8.25)
Gdp_g	0.068**	0.065*
	(2.00)	(1.91)
Gdp_t	0.002***	0.002***
	(2.82)	(2.66)
Gdp_s	-0.029***	-0.027***
	(-3.58)	(-3.36)
Subsidy	1.094***	1.110***
	(9.91)	(9.81)
截距项	-0.019	-0.018
	(-1.44)	(-1.35)
观测数	19541	19242
R方	0.480	0.479
调整R方	0.478	0.478
行业固定	Yes	Yes
年度固定	Yes	Yes
公司聚类	Yes	Yes

注：*、**、*** 分别表示在10%、5%和1%的水平上显著。

本章的主要研究设计将 2016 年《公平竞争审查制度》的实施作为外生冲击，通过构建普通 DID 模型和 PSM + DID 模型分析公平竞争审查对行政垄断的阻断效果以及对企业研发投入的影响。由于考虑到样本企业中全要素生产率较高的企业和全要素生产率较低的企业在《公平竞争审查制度》实施之前可能存在系统性差异，进而导致上述研究结论存在严重的偏误，本章进一步对研究样本进行了 PSM 平衡性检验和 DID 平衡趋势假定检验。表 6-6 Panel B 为本章的 PSM 平衡性检验结果，总结而言，本章选取的公司层面变量与地区层面变量在 PSM 匹配后均未在实验组和控制组间呈现出显著的差异；与此同时，总样本的 Chi-2 检验显示两组间的样本不存在显著的差异，通过了 PSM 平衡性检验。

表 6-6　　　　　　　　　Panel B　PSM 平衡性检验

配对变量名	匹配后	T 或 Chi-2 检验的 P 值
Size	实验组 vs 控制组	0.181
Lev	实验组 vs 控制组	0.224
Roa	实验组 vs 控制组	0.181
Ppe	实验组 vs 控制组	0.501
Bm	实验组 vs 控制组	0.769
Oncf	实验组 vs 控制组	0.495
Soe	实验组 vs 控制组	0.473
Tophold	实验组 vs 控制组	0.417
Age	实验组 vs 控制组	0.143
Gdp_g	实验组 vs 控制组	0.146
Gdp_t	实验组 vs 控制组	0.672
Gdp_s	实验组 vs 控制组	0.795
Subsidy	实验组 vs 控制组	0.797
WholeSample	实验组 vs 控制组	0.652

本章研究的 DID 平行趋势假定检验结果如图 6-6 和图 6-7 所示，由于生成年度虚拟变量 before* 和 after* 与 Treat 的交乘项时会出现时间上的多重共线问题，为此本章指定事件当年，即 2016 年为基准年，并以 before3

×Treat、before2×Treat、before1×Treat 三项验证平行趋势,以减轻多重共线带来的影响。

图 6-6 和图 6-7 的 DID 平行趋势假定检验结果显示实验组和控制组之差在 before3、before2 和 before1 三个时间点上的置信区间包含 0,进而表明无法拒绝两组在 before3、before2 和 before1 三个时间点上的差值无异于 0 的原假设,由此说明实验组与控制组的企业在事件前的增长趋势并不存在显著的差异,模型 6-2 通过了 DID 平行趋势假定检验。

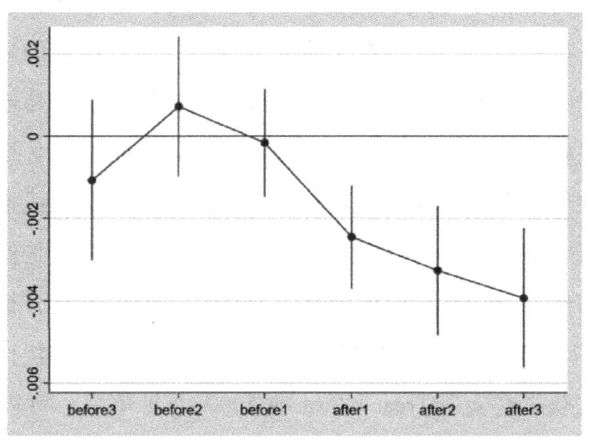

图 6-6 未匹配样本的 DID 平行趋势假定检验

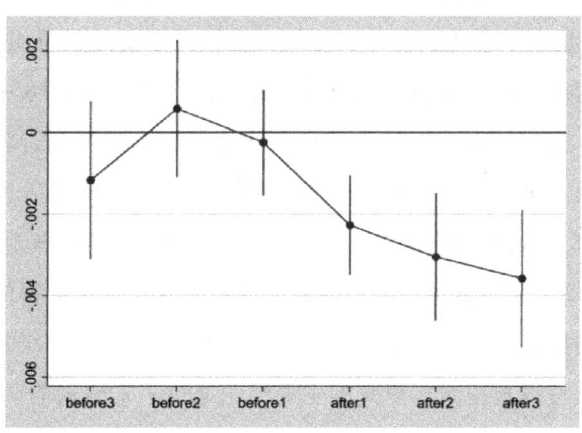

图 6-7 PSM 配对后样本的 DID 平行趋势假定检验

6.4.4 稳健性检验

为了保证本章研究结论具有稳健性,本章进行了稳健性检验,主要包括安慰剂检验和替换研究模型。

(1)随机分组安慰剂检验。

本章的主要研究结果显示《公平竞争审查制度》的实施对行政庇护程度较高企业的研发投入挤出效应更加显著,上述研究结论可能受到一些未观察到的随机因素的影响,本章进行分组样本的安慰剂试验,以确定上述对研发投入挤出效应的产生是否受到未观察到的随机因素的影响。安慰剂检验的基本逻辑与第5章相同,如果主回归中的显著结果是通过巧合实现的,那么通过将样本随机分为实验组和对照组,相同的显著结果将再次出现。因此,如果在多次重复分组检验后无法在随机分配的样本上获得相同的显著性结果,那么便可以得出主回归的显著性结果并不是偶然获得的结论,即主回归的分组标准可以提供有效的信息。根据上述分析,我们将样本5000次随机分为实验组和对照组,并在安慰剂分组样本上对DID模型进行回归。在获得交乘项Treat×Post的5000个T值后,可以形成T值的经验分布。假设主回归中的T值(此处称为真实T值)与安慰剂检验的T值显著不同,则表明真实T值的出现是一个小概率事件,即Treat×Post的T值不是随机出现的,主回归中显示的显著结果不受随机分组因素的影响。安慰剂试验的结果如图6-8和表6-7所示,其中,图6-8中未配对样本(左)和PSM配对样本(右)的密度分布逐渐下降到两侧,表明分组具有良好的随机性。虚线标记了1%、5%、10%三个水平的显著性水平,两个模型的实际T值均在1%的左侧区域;表6-6的结果显示P值分别为0.000和0.002,从而表明主回归的显著性结果并非随机获得的,其分组标准具有有效的信息含量。因此,本章主回归中特定分组标准的结果是随机产生的原假设可以被拒绝,研究的主要结论通过了安慰剂测试。

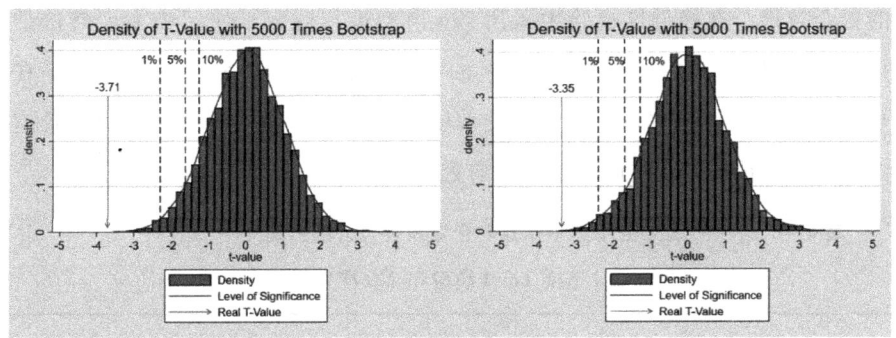

图 6-8　安慰剂检验

注：bootstrap 随机分组 5000 次，未配对样本（左）、PSM 配对样本（右）

表 6-7　　　　　　　　随机分组的安慰剂检验结果

模型	DID 模型	DID + PSM 模型
FPT 检验	（1）	（2）
经验 P 值	0.000 ***	0.002 ***
抽样次数	5000	5000
随机数种子序号	From 456789123 To 456794122	From 456789123 To 456794122

注：此表为安慰剂检验的随机分组结果，应与图 6-8 结合分析。P 值的计算方法如下：首先计算出绝对值大于真实 T 值的安慰剂 T 值的数量，接着将计算出的总数量除以 5000。Bootstrap 是对同一组样本重复抽样，抽样次数为 5000 次，种子号是随机种子数，将起始数设置为 456789123（种子序号有规律）以证明安慰剂检验结果并非经过人为挑选而呈现的显著结果。

（2）替换模型。

本章所使用的回归模型主要为 DID 叠加固定效应模型，由于使用的被解释变量是企业的研发投入密度，即企业的研发费用总和/期末总资产，而研发投入数据本身是一项大于等于零的离散型数据，经过期末总资产的去规模化调整后形成了介于 0—1 的研发投入密度，由于研发投入密度不为负，属于因变量受限的情况，使用 Tobit 模型进行左截断回归可以纠正 DID 下未考虑受限问题带来的系统性偏误。因此，本章使用 Tobit 模型以 0 为界进行了左截断回归；此外由于本章的解释变量 Treat × Post 非连续，其取值有明确的上下界和非负约束，并不符合正态分布，而泊松分布有更好的拟合效果。在稳健性检验中采用 Zip 模型进行回归，使用极大似然法估计 Treat×Post 的系数。稳健性检验的结果如表 6-8 所示，其中不论是在 Tobit 模型下还是在 Zip 模型下，交乘项 Treat×Post 的系数依然为负，且均在 1% 水平下显著，从而表明本章研究的结论具有稳健性。

表 6-8　　公平竞争审查对企业研发投入的影响

（替换 Tobit 模型和 Zip 模型）

变量名	(1)	(2)	(3)	(4)
	R&D	R&D	R&D	R&D
	DID		PSM + DID	
	Tobit	ZIP	Tobit	ZIP
Treat	0.002	0.066**	0.002	0.063**
	(1.33)	(2.25)	(1.22)	(2.16)
Treat×Post	-0.004***	-0.080***	-0.004***	-0.074***
	(-4.58)	(-3.64)	(-4.26)	(-3.38)
Size	0.004***	0.075***	0.004***	0.075***
	(7.00)	(5.02)	(6.89)	(4.96)
Lev	-0.049***	-1.213***	-0.049***	-1.218***
	(-13.10)	(-15.66)	(-12.93)	(-15.43)
Roa	-0.070***	-1.363***	-0.070***	-1.372***
	(-8.61)	(-10.18)	(-8.52)	(-10.11)
Ppe	-0.023***	-0.537***	-0.023***	-0.544***
	(-5.57)	(-5.12)	(-5.57)	(-5.10)
Bm	-0.008***	-0.273***	-0.007***	-0.272***
	(-7.63)	(-9.57)	(-7.37)	(-9.27)
Oncf	0.005	-0.034	0.006	-0.024
	(0.90)	(-0.23)	(1.01)	(-0.16)
Soe	-0.001	-0.040	-0.001	-0.036
	(-0.76)	(-1.09)	(-0.65)	(-0.99)
Tophold	-0.013***	-0.343***	-0.014***	-0.360***
	(-3.43)	(-3.77)	(-3.60)	(-3.92)
Age	-0.001***	-0.021***	-0.001***	-0.021***
	(-9.51)	(-7.73)	(-9.38)	(-7.62)

续表

变量名	(1) R&D	(2) R&D	(3) R&D	(4) R&D
	DID		PSM + DID	
	Tobit	ZIP	Tobit	ZIP
Gdp_g	0.059	2.320**	0.055	2.219*
	(1.42)	(2.06)	(1.32)	(1.95)
Gdp_t	0.003***	0.070***	0.003***	0.068***
	(3.80)	(3.14)	(3.66)	(3.00)
Gdp_s	−0.032***	−0.811***	−0.030***	−0.770***
	(−3.51)	(−4.36)	(−3.28)	(−4.10)
Subsidy	1.266***	24.373***	1.285***	24.723***
	(10.85)	(13.28)	(10.75)	(13.30)
截距项	−0.072***	−5.449***	−0.071***	−5.436***
	(−4.54)	(−12.07)	(−4.42)	(−11.91)
观测数	19541	19541	19242	19242
行业固定	Yes	Yes	Yes	Yes
年度固定	Yes	Yes	Yes	Yes
公司聚类	Yes	Yes	Yes	Yes
虚拟 R^2	−0.309		−0.309	
卡方值		4210		4110

注：*、**、***分别表示在10%、5%和1%的水平上显著。

6.4.5 异质性分析

本章主要研究了《公平竞争审查制度》的出台实施对行政庇护程度较高的企业与行政庇护程度较低或没有行政庇护的企业研发投入的影响。公平竞争审查针对的是政府行政垄断，根据本书第4章的理论分析，区域分割程度越高的地区，政府的行政垄断保护程度越强，此类地区中行政庇护程度较高的企业受到公平竞争审查的冲击更大，进而对其研发投入的挤出效应更加显著。此外，根据本章的理论分析，企业的研发创新活动具有很高的不确定性，与规模较小的企业相比较，规模较大的企业由于自身的资产担保能力较强，能够以较低的成本筹集到更多研发所需的资金，此类企业的抗研发风险能力较强，公平竞争审查对规模较大企业研发投入的挤出效应更弱。在上述分析的基础上,本章以下部分将继续考察当企业所在地区的区域分割程度不同以及企业规模不同时,《公平竞争审查制度》的实施对实验组和控制组的企业研发投入挤出效应是否存在显著的差异。

(1) 按区域分割指数 SG 分组。

为了检验当区域分割程度不同时,《公平竞争审查制度》对企业研发投入的影响,本章采用和第 4 章相同的区域分割指数 Segm(陆铭和陈钊,2009)[259] 对企业所在区域每年的行政垄断程度进行度量,并按每年区域分割指数的中位数进行划分后构造虚拟变量 SG 进行分组,当 SG = 0 时代表企业当处于在行政垄断较低的区域,SG = 1 时代表企业当年在行政垄断较高的区域。随后对模型 6 - 2 进行回归分析,结果如表 6 - 9 所示,其中,第(1)列 DID 模型和第(3)列 PSM + DID 模型中 Treat × Post 系数均为 - 0.001,且均不显著,第(2)列 DID 模型和第(4)列 PSM + DID 模型中 Treat × Post 系数均为 0.004,且均在 1% 的水平上显著为负。第(1)列和第(2)列 DID 模型的 FPT 检验与第(3)列和第(4)列 PSM + DID 模型的 FPT 检验的 P 值分别为 0.058 和 0.077,即在 10% 水平上显著,从而表明企业所在地区的区域分割指数 SG 较高时,公平竞争审查对行政庇护程度较高组企业的研发挤出效应更加显著。

表 6 - 9 公平竞争审查制度、区域分割程度与企业研发投入

变量名	(1) R&D	(2) R&D	(3) R&D	(4) R&D
	SG = 0	SG = 1	SG = 0	SG = 1
Treat	0.001	0.002	0.001	0.002
	(0.68)	(1.00)	(0.68)	(1.00)
Treat × Post	- 0.001	- 0.004***	- 0.001	- 0.004***
	(- 1.17)	(- 2.67)	(- 1.17)	(- 2.67)
Size	0.002***	0.002***	0.002***	0.002***
	(4.08)	(3.96)	(4.08)	(3.96)
Lev	- 0.041***	- 0.045***	- 0.041***	- 0.045***
	(- 12.37)	(- 10.94)	(- 12.37)	(- 10.94)

续表

变量名	(1) R&D	(2) R&D	(3) R&D	(4) R&D
	SG = 0	SG = 1	SG = 0	SG = 1
Roa	-0.061***	-0.062***	-0.061***	-0.062***
	(-6.64)	(-6.11)	(-6.64)	(-6.11)
Ppe	-0.017***	-0.015***	-0.017***	-0.015***
	(-4.60)	(-3.65)	(-4.60)	(-3.65)
Bm	-0.007***	-0.006***	-0.007***	-0.006***
	(-7.52)	(-5.95)	(-7.52)	(-5.95)
Oncf	0.011*	-0.001	0.011*	-0.001
	(1.83)	(-0.21)	(1.83)	(-0.21)
Soe	0.000	-0.003**	0.000	-0.003**
	(0.01)	(-2.14)	(0.01)	(-2.14)
Tophold	-0.011***	-0.014***	-0.011***	-0.014***
	(-3.20)	(-3.49)	(-3.20)	(-3.49)
Age	-0.001***	-0.001***	-0.001***	-0.001***
	(-8.05)	(-6.37)	(-8.05)	(-6.37)
Gdp_g	0.034	0.113**	0.034	0.113**
	(0.88)	(2.44)	(0.88)	(2.44)
Gdp_t	0.002*	0.003***	0.002*	0.003***
	(1.87)	(3.30)	(1.87)	(3.30)
Gdp_s	-0.025***	-0.031***	-0.025***	-0.031***
	(-2.69)	(-3.50)	(-2.69)	(-3.50)
Subsidy	0.950***	1.309***	0.950***	1.309***
	(8.04)	(8.04)	(8.04)	(8.04)
截距项	-0.015	-0.028*	-0.015	-0.028*
	(-1.02)	(-1.75)	(-1.02)	(-1.75)
FPT 检验	P = 0.058*		P = 0.077*	
观测数	10473	8769	10473	8769
R 方	0.485	0.478	0.485	0.478
行业固定	Yes	Yes	Yes	Yes
年度固定	Yes	Yes	Yes	Yes
公司聚类	Yes	Yes	Yes	Yes
调整 R 方	0.482	0.474	0.482	0.474

注：*、**、***分别表示在10%、5%和1%的水平上显著。

(2) 按企业规模分组。

为了检验企业规模不同时,《公平竞争审查制度》的出台实施对企业研发投入的影响,本章按企业资产总额的中位数生成虚拟变量 SZ,当企业规模较大时 SZ=1,企业规模较小时 SZ=0。并对模型 6-2 进行回归分析,结果如表 6-10 所示,其中第 (1) 列 DID 模型中 Treat×Post 的系数为 0.004,且在 5% 的水平上显著为负,第 (2) 列 DID 模型中 Treat×Post 的系数为 -0.002,并不显著,DID 模型的 FPT 检验的 P 值在 10% 水平上显著;第 (3) 列 PSM+DID 模型中 Treat×Post 的系数为 0.004,且在 5% 的水平上显著为负,第 (4) 列 PSM+DID 模型中 Treat×Post 的系数为 -0.002,也不显著,PSM+DID 模型中 FPT 检验的 P 值亦在 10% 水平上显著。上述研究结果表明与规模较大的企业相比较,规模较小的企业抗风险能力相对较低,《公平竞争审查制度》出台实施后行政庇护的消失对此类企业带来的运营冲击更大,从而在企业规模较小组中行政垄断程度较高的企业比行政垄断较低的企业研发投入水平下降更多,即当 SZ=0 时,公平竞争审查对实验组的研发投入形成了更为明显的挤出效应。

表 6-10 公平竞争审查制度、企业规模与企业研发投入

变量名	(1) R&D	(2) R&D	(3) R&D	(4) R&D
	SZ=0	SZ=1	SZ=0	SZ=1
Treat	-0.000	0.001	-0.000	0.001
	(-0.03)	(0.91)	(-0.03)	(0.91)
Treat×Post	-0.004**	-0.002	-0.004**	-0.002
	(-2.35)	(-1.45)	(-2.35)	(-1.45)
Lev	-0.055***	-0.024***	-0.055***	-0.024***
	(-12.02)	(-6.70)	(-12.02)	(-6.70)
Roa	-0.067***	-0.043***	-0.067***	-0.043***
	(-6.74)	(-4.31)	(-6.74)	(-4.31)
Ppe	-0.019***	-0.012***	-0.019***	-0.012***
	(-3.78)	(-2.94)	(-3.78)	(-2.94)

续表

变量名	(1) R&D	(2) R&D	(3) R&D	(4) R&D
	SZ = 0	SZ = 1	SZ = 0	SZ = 1
Bm	-0.011***	-0.005***	-0.011***	-0.005***
	(-5.70)	(-6.01)	(-5.70)	(-6.01)
Oncf	0.006	0.007	0.006	0.007
	(0.84)	(1.09)	(0.84)	(1.09)
Soe	-0.000	-0.001	-0.000	-0.001
	(-0.20)	(-0.84)	(-0.20)	(-0.84)
Tophold	-0.018***	-0.010***	-0.018***	-0.010***
	(-3.09)	(-2.80)	(-3.09)	(-2.80)
Age	-0.001***	-0.001***	-0.001***	-0.001***
	(-5.88)	(-5.13)	(-5.88)	(-5.13)
Gdp_g	0.103*	0.041	0.103*	0.041
	(1.76)	(1.07)	(1.76)	(1.07)
Gdp_t	0.003***	0.001	0.003***	0.001
	(2.73)	(1.59)	(2.73)	(1.59)
Gdp_s	-0.046***	-0.020**	-0.046***	-0.020**
	(-3.45)	(-2.17)	(-3.45)	(-2.17)
Subsidy	1.314***	0.809***	1.314***	0.809***
	(8.63)	(4.91)	(8.63)	(4.91)
截距项	0.034**	0.026**	0.034**	0.026**
	(2.21)	(2.55)	(2.21)	(2.55)
FPT 检验	P = 0.087*		P = 0.089*	
观测数	8910	10332	8910	10332
R 方	0.454	0.472	0.454	0.472
行业固定	Yes	Yes	Yes	Yes
年度固定	Yes	Yes	Yes	Yes
公司聚类	Yes	Yes	Yes	Yes
调整 R 方	0.450	0.469	0.450	0.469

注：*、**、*** 分别表示在 10%、5% 和 1% 的水平上显著。

6.4.6 进一步分析

前文研究发现《公平竞争审查制度》实施后，与行政庇护程度较低组的企业相比较，行政庇护程度较高组企业的研发投入增幅显著较小，即《公平竞争审查制度》的实施对行政庇护程度较高组的企业研发投资形成了更为强烈的挤出效应。根据本章的理论分析，公平竞争审查切断了政府利用自身的政治权力干预市场的抓手，有效地预防了政府各类排除、限制市场竞争的不当行为，为企业提供了一个更加公平有序的市场竞争环境。《公平竞争审查制度》的实施一方面导致受行政庇护程度高的企业失去了行政垄断的保护伞，此类企业的市场势力将会大幅下降；另一方面，公平竞争审查后垄断行业进入壁垒的降低将会导致行政庇护保护程度较高的企业面临更加激烈的市场竞争，此类企业的短期经营风险和收益不确定性将会显著增加。根据上述分析，提出本章第二个和第三个研究假设：

H2：与行政庇护程度较低或没有行政庇护的企业相比较，行政庇护程度较高的企业在《公平竞争审查制度》实施后市场势力下降得更多。

H3：与行政庇护程度较低或没有行政庇护的企业相比较，行政庇护程度较高的企业在《公平竞争审查制度》实施后经营风险增加得更快。

为了检验《公平竞争审查制度》的实施通过何种渠道对行政庇护程度较高组企业的研发投入形成了较强的挤出效应，本章设计如下模型对假设 H2 和 H3 进行实证检验：

$$MonoPower_{i,t} = \beta_0 + \beta_1 Treat_{i,t} + Treat_{i,t} \times Post_{i,t} + \beta Controls + \sum Year + \sum Industry + \varepsilon_{i,t} \quad (\text{式} 6-4)$$

$$Z\_Index_{i,t} = \beta_0 + \beta_1 Treat_{i,t} + Treat_{i,t} \times Post_{i,t} + \beta Controls + \sum Year + \sum Industry + \varepsilon_{i,t} \quad (\text{式} 6-5)$$

其中，模型 6-4 中的 $MonoPower_{i,t}$ 代表市场势力，市场势力又称垄断势力，是指企业对自身产品价格的控制能力。在市场势力指标的选取中，现有研究多使用勒纳指数（Lerner Index，LI）、行业集中度（Concentration

Ratio，CR）和赫芬达尔指数（Herfindahl – Hirschman Index，HHI）来衡量市场的竞争程度和垄断状况。其中 CR 和 HHI 虽然能够有效地反映行业的垄断势力，但无法较为准确地反映单个企业的垄断势力；LI 虽然既能够较为准确地测算行业层面的垄断势力，又能够测算企业层面的垄断势力，但计算时需要企业的边际成本信息，这一信息通常难以直接获得。鉴于上述原因，本章借鉴 De Loecker 和 Warzynski（2012）[358]的方法计算企业的垄断势力，该方法将垄断势力的测算转换成企业单个要素产出弹性和单个要素报酬份额的比值，从而避开了企业边际成本信息难以获取的问题（王贵东，2017；王贵东和周京奎，2017）[359-360]。具体而言，本章通过以下四个步骤计算企业的市场势力 $MonoPower_{i,t}$：

第1步：构建拉格朗日（Lagrange）方程：

给定企业某个要素的价格 P_{X_i} 和产量 Q，企业通过选择要素 X_i 使自身的成本最小化，于是构建以下拉格朗日方程：

$$L = \sum_{i=1}^{n} P_{X_i} X_i + \lambda(Q - Q(X)) \qquad (式6-6)$$

其中，λ 代表企业的边际成本 MC；X 为企业的要素集合。对公式6-6中的 X_i 求一阶导数，得到：

$$\frac{\partial L}{\partial X_i} = P_{X_i} - \lambda\left(\frac{\partial Q(X)}{\partial X_i}\right) = 0 \Rightarrow P_{X_i} = MC \cdot \left(\frac{\partial Q(X)}{\partial X_i}\right)$$

$$\Rightarrow \frac{P}{MC} = \left(\frac{\partial Q(X)}{\partial X_i} \cdot \frac{X_i}{Q(X)}\right) \Big/ \left(\frac{P_{X_i}}{P} \cdot \frac{X_i}{Q(X)}\right) = \frac{\varepsilon_{X_i}}{Share_{X_i}} \qquad (式6-7)$$

公式6-7中的 $Share_{X_i}$ 是要素 X_i 的报酬份额；ε_{X_i} 为要素 X_i 的产出弹性。

第2步：计算企业的要素产出弹性 ε_{X_i}：

通过 LP 法估计企业的要素产出弹性 ε_{X_i}，具体方法参照模型6-3，模型中的 β_1、β_2 和 β_3 分别为企业劳动、资本与中间品要素的产出弹性，选择回归后上述三个系数中显著性水平最高的中间品要素来计算企业的垄断势力。具体而言，在对模型6-3进行分年度分行业回归时对观测少于30的样本进行了剔除，总共进行了425次回归。回归结果显示中间品投入 $M_{i,t}$

的系数 β_3 不但全部显著，而且其显著性远远高于劳动 $L_{i,t}$ 和资本 $K_{i,t}$ 的系数，故本章选用 $M_{i,t}$ 作为估计企业垄断势力的要素。随后取 $M_{i,t}$ 回归估计系数的序列（共 425 个非重复值），即得到企业所在行业当期的中间品投入要素的产出弹性 ε_M。

第 3 步：计算企业当期要素 X_i 的要素报酬份额 $Share_{X_i}$：

$$ShareM_{i,t} = M_{i,t}/Y_{i,t} \qquad (式6-8)$$

其中，$ShareM_{i,t}$ 代表企业当期中间品要素的报酬份额，$M_{i,t}$ 代表企业当期的中间品要素投入，$Y_{i,t}$ 代表企业当期的工业总产值。

第 4 步：计算企业当期的垄断势力 $MonoPower_{i,t}$：

$$MonoPower_{i,t} = \varepsilon_M / ShareM_{i,t} \qquad (式6-9)$$

$MonoPower_{i,t}$ 越大，表明企业当期的市场势力越大，其垄断程度越高。

模型 6-5 中的被解释变量 $Z\_Index_{i,t}$ 为财务预警指标 Z 指数（Z-score），代表企业陷入财务困境的可能性，即企业面临的破产风险，具体的计算方法如下（翟胜宝等，2014）[361]：

score = 1.2 × 营运资金/总资产 + 1.4 × 留存收益/总资产 + 3.3 × 息税前利润/总资产 + 0.6 × 股票总市值/负债账面价值 + 0.999 × 销售收入/总资产

(式6-10)

为了检验假设 H2，对模型 6-4 进行回归分析，结果如表 6-11 所示，其中，第（1）列 DID 模型中 Treat × Post 的系数为 0.036，且在 1% 的水平上显著为负；第（2）列 PSM + DID 模型中 Treat × Post 系数为 0.034，且在 5% 的水平上显著为负。上述研究结果表明行政垄断保护程度较高的企业在《公平竞争审查制度》实施后市场势力下降得更多，其原因在于公平竞争审查切断了此类企业的行政保护，市场中在位竞争者的力量和潜在竞争者的进入威胁均大大增强，使得此类企业面临了更高的市场竞争风险，原有依靠行政庇护获取的市场势力无法继续维持。

为了检验假设 H3，对模型 6-5 进行回归分析，结果如表 6-12 所示，其中，第（1）列 DID 模型中 Treat × Post 的系数为 0.769，第（2）列 PSM + DID 模型中 Treat × Post 系数为 0.742，以上两个系数均在 1% 的水平上显著

表 6-11　公平竞争审查下企业市场的势力变化

变量名	(1) monopower	(2) monopower
Treat	-0.020	-0.019
	(-1.43)	(-1.34)
Treat × Post	-0.036***	-0.034**
	(-2.75)	(-2.56)
Size	0.016**	0.017**
	(2.12)	(2.15)
Lev	-0.409***	-0.406***
	(-10.46)	(-10.18)
Roa	1.656***	1.648***
	(22.83)	(22.47)
Ppe	0.272***	0.274***
	(5.07)	(5.03)
Bm	-0.023*	-0.021
	(-1.67)	(-1.52)
Oncf	-0.364***	-0.381***
	(-3.83)	(-3.96)
Soe	-0.020	-0.021
	(-1.34)	(-1.38)
Tophold	0.091**	0.093**
	(2.18)	(2.19)
Age	-0.005***	-0.005***
	(-4.47)	(-4.45)
Gdp_g	0.595	0.585
	(1.09)	(1.06)
Gdp_t	-0.011	-0.011
	(-1.19)	(-1.16)
Gdp_s	0.023	0.021
	(0.26)	(0.23)
Subsidy	-3.791***	-3.865***
	(-4.37)	(-4.38)

续表

变量名	(1) monopower	(2) monopower
截距项	0.998***	0.984***
	(5.21)	(5.03)
FPT 检验	17090	16826
观测数	0.254	0.254
R 方	Yes	Yes
行业固定	Yes	Yes
年度固定	Yes	Yes
公司聚类	0.251	0.251

注：*、**、*** 分别表示在 10%、5% 和 1% 的水平上显著。

为负。由于本章研究使用 Z 指数来度量企业的经营风险，Z 指数越小意味着企业的经营风险越高，上述两个模型中的系数表明公平竞争审查后，与没有行政庇护或行政庇护程度较低的企业相比较，受行政垄断政策保护较多的企业经营风险增加得更快。这一研究发现意味着公平竞争审查对企业研发投入挤出效应的实现是通过增加企业的外部的竞争威胁和经营风险。

表 6-12　　　　　公平竞争审查下企业经营风险的变化

变量名	(1) z	(2) z
Treat	-0.713**	-0.727**
	(-2.53)	(-2.57)
Treat × Post	-0.769***	-0.742***
	(-3.27)	(-3.16)
Size	-1.537***	-1.523***
	(-11.34)	(-10.95)
Lev	-21.797***	-21.848***
	(-24.76)	(-24.39)
Roa	9.614***	9.494***
	(7.17)	(6.94)

续表

变量名	(1)	(2)
	z	z
Ppe	-4.660***	-4.512***
	(-6.26)	(-6.01)
Bm	-1.618***	-1.569***
	(-8.03)	(-7.61)
Oncf	4.585***	4.730***
	(4.39)	(4.47)
Soe	-0.503**	-0.512**
	(-2.03)	(-2.04)
Tophold	1.696**	1.633**
	(2.57)	(2.45)
Age	-0.021	-0.019
	(-1.15)	(-1.05)
Gdp_g	2.220	1.103
	(0.26)	(0.13)
Gdp_t	-0.324*	-0.305*
	(-1.83)	(-1.71)
Gdp_s	-1.475	-1.369
	(-0.99)	(-0.91)
Subsidy	16.311	15.374
	(0.92)	(0.85)
截距项	54.376***	53.937***
	(14.68)	(14.30)
FPT 检验	19541	19242
观测数	0.456	0.455
R 方	Yes	Yes
行业固定	Yes	Yes
年度固定	Yes	Yes
公司聚类	0.454	0.453

注：*、**、*** 分别表示在 10%、5% 和 1% 的水平上显著。

6.5 本章小结

本章使用 2013—2019 年 A 股上市公司的数据,以 DID 模型作为基本分析工具,重点研究了《公平竞争审查制度》对企业研发投入的影响。研究结果显示,宏观竞争政策的出台实施改变了中观市场的竞争格局和微观市场中企业的市场实力和经营风险,从而促使企业管理层重新权衡长期研发投资和短期生产经营性投资的风险与收益,动态调整企业的投资结构。此外,本章进一步研究发现《公平竞争审查制度》通过削弱行政庇护程度较高企业的市场垄断地位,增加此类企业的经营风险,加剧了企业可持续运营的压力,进而迫使企业管理层降低长期研发投入。由此可见,虽然研发投入对提升企业自主创新的能力具有重要的意义,但对于资源有限的企业而言,研发的意愿和积极性受到研发能力和研发环境的制约。具体而言,研发活动不仅需要具备胆识和创新精神的企业家,而且需要长期大量的资金投入。研发的高风险性、高不确定性和高失败概率要求企业必须有充裕的长期资金支付研发过程中产生的各类沉没成本和边际成本。因此,鼓励企业研发创新必须给企业创造良好的内外部环境和条件。首先,企业发挥创新主体的功能需要自身有过硬的创新技术,而这些技术的来源则主要依托于我国人才市场、技术市场的充分发育和不断完善。其次,企业创新必须有成熟、开放、公平竞争的市场环境作为基础保障,而自由竞争的市场环境则需要政府制定和实施健全的法律法规。总而言之,企业自身技术水平的不断提高和良好的政策环境是企业发挥市场创新主体作用的重要保证。因此,当前坚持市场化改革方向,继续完善我国竞争政策的框架,建立健全竞争政策的实施机制和保障机制,夯实竞争政策在我国经济政策中的基础性地位具有重要理论意义和现实意义。

第 7 章　研究结论与政策建议

7.1　研究结论

依法反垄断、维护公平有序的竞争环境是我国建设社会主义市场经济体制的重要内容。与西方成熟的资本市场不同，我国改革开放至今仅有 40 多年的时间，虽然经过不断的积极探索和有效实践，目前在大多数领域已经实现了市场化竞争，但是我国"强政府"型的经济运行体系导致了虽然中央政府多次强调必须坚持市场化改革、发挥市场在资源配置中的决定性作用，但以 GDP 为核心考核目标的地方政府官员在"政治锦标赛"的影响下不可避免地通过各种货币政策、财政政策和产业政策等手段干预市场，从而造成了市场整体缺乏活力、生产要素定价机制扭曲、资源配置效率不高的问题。公平、有序的市场自由竞争环境已经成为企业生存发展的迫切需要。

2016 年出台实施的《公平竞争审查制度》旨在对行政垄断进行有效规制，通过事前预防性的政府自查行为，切断地方政府利用自身的行政权力干预市场，保护公平、有序的市场竞争环境。《公平竞争审查制度》的制定和实施是我国反垄断领域具有里程碑意义的事件，作为反垄断政策的关键举措，其实施效果究竟如何，是政府、企业、政策研究者等各方均高度关注的问题。由于我国地方政府之间的竞争主要围绕 GDP 展开，而拉动地方 GDP 增长的"三驾马车"之一便是投资，以至于投资成为地方政府行政垄断保护的关键内容。同时，由于投资是微观市场中的企业参与市场竞争、提高自身核心竞争力的前提,通过研究企业投资行为的改变获取相关的经验证据可以较为有效地验证我国反垄断竞争政策框架下的《公平竞争审查制度》的实施效果。鉴于上述原因,本书以《公平竞争审查制度》实施为分析对象,重点研究了行政垄断规制对企业投资的影响。主要研究结论如下。

第一,行政垄断程度与区域投资水平呈高度正相关,而《公平竞争审查制度》的实施对行政垄断较高地区的投资产生了较强的抑制作用。与此同时,截面异质性分析表明,这种对高行政垄断地区企业投资的抑制作用在过度投资水平较高、全要素生产率较低、市场集中度较高、市场化进程较低、利润较高、收入较为稳定、政府补贴较多、融资约束较低以及银行借款较多的企业样本中更为显著。这说明了当企业受行政庇护程度更高、企业所在的市场机制越不完善以及企业的内外源融资较为充沛时,公平竞争审查制度对高行政垄断地区企业的投资水平起到了更为显著的抑制作用。这不仅验证了行政垄断的确是通过市场壁垒、利益与资源输送以形成行政垄断,最终促进了企业投资,而且进一步验证了公平竞争审查对这些渠道均有良好的治理效应。

第二,企业越处于上游,其金融化水平越高,而《公平竞争审查制度》的实施对上游垄断企业金融化具有较强的抑制效应。截面异质性研究发现,《公平竞争审查制度》实施后,受行政庇护企业的资金优势逐渐消失,此类企业的融资约束程度显著提高,能够获得的财政补贴以及能够从银行获得的超额贷款也大幅降低,具体表现在当企业所在组的融资约束程度较高、财政补贴较高以及超额银行借款较多时,公平竞争审查对上游企业金融化的抑制效应更加显著。渠道检验结果显示,与下游企业相比较,《公平竞争审查制度》实施后,上游企业的应收账款净额显著降低,企业信贷资源的二次配置显著收紧,现金持有量也显著增加,由此表明公平竞争审查切断了上游企业的行政庇护,提高了此类企业面临的市场竞争和可持续经营的风险,从而迫使上游垄断企业的管理层通过减持金融资产提高企业的自由现金流。

第三,《公平竞争审查制度》对受行政庇护企业的研发投入具有较强的抑制作用。这种作用是风险增加产生的挤出效应。当企业所在地区的区域分割指数较高、企业规模较小时,这种挤出效应更为显著。渠道检验结果显示,与没有行政垄断保护或行政保护程度较低的企业相比较,行政保护程度较高的企业在《公平竞争审查制度》实施后,市场势力下降得更多,经营风险增加得更快,从而导致此类企业的管理层通过削减长期研发支出的方式以增加企业的自由现金流,从而降低企业短期资金匮乏引起的破产风险。

第四,公平竞争审查制度通过影响行政垄断庇护企业的风险水平与资金支持阻断政府对企业投资的扶持。无论是企业投资总量还是具体到投资对象,投资的问题本质上仍然是风险和资金的问题,本书研究发现,公平竞争审查制度可阻断政府对企业投资的扶持,这种阻断虽然针对庇护企业而言属于不利因素,但从长期来看,却有利于市场恢复价格机制,发挥基础资源配置功能。

7.2 政策建议

我国社会主义市场经济体制脱胎于计划经济体制,强政府与强行政的国家治理模式虽然在经济建设早期发挥了重要作用。但是随着经济发展以及社会对公平与效率的追求,发挥市场对资源配置的决定性作用,提升经济活力,激发市场主体自主创新能力,成为经济发展的关键。在这一过程中,政府职能的转变是最为关键的一环,而划定政府与市场、政府与企业之间的边界也成为了追求经济效率的关键,清晰的边界有助于约束政府对经济的不当干预,也同样能够保护企业自由竞争、自主创新精神的形成。无论是《反垄断法》还是《公平竞争审查制度》,甚至是国企改革领域的"政企分开""政资分开"的探索,都是在逐渐摸索政府与市场主体之间的关系与边界。政府的不当干预最为直接的结果就是导致市场资源配置机制扭曲,反映在现实经济中就是所有制歧视、要素价格扭曲、技术贡献率低下、产能过剩等问题,解决这些问题的终极目标无非就是"公平"和"效率"的平衡。事实上,真正能发挥实际作用的路径就是实现政府制度供给的均等化,即从政府手中释放的市场资源应当通过制度均等化地提供给市场主体,这种均等化包括企业成本均等化和市场机会均等化,这些均等化表现在地位均等、补贴获取机会均等、贷款均等、税收均等、市场准入均等、中标概率均等,这些目标实现的第一步正是政府职能的转变与自我约束,应当将政府行为约束在"法无授权不可为"的框架内,没有得到法律授权的政府行为不得实施,有规章制度支持的行为也应当有保护公平的条款约束以防止行政权力越界。这便是公平竞争审查制度设计与制度供给的核心要义。因此,围绕这一逻辑,将公平竞争审查制度真正落到实处,起到真正的效率促进、活力激发作用。

7.2.1　针对政策制定部门的建议

(1) 改变地方政府的竞争激励模式,抑制行政垄断保护动机。

晋升锦标赛是地方政府最为重要的提供地方保护的动机,也是形成行政垄断的深层次体制机制原因。随着我国高质量发展理念的提出,以及2019年《党政领导干部考核工作条例》的颁布,地方领导干部的考核机制已经"去GDP化",不再单以GDP论政绩,而是"考核地方党委和政府领导班子的工作实绩,应当看全面工作,看推动本地区经济建设、政治建设、文化建设、社会建设、生态文明建设,解决发展不平衡不充分问题,满足人民日益增长的美好生活需要的情况和实际成效"。这种激励模式将进一步削弱地方保护主义动机,但离开了GDP这一简单可以量化的指标,其余的政治、社会、文化、生态等建设尚缺乏客观的评价手段,这或许也是阻碍多目标考核的关键因素之一。因此,需要对激励目标及其量化指标进行研究,形成简单、合理又具综合性的指标来完成政绩考核,从根源上切断行政垄断的动机。

(2) 梳理由政府掌控的市场资源,明细地方政府权力清单。

公司作为市场主体,是资源优化聚合的平台,现代企业制度均是建立在独立法人财产权的基础上的,从制度设计上来看,企业行为具有自主权,但事实上企业决策与日常运营常常受到政府干预,其问题的症结在于政府是关键、核心资源的掌控者,比如审批资源、矿产资源等。这些资源往往是微观市场主体是否能够参与竞争、以多强的竞争力参与竞争的决定性因素。因此,最大限度发挥《公平竞争审查》对行政垄断的规制作用,应当从梳理地方政府掌控的市场资源开始,尤其是审批权力清单的明确,将对规制精细化提供纵深化的实现路径。

(3) 保护不同所有制企业公平参与市场竞争的"中立地位"。

除了政府直接对市场准入准出审批、关键生产要素供给等的影响之外,"父爱主义"之下的国、民不同等待遇也是社会分配不公的重要表现,其中不乏行政垄断的身影。政府保护、倾向于国有企业在"父爱主义"动机下显得理所当然,虽然现阶段确有特许经营保护国企或某产业发展的必要,但决不可使这种保护长期化,应当建立产业政策的动态规制体制,即需要明确多久期限内对产业内的企业扶持,以及是否公平地对全所有制企业同等条件扶持,均需要动态性地评判。唯有保证不同所有制企业在市场竞争时的"中立地位",公平竞争审查制度才能真正地与产业政策相协调,从而推动经济效率的提升与发展。

7.2.2 针对市场主体的建议

(1) 国有企业应当推进全面建立现代企业制度。

政企分开是我国国企改革历久弥新的话题,国企改革越深入就更容易回到最为原始的问题,政府与国有企业应当以何种关系相处,如何在法人财产权的基础上真正保证国有企业的独立自主与自负盈亏。无论是投资行为还是其他的财务行为,政企不分、行政干预均是市场发展的大敌,同时也是国企被捆绑手脚难以提升效率的桎梏。国有企业建立现代企业制度仅仅只是开始,更重要的是划定政府和国有企业的边界,虽然国资委履行出资者职能给出了良好的解决方案,但是行业主管部门所形成多头领导、多头监管均在消耗着国有企业的自主动力,"做好做差一个样""多做多错、少做少错、不做不错"这些职场规则都以各种形式存在于国企。不仅如此，亏损补贴、利率补贴、业务补贴等各种补贴虽然保证了国企生存，但也是扼杀国企生存能力的刽子手，"大家长式"的保护已难以适应现在的经济发展，亟须在理论与实践层面加速推动。

(2) 民营企业应当抓住机会变道超车。

《公平竞争审查制度》的出台以及"放管服"相关的改革，使当前营商环境得到了极大的改善。从趋利避害的动机来说，民营企业都会优先投标或承接政府的项目以获得稳定的现金流入，保证企业的生存和发展，但未来随着市场环境的改善，项目竞争、市场竞争均会大幅增加，行政垄断经过规制，在一定程度上会向市场释放大量的资源与市场机会，比如滴滴打车APP打破了我国出租车市场被政府垄断的格局。民营企业的生存压力在近期内并不会减少，但行政垄断规制所释放的资源对所有企业而言均是公平的，民营企业更应当关注长期的核心竞争力，注重研发投入、技术创新和管理创新，努力提升公司效率，才能够在新的一轮竞争中制胜。

(3) 强化对金融服务主体的有效监管。

银行作为最主要的金融服务主体，在服务实体经济时往往成为企业金融化的助推器。一方面源于银行业也同属于管制行业，以国有银行为主的格局更愿意，也有能力将优质的国企资源作为核心的表内资产，向国企提供大量甚至过量的贷款；另一方面，银行业竞争并未真正实现，所形成管理风险仍然以规避风险为主，而不是如何更好地服务。往往提及需要提供更好的金融服务时都是行政指挥棒在发挥作用，而非竞争的结果。因此，银行业管制同样会影响资本配置的格局，进而传导至企业，导致不同所有制企业面临完全不同的金融服务待遇，造成了事实上的不公平。银行业应当加快行业放开的步伐，使国有商业银行参与到银行竞争中去，政策性银行退出竞争性市场，银保监会提供必要的监管而非持续的行政干预。因此，需要在完善银行业监管体系的同时，强化对金融服务主体的有效监管。

7.3 研究局限与未来展望

本书的局限性在于未能获取每年因审查而修订、撤销的政策数量的数据,使本书在研究深度和广度上受限。不仅如此,由于 DID 模型设定要求外生冲击具备严格的外生性,其产生的冲击分组也应当具备外生性质,但是公平竞争审查制度从实施层面无法获得性质优越的分组,因而本书只能从行政垄断高或者低的视角推断企业被庇护的可能性,这是研究可能存在的局限。

未来在公平竞争审查领域可以继续努力的方向有:(1)要素市场相关的研究。《公平竞争审查制度》中有一项非常重要的内容就是促进区域间要素流动,这一项不仅包含了物质要素的流动,也包含了人力的流动,这与市场化改革、户籍改革如何促进人力资本发挥更高的要素效率,有着重要的意义。从这个问题延伸,如何影响要素市场流动以及如何纠正要素价格扭曲也同样是影响企业成本或要素效率发挥的重要研究话题;(2)由于《公平竞争审查制度》存在缺陷,引入第三方的评估显得尤为重要。而第三方评估制度如何引入、如何组织、如何实施及其对企业的传导机制与微观影响,均未得到很好的回答,各地也仅仅只是处于摸索过程之中,亟待学术研究的涉入;(3)本书的研究局限之一就是 DID 模型分组并不严格外生,需要以更新的计量技术与视角重新看待公平竞争审查制度的微观影响问题;(4)研究场景中精确的、有效的数据是高质量研究的重要保障,本书在数据上所形成的研究设计仍存在壁垒不高、针对性不强的问题,未来可以努力获取关于政府政策文件清理的相关数据,形成独特且明确的识别机制,将有助于推动公平竞争审查研究下向纵深发展。

参考文献

[1] 时建中. 强化反垄断,深入推进公平竞争政策实施[N]. 人民日报,2016-10-13(14).

[2] 陈林,罗莉娅,康妮. 行政垄断与要素价格扭曲——基于中国工业全行业数据与内生性视角的实证检验[J]. 中国工业经济,2016(1):52-66.

[3] 银温泉,才婉茹. 我国地方市场分割的成因和治理[J]. 经济研究,2001(6):3-12+95.

[4] 于良春,余东华. 中国地区性行政垄断程度的测度研究[J]. 经济研究,2009,44(2):119-131.

[5] 范剑勇,林云. 产品同质性、投资的地方保护与国内产品市场一体化测度[J]. 经济研究,2011,46(11):48-59.

[6] 罗富政,罗能生. 政府竞争、市场集聚与区域经济协调发展[J]. 中国软科学,2019(9):93-107.

[7] 谢攀,林致远. 地方保护、要素价格扭曲与资源误置——来自A股上市公司的经验证据[J]. 财贸经济,2016,(2):71-84.

[8] 郑毓盛,李崇高. 中国地方分割的效率损失[J]. 中国社会科学,2003,(1):64-72+205.

[9] 刘培林. 地方保护和市场分割的损失[J]. 中国工业经济,2005,(4):69-76.

[10] 于良春,张伟. 中国行业性行政垄断的强度与效率损失研究[J]. 经济研究,2010,45(3):16-27+39.

[11] 孙早, 刘李华, 孙亚政. 市场化程度、地方保护主义与 R&D 的溢出效应——来自中国工业的经验证据 [J]. 管理世界, 2014, (8): 78-89.

[12] 杨继东, 罗路宝. 产业政策、地区竞争与资源空间配置扭曲 [J]. 中国工业经济, 2018, (12): 5-22.

[13] 王彦超, 蒋亚含. 竞争政策与企业投资——基于《反垄断法》实施的准自然实验 [J]. 经济研究, 2020, 55 (8): 137-152.

[14] 天则经济研究所课题组, 盛洪, 赵农. 行政性垄断造成的福利损失和分配扭曲的数量估计 [C]. 中国行政性垄断的原因、行为与破除, 2013: 78-95.

[15] 万学忠. 地方网约车细则须过"公平竞争审查"关 [N]. 法制日报, 2016-10-10 (006).

[16] 万华林. 非生产性支出——基于寻租观与代理观的解释 [M]. 上海立信会计出版社, 2011.

[17] Akdoğu E. MacKay P.. Investment and Competition [J]. Journal of Financial and Quantitative Analysis, 2008, 43 (2): 299-330.

[18] 张卫国, 任燕燕, 花小安. 地方政府投资行为、地区性行政垄断与经济增长——基于转型期中国省级面板数据的分析 [J]. 经济研究, 2011, 46 (8): 26-37.

[19] 王永进, 施炳展. 上游垄断与中国企业产品质量升级 [J]. 经济研究, 2014, 49 (4): 116-129.

[20] 杨继生, 阳建辉. 行政垄断、政治庇佑与国有企业的超额成本 [J]. 经济研究, 2015, 50 (4): 50-61+106.

[21] Shleifer A., Vishny R. W.. Corruption [J]. Quarterly Journal of Economics, 1993, 108 (3): 599-617.

[22] De Long J. B., Shleifer A.. Princes and Merchants: European City Growth before the Industrial Revolution [J]. Journal of Law and Economics, 1993, 36: 671-702.

[23] La Porta R., de-Silanes F. L., Shleifer A. and Vishny R. W.. Law and Finance [J]. Journal of Political Economy, 1998, 106: 1113 - 1155.

[24] Chen Y., Yeh A., Zhang Y.. Political Tournament and Regional Cooperation in China: A Game Theory Approach [J]. Annals of Regional Science, 2017, 58 (3): 1 - 26.

[25] 张亚斌, 朱虹, 范子杰. 地方补贴性竞争对我国产能过剩的影响——基于倾向匹配倍差法的经验分析 [J]. 财经研究, 2018, 44 (5): 36 - 47 + 152.

[26] 张占江, 戚剑英. 反垄断法体系之内的公平竞争审查制度 [J]. 竞争政策研究, 2018, (2): 16 - 24.

[27] 侯志强. 公平竞争审查制度的法律属性和立法定位 [J]. 河南教育学院学报 (哲学社会科学版), 2019, 38 (2): 71 - 75.

[28] 袁日新. 公平竞争审查制度的法治进路 [J]. 社会科学家, 2019, (8): 126 - 137.

[29] 刘斌, 赖洁基. 破行政垄断之弊能否去产能过剩之势？——基于出台《公平竞争审查制度》的准自然实验 [J]. 财经研究, 2021, 47 (9): 34 - 47.

[30] Schumpeter J. A.. Socialism Capitalism and Democracy [M]. Harper and Brothers, 1942.

[31] Arrow K. J.. Economic Welfare and the Allocation of Resources for Invention [R]. National Bureau of Economic Research, 1962: 609 - 626.

[32] Aghion P. Bloom N. Blundell R., et al. Competition and Innovation: An Inverted-U Relationship [J]. The Quarterly Journal of Economics, 2005, 120 (2): 701 - 728.

[33] 张杰, 郑文平, 陈志远, 王雨剑. 进口是否引致了出口: 中国出口奇迹的微观解读 [J]. 世界经济, 2014, 37 (6): 3 - 26.

[34] 刘放, 杨筝, 杨曦. 制度环境、税收激励与企业创新投入 [J].

管理评论，2016，28（2）：61-73.

［35］张莉，朱光顺，李世刚，李夏洋. 市场环境、重点产业政策与企业生产率差异［J］. 管理世界，2019，35（3）：114-126.

［36］孙洁，殷方圆. 行业竞争、战略差异度与企业金融化［J］. 当代财经，2020，（12）：137-148.

［37］郑红娥. 经济学视野中的社会转型理论——厉以宁的转型发展理论述评［J］. 生产力研究，2003，（3）：290-291+295.

［38］郑杭生. 改革开放三十年：社会发展理论和社会转型理论［J］. 中国社会科学，2009，（2）：10-19+204.

［39］徐士英. 竞争政策视野下行政性垄断行为规制路径新探［J］. 华东政法大学学报，2015，18（4）：27-39.

［40］Coase R. H.. The Problem of Social Cost［J］. Journal of Law and Economics，1960，111：1-44.

［41］张五常. 新制度经济学的来龙去脉［J］. 交大法学，2015，（3）：8-19.

［42］李晓超. 开局之年实现了良好开局［N］. 经济日报，2017-03-01（007）.

［43］Qian Y. Y.，Roland G.. Federalism and the Soft Budget Constraint［J］. American Economic Review，1998，88（5）：1143-1162.

［44］Young A.. The Razor's Edge：Distortions and Incremental Reform in the People's Republic of China［J］. The Quarterly Journal of Economics，2000，115（4）：1091-1135.

［45］王弟海. 银行垄断、利率管制与民企融资难［J］. 浙江社会科学，2011，（12）：37-39.

［46］罗婧. 融资约束、行政垄断与社会福利［J］. 经济问题探索，2013，（10）：129-137.

［47］芮红霞. 创新活动与企业融资——基于垄断竞争银行业视角的研究［J］. 金融论坛，2018，23（3）：36-51.

[48] Arrow K. J.. The Economic Implication of Learning by Doing [J]. Review of Economics and Statistics, 1962, 29 (3).

[49] Williamson O. E.. Innovation and Market Structure [J]. Journal of Political Economy, 1965, 73 (1): 67-73.

[50] 马甜. 转型期自然垄断产业民营化进程与全要素生产率的变动——以中国电力产业为例 [J]. 当代财经, 2010, (2): 90-97.

[51] 简泽. 市场扭曲、跨企业的资源配置与制造业部门的生产率 [J]. 中国工业经济, 2011, (1): 58-68.

[52] 盖庆恩, 朱喜, 程名望, 史清华. 要素市场扭曲、垄断势力与全要素生产率 [J]. 经济研究, 2015, 50 (5): 61-75.

[53] 盛丹. 地区行政垄断与我国企业出口的"生产率悖论" [J]. 产业经济研究, 2013, (4): 70-80.

[54] 梁会君, 史长宽. 国内外贸易成本差异、行业要素密集度与我国出口"生产率悖论"——基于中国制造业动态面板数据 [J]. 山西财经大学学报, 2013, 35 (10): 54-67.

[55] MacKay P., Phillips G.. How Does Industry Affect Firm Financial Structure? [J]. Review of Financial Studies, 2005, 18 (4): 1433-1466.

[56] Bénabou R., Tirole J.. Incentives and Prosocial Behavior [J]. American Economic Review, 2006, 96 (5): 1652-1678.

[57] 余明桂, 潘红波. 金融发展、商业信用与产品市场竞争 [J]. 管理世界, 2010, (8): 117-129.

[58] Raith M.. Competition Risk and Managerial Incentives [J]. American Economic Review, 2003, 93 (4): 1425-1436.

[59] Jung H., Subramanian W. A.. CEO Talent CEO Compensation and Product Market Competition [J]. Journal of Financial Economics, 2017, 125 (1): 48-71.

[60] Gaspar J. M., Massa M.. Idiosyncratic Volatility and Product Market Competition [J]. The Journal of Business, 2006, 79 (6): 3125-3152.

[61] Ferreira M., Laux A.. Corporate Governance Idiosyncratic Risk and Information Flow [J]. The Journal of Finance, 2007, 62 (2): 951 - 989.

[62] Irvine P., Pontiff J. J.. Idiosyncratic Return Volatility Cash Flows and Product Market Competition [J]. The Review of Financial Studies, 2009, 22 (3): 1149 - 1177.

[63] 孔东民, 刘莎莎, 王亚男. 市场竞争、产权与政府补贴 [J]. 经济研究, 2013, 48 (2): 55 - 67.

[64] Bena J., Xu T.. Competition and Ownership Structure of Closely Held Firms [J]. The Review of Financial Studies, 2017, 30 (5): 1583 - 1626.

[65] Povel P. M., Raith. Financial Constraints and Product Market Competition: exante vs expost Incentives [J]. International Journal of Industrial Organization, 2004, 22 (7): 917 - 949.

[66] Pontuch P.. Financing Constraints Product Market Competition and Business Cycle Sensitivity [J]. Social Science Electronic Publishing, 2011: 1 - 54.

[67] Nickell S. J.. Competition and Corporate Performance [J]. Journal of Political Economy, 1996, 104 (4): 724 - 746.

[68] Aghion P., Howitt P.. A Model of Growth Through Creative Destruction [J]. Econometrica, 1992, 60 (2): 323 - 351.

[69] Peneder M.. Competition and Innovation: Revisiting the Inverted - U Relationship [J]. Journal of Industry Competition and Trade, 2012, 12 (1): 1 - 5.

[70] Scherer F. M.. Market Structure and the Employment of Scientists and Engineers [J]. The American Economic Review, 1967, 57 (3): 524 - 531.

[71] Levin R. C., Cohen M. W., Mowery C. D.. R&D Appropriability Opportunity and Market Structure: New Evidence on Some Schumpeterian Hypotheses [J]. The American Economic Review, 1985, 75 (2): 20 - 24.

[72] Scott J.. Firm Versus Industry Variability in R&D Intensity [M]. University of Chicago Press, 1984.

[73] Aghion P., Angeletos G. M., Banerjee A., et al. Volatility and Growth: Credit Constraints and Productivity – Enhancing Investment [J]. NBER Working Papers, 2005.

[74] Derrien F., Dessaint O.. The Effects of Investment Bank Rankings: Evidence from M&A League Tables [J]. Review of Finance, 2018, 22 (4): 1375 – 1411.

[75] 虞义华, 赵奇锋, 鞠晓生. 发明家高管与企业创新 [J]. 中国工业经济, 2018, (3): 136 – 154.

[76] Anelli M., Basso G., Ippedico G., et al. Youth Drain Entrepreneurship and Innovation [R]. National Bureau of Economic Research, 2019.

[77] 何瑛, 于文蕾, 戴逸驰, 王砚羽. 高管职业经历与企业创新 [J]. 管理世界, 2019, 35 (11): 174 – 192.

[78] Herrera A., Minetti M. R.. Informed Finance and Technological Change: Evidence from Credit Relationships [J]. Journal of Financial Economics, 2007, 83 (1): 223 – 269.

[79] Amore M. D., Schneider C., Žaldokas A.. Credit Supply and Corporate Innovation [J]. Journal of Financial Economics, 2013, 109 (3): 835 – 855.

[80] Chava S. A., Oettl A., et al. Banking Deregulation and Innovation [J]. Journal of Financial Economics, 2013, 109 (3): 759 – 774.

[81] Hsu P. H., Xuan Y., Yan X.. Financial Development and Innovation: Cross – Country Evidence [J]. Journal of Financial Economics, 2014, 112 (1): 116 – 135.

[82] Fu R., Kraft A., Zhang H.. Financial Reporting Frequency Information Asymmetry and the Cost of Equity [J]. Journal of Accounting and Economics, 2012, 54 (2 – 3): 132 – 149.

[83] He J., Tian X.. The Dark Side of Analyst Coverage: The Case of Innovation [J]. Journal of Financial Economics, 2013, 109 (3): 856-878.

[84] Fang V. W., Tian X., Tice S.. Does Stock Liquidity Enhance or Impede Firm Innovation? [J]. The Journal of Finance, 2014, 69 (5): 2085-2125.

[85] Tan Y. X., Tian X., Zhang X., Zhao H.. The Real Effects of Privatization: Evidence from China's Split Share Structure Reform [J]. Kelley School of Business Research Paper, 2015, 2014: 33.

[86] Bernstein S.. Does Going Public Affect Innovation? [J]. The Journal of Finance, 2015, 70 (4): 1365-1403.

[87] 田轩, 孟清扬. 股权激励计划能促进企业创新吗 [J]. 南开管理评论, 2018, 21 (3): 176-190.

[88] Agarwal V., Vashishtha R., Venkatachalam M.. Mutual Fund Transparency and Corporate Myopia [J]. The Review of Financial Studies, 2018, 31 (5): 1966-2003.

[89] 李常青, 李宇坤, 李茂良. 控股股东股权质押与企业创新投入 [J]. 金融研究, 2018, (7): 143-157.

[90] Manso G.. Motivating Innovation [J]. Journal of Finance, 2011, 66 (5): 1823-1860.

[91] Tian X., Wang T. Y.. Tolerance for Failure and Corporate Innovation [J]. The Review of Financial Studies, 2014, 27 (1): 211-255.

[92] Luong H., Moshirian F., Nguyen L., et al. How do Foreign Institutional Investors Enhance Firm Innovation? [J]. Journal of Financial and Quantitative Analysis, 2017, 52 (4): 1449-1490.

[93] Hashmi A. R.. Competition and Innovation: The Inverted-U Relationship Revisited [J]. Review of Economics and Statistics, 2013, 95 (5): 1653-1668.

[94] 张杰, 郑文平, 翟福昕. 竞争如何影响创新: 中国情景的新检

验 [J]. 中国工业经济, 2014, (11): 56 – 68.

[95] 吕云龙, 吕越. 上游垄断会阻碍"中国制造"的价值链跃升吗? ——基于价值链关联的视角 [J]. 经济科学, 2018, (6): 44 – 55.

[96] Grossman G., Shapiro M. C.. Dynamic R&D Programs [J]. Economic Journal, 1987, 97 (386): 372 – 387.

[97] 张杰, 张少军, 刘志彪. 多维技术溢出效应、本土企业创新动力与产业升级的路径选择——基于中国地方产业集群形态的研究 [J]. 南开经济研究, 2007, (3): 47 – 67 + 143.

[98] 杨风. 市场环境与研发投资——基于创业板上市公司的经验证据 [J]. 科学学研究, 2016, 34 (6): 896 – 905.

[99] Ayyagari M., Demirgüç – Kunt A., Maksimovic V.. Formal Versus Informal Finance: Evidence from China [J]. The Review of Financial Studies, 2010, 23 (8): 3048 – 3097.

[100] 齐兰, 王业斌. 国有银行垄断的影响效应分析——基于工业技术创新视角 [J]. 中国工业经济, 2013, (7): 69 – 80.

[101] Allen F.. Corporate Governance in Emerging Economies [J]. Oxford Review of Economic Policy, 2005, 21 (2): 164 – 177.

[102] 祝继高, 陆正飞. 产权性质、股权再融资与资源配置效率 [J]. 金融研究, 2011, (1): 131 – 148.

[103] 魏志华, 曾爱民, 李博. 金融生态环境与企业融资约束——基于中国上市公司的实证研究 [J]. 会计研究, 2014, (5): 73 – 80 + 95.

[104] 叶欣, 郭建伟, 冯宗宪. 垄断到竞争: 中国商业银行业市场结构的变迁 [J]. 金融研究, 2001, (11): 79 – 85.

[105] 蔡竞, 董艳. 银行业竞争与企业创新——来自中国工业企业的经验证据 [J]. 金融研究, 2016, (11): 96 – 111.

[106] 刘小玄, 李双杰. 制造业企业相对效率的度量和比较及其外生决定因素 (2000—2004) [J]. 经济学 (季刊), 2008, (3): 843 – 868.

[107] 樊纲, 王小鲁, 马光荣. 中国市场化进程对经济增长的贡献

[J]. 经济研究, 2011, 46 (9): 4-16.

[108] Lu Y., Yu L.. Trade Liberalization and Markup Dispersion: Evidence from China's WTO Accession [J]. American Economic Journal: Applied Economics, 2015, 7 (4), 221-253.

[109] Bloom N.M., Draca J., Van R.. Trade Induced Technical Change? The Impact of Chinese Imports on Innovation IT and Productivity [J]. The Review of Economic Studies, 2016, 83 (1): 87-117.

[110] 陈维涛, 严伟涛, 庄尚文. 进口贸易自由化、企业创新与全要素生产率 [J]. 世界经济研究, 2018, (8): 62-73+136.

[111] 刘晓宁, 刘磊. 贸易自由化对出口产品质量的影响效应——基于中国微观制造业企业的实证研究 [J]. 国际贸易问题, 2015, No. 392 (8): 14-23.

[112] 张莉, 朱光顺, 李夏洋, 王贤彬. 重点产业政策与地方政府的资源配置 [J]. 中国工业经济, 2017, (8): 63-80.

[113] 李骏, 刘洪伟, 万君宝. 产业政策对全要素生产率的影响研究——基于竞争性与公平性视角 [J]. 产业经济研究, 2017, (4): 115-126.

[114] 陈林, 朱卫平. 经济国有化与行政垄断制度的发展——基于制度变迁理论的经济史研究 [J]. 财经研究, 2012, 38 (3): 49-58.

[115] 丁茂中. 纵向垄断协议兜底条款的适用困境及其出路 [J]. 竞争政策研究, 2019, (2): 5-14.

[116] 过勇, 胡鞍钢. 行政垄断、寻租与腐败——转型经济的腐败机理分析 [J]. 经济社会体制比较, 2003, (2): 61-69+129.

[117] 许诺, 谢志华, 杨超. 分配视角下充实社保基金的思路与措施 [J]. 财政研究, 2020 (2): 69-79.

[118] 王俊豪, 王建明. 中国垄断性产业的行政垄断及其管制政策 [J]. 中国工业经济, 2007, (12): 30-37.

[119] Tsapelik V., Iakovlev A.. Monopoly in the Soviet Economy:

Sources Formsand Ways of Overcoming it [J]. Problems in Economics, 1991, 34 (1): 31 - 42.

[120] 杨兰品. 行政垄断问题研究述评 [J]. 经济评论, 2005, (6): 115 - 120.

[121] 贺卫, 王浣尘. 市场经济与转型期经济中的寻租比较 [J]. 经济科学, 1999, (6): 14 - 20.

[122] 许敬轩, 王小龙, 何振. 多维绩效考核、中国式政府竞争与地方税收征管 [J]. 经济研究, 2019, 54 (4): 33 - 48.

[123] 周黎安. 中国地方官员的晋升锦标赛模式研究 [J]. 经济研究, 2007, (7): 36 - 50.

[124] 张伟, 于良春. 行业行政垄断的形成及治理机制研究 [J]. 中国工业经济, 2011, (1): 69 - 78.

[125] 宫希魁. 论社会主义条件下的垄断 [J]. 经济问题探索, 1986, (9): 29 - 32.

[126] 田利辉, 张伟. 政治关联影响我国上市公司长期绩效的三大效应 [J]. 经济研究, 2013, 48 (11): 71 - 86.

[127] 范子英, 李欣. 部长的政治关联效应与财政转移支付分配 [J]. 经济研究, 2014, 49 (6): 129 - 141.

[128] 唐松, 孙铮. 政治关联、高管薪酬与企业未来经营绩效 [J]. 管理世界, 2014, (5): 93 - 105 + 187 - 188.

[129] 袁建国, 后青松, 程晨. 企业政治资源的诅咒效应——基于政治关联与企业技术创新的考察 [J]. 管理世界, 2015, (1): 139 - 155.

[130] 范子英, 彭飞, 刘冲. 政治关联与经济增长——基于卫星灯光数据的研究 [J]. 经济研究, 2016, 51 (1): 114 - 126.

[131] 丁启军, 伊淑彪. 中国行政垄断行业效率损失研究 [J]. 山西财经大学学报, 2008, (12): 42 - 47.

[132] 许开国. 地区性行政垄断与资本配置效率关系的实证 [J]. 山西财经大学学报, 2009, 31 (9): 43 - 50.

[133] 张柏杨. 垄断福利损失：理论、实证与反垄断政策 [D]. 西南财经大学, 2016.

[134] 宋则. 中国垄断现象的特殊性及特殊对策 [J]. 财贸经济, 1999, (2): 47-50.

[135] 余晖. 反垄断务必稳、准、狠 [J]. 工商行政管理, 2001, (9): 22-24.

[136] 高尚全. 加快推进垄断行业改革 [J]. 市场经济研究, 2004, (2): 10-15.

[137] 王会宗. 行政垄断行业的生产效率分析——以中国铁路运输业为例 [J]. 山西财经大学学报, 2009, 31 (4): 53-58.

[138] 魏庆文. 国有企业上游垄断对中国资源配置效率的影响研究 [D]. 山东大学, 2020.

[139] Slichter S. H.. Papers and Proceedings of the Sixty-second Annual Meeting of the American Economic Asociation Long-Term Economic Trends [J]. American Economic Review, 1950, 40 (2): 457-469.

[140] Shi X. C.. Monopoly Causes Inter-industry Wage Differentials [J]. China Economist, 2007, 06: 53-61.

[141] 李实, 罗楚亮. 中国城乡居民收入差距的重新估计 [J]. 北京大学学报（哲学社会科学版）, 2007, (2): 111-120.

[142] 管晓明, 李云娥. 行业垄断的收入分配效应——对城镇垄断部门的实证分析 [J]. 中央财经大学学报, 2007, (3): 66-70.

[143] 潘胜文. 我国典型垄断行业高收入状况的分析 [J]. 中州学刊, 2008, (1): 68-72.

[144] 吴敬琏. "寻租"理论与我国经济中的某些消极现象 [J]. 经济社会体制比较, 1988, (5): 1-2.

[145] 俞燕山. 关于进一步破除垄断问题的研究 [J]. 改革, 2002, (5): 15-22.

[146] 胡鞍钢, 过勇. 公务员腐败成本—收益的经济学分析 [J]. 经

济社会体制比较, 2002, (4): 33-41.

[147] 许新华, 罗清和. 行政垄断的经济学分析: 根源、损失及破除 [J]. 深圳大学学报 (人文社会科学版), 2015, 32 (3): 116-122.

[148] 杨兰品. 中国转型时期垄断问题研究 [J]. 经济评论, 1999, (4): 45-51.

[149] 付强. 地区行政垄断、技术进步与粗放型经济增长——基于我国1978—2006年技术进步的实证测算 [J]. 经济科学, 2008, (5): 69-80.

[150] 严海宁, 汪红梅. 国有企业利润来源解析: 行政垄断抑或技术创新 [J]. 改革, 2009, (11): 128-133.

[151] 许新华. 行政垄断影响技术创新吗? ——基于工业行业的实证分析 [J]. 江西社会科学, 2016, 36 (6): 61-67.

[152] Schumpeter J. A.. The Theory of Economic Development [M]. Harvard University Press, 1912.

[153] Romer P. M.. Increasing Return and Long-Run Growth [J]. Journal of Political Economy, 1986, 94 (5): 1002-1037.

[154] Lucas R. E.. On the Mechanics of Economic Development [J]. Journal of Monetary Economics, 1988, 22 (1): 3-42.

[155] Chun H. J., Kim R., Morck B., Yeung. Creative Destruction and Firm-Specific Performance Heterogeneity [J]. Journal of Financial Economics, 2008, 89 (1): 109-135.

[156] Fogel K., Morck R., Yeung B.. Big Business Stability and Economic Growth: Is what's Good for General Motors Good for America? [J]. Journal of Financial Economics, 2008, 89 (1): 83-108.

[157] 姚先国, 张海峰. 教育、人力资本与地区经济差异 [J]. 经济研究, 2008 (5): 47-57.

[158] Aghion P., Howitt P.. Appropriate Growth Policy: A Unifying Framework [J]. Journal of the European Economic Association, 2006, 4

(2-3): 269-314.

[159] 陈钰芬, 陈劲. 开放式创新促进创新绩效的机理研究 [J]. 科研管理, 2009, 30 (4): 1-9+28.

[160] 丁重, 张耀辉. 制度倾斜、低技术锁定与中国经济增长 [J]. 中国工业经济, 2009, (11): 16-24.

[161] 周绍东. 中国工业企业技术创新与行政性进入退出壁垒 [J]. 中国经济问题, 2008, (2): 56-60.

[162] 张耀辉, 蔡晓珊. 行政垄断、放松规制与产业绩效——基于原油开采业的实证分析 [J]. 当代财经, 2008, (2): 80-86.

[163] Wurgler J.. Financial markets and the allocation of capital [J]. Journal of Financial Economics, 2000, 58 (1-2): 187-214.

[164] Almeida H., Wolfenzon D.. The Effect of External Finance on the Equilibrium Allocation of Capital [J]. Social Science Electronic Publishing, 2005, 75 (1): 133-164.

[165] 靳来群, 林金忠, 丁诗诗. 行政垄断对所有制差异所致资源错配的影响 [J]. 中国工业经济, 2015 (4): 31-43.

[166] 韩立岩, 王哲兵. 我国实体经济资本配置效率与行业差异 [J]. 经济研究, 2005, (1): 77-84.

[167] 曾五一, 赵楠. 中国区域资本配置效率及区域资本形成影响因素的实证分析 [J]. 数量经济技术经济研究, 2007, (4): 35-42.

[168] 方军雄. 市场化进程与资本配置效率的改善 [J]. 经济研究, 2006 (5): 50-61.

[169] 徐朝阳, 周念利. 市场结构内生变迁与产能过剩治理 [J]. 经济研究, 2015, 50 (2): 75-87.

[170] 余东华, 吕逸楠. 政府不当干预与战略性新兴产业产能过剩——以中国光伏产业为例 [J]. 中国工业经济, 2015, (10): 53-68.

[171] 江飞涛, 曹建海. 市场失灵还是体制扭曲——重复建设形成机理研究中的争论、缺陷与新进展 [J]. 中国工业经济, 2009, (1): 53-

64.

[172] 余东华, 邱璞. 产能过剩、进入壁垒与民营企业行为波及 [J]. 改革, 2016, (10): 54-64.

[173] Sweezy P M.. More (or Less) on Globalization [J]. Monthly Review, 1997, 49 (4): 1.

[174] Tornell A., Velasco A.. Wages Profit and Capital Flight [J]. Economics & Politics, 2010, 3 (3): 219-237.

[175] 杜勇, 张欢, 陈建英. 金融化对实体企业未来主业发展的影响: 促进还是抑制 [J]. 中国工业经济, 2017, (12): 113-131.

[176] 漆多俊. 中国反垄断立法问题研究 [J]. 法学评论, 1997 (4): 56-60.

[177] 郭宗杰. 行政性垄断之问题与规制 [M]. 法律出版社, 2007.

[178] 胡汝银. 热话重组 [J]. 政策与管理, 1998 (4): 4-7.

[179] 郑鹏程. 行政垄断的法律控制研究 [M]. 北京大学出版社, 2002.

[180] 薛克鹏. 行政垄断的非垄断性及其规制 [J]. 天津师范大学学报 (社会科学版), 2007 (3): 9-14.

[181] 孟雁北. 滥用相对经济优势地位行为的反垄断法研究 [J]. 法学家, 2004 (6): 82-88.

[182] 王雄元, 何捷. 行政垄断、公司规模与 CEO 权力薪酬 [J]. 会计研究, 2012, (11): 33-38.

[183] 顾振华, 陈强远. 中央和地方的双重政策保护与产能过剩 [J]. 财经研究, 2017, 43 (11): 84-97.

[184] 葛晶, 李勇. 行政垄断视角下人力资本错配的成因及其解释 [J]. 中南财经政法大学学报, 2019, (5): 43-52.

[185] Gugler K. P., Mueller D. C., Yurtoglu B. B.. Separating the Wealth and Entrenchment Effects of Insider Ownership on Investment Performance [J]. Social Science Electronic Publishing, 2004.

[186] Mueller D. C., Peev E.. Corporate Governance and Investment in Central and Eastern Europe [J]. Journal of Comparative Economics, 2007, 35 (2): 414-437.

[187] Richardson S.. Over-Investment of Free Cash Flow [J]. Review of Accounting Studies, 2006, 11 (2-3): 159-189.

[188] Myers S. C., Majluf N. S.. Corporate Financing and Investment Decisions When Firms Have Information That Investors Do Not Have [J]. Journal of Financial Economics, 984, 13, 187-221.

[189] Jensen M. C., Meckling W. H.. Theory of the Firm: Managerial Behavior, Agency Costs and Ownership Structure [J]. Journal of Financial Economics, 1976, 3 (4), 305-360.

[190] Pfeffer J., Salancik G. R.. The External Control of Organizations: A Resource Dependence Perspective [M]. New York: Harper & Row, 1978.

[191] Shaffer B.. Firm-level responses to government regulation: theoretical and research approaches [J]. Journal of Management, 1995, 21 (3): 495-514.

[192] 裴广一. 论有效市场与有为政府：理论演进、历史经验和实践内涵 [J]. 甘肃社会科学, 2021, (6): 213-221.

[193] 叶光亮, 程龙, 张晖. 竞争政策强化及产业政策转型影响市场效率的机理研究——兼论有效市场与有为政府 [J]. 中国工业经济, 2022 (1): 74-92.

[194] 厉以宁. 实现两个根本性转变的思考 [J]. 中州学刊, 1996, (6): 12-15+52.

[195] 李建伟, 王伟进. 我国经济社会转型与社会治理创新 [J]. 经济纵横, 2019, 12: 33-50.

[196] 谢冬水. 经济社会转型与农村土地产权变迁：中国的经验证据 [J]. 华中科技大学学报：社会科学版, 2020, 34 (4): 74-84.

[197] 殷德生. 中国式经济赶超与结构转型：规律及原创性理论

[J]. 学术月刊，2021.

[198] 中国经济增长前沿课题组，张平，刘霞辉，袁富华，王宏淼，陆明涛，张磊. 中国经济增长的低效率冲击与减速治理 [J]. 经济研究，2014，49（12）：4-17+32.

[199] 陈钊，徐彤. 走向"为和谐而竞争"：晋升锦标赛下的中央和地方治理模式变迁 [J]. 世界经济，2011，34（9）：3-18.

[200] 姚洋，张牧扬. 官员绩效与晋升锦标赛——来自城市数据的证据 [J]. 经济研究，2013，48（1）：137-150.

[201] 朱凤涛，李仕明，杜义飞. 关于价值链，产业链和供应链的研究辨识 [J]. 管理学家：学术版，2008，（4）：373-380.

[202] 李杰义. 东部与中部产业对接机理及其政策建议——基于产业链视角的分析 [J]. 求实，2009，（8）：47-49.

[203] 董晓庆，袁朋伟，赵坚. 垄断损失的本质 [J]. 济南大学学报（社会科学版），2017，27（3）.

[204] 周雪峰，韩永飞. 垄断对企业创新质量的影响：抑制或促进 [J]. 财会月刊，2021，（17）：98-106.

[205] 秦朵，宋海岩. 改革中的过度投资需求和效率损失——中国分省固定资产投资案例分析 [J]. 经济学（季刊），2003，（3）：807-832.

[206] 王贤彬，徐现祥. 地方官员晋升竞争与经济增长 [J]. 经济科学，2010，（6）：42-58.

[207] 付文林，耿强. 税收竞争、经济集聚与地区投资行为 [J]. 经济学（季刊），2011，10（4）：1329-1348.

[208] 何青. 我国上市公司的投资行为研究：基于新古典理论的检验 [J]. 当代财经，2006，（2）：25-31.

[209] 俞乔，陈剑波，杨江，张玮. 非国有企业投资行为研究 [J]. 经济学（季刊），2002，（2）：501-520.

[210] 徐明东，陈学彬. 货币环境、资本充足率与商业银行风险承担 [J]. 金融研究，2012，（7）：489+50-62.

[211] 王义中，宋敏. 宏观经济不确定性、资金需求与公司投资 [J]. 经济研究，2014，49（2）：4-17.

[212] 李凤羽，杨墨竹. 经济政策不确定性会抑制企业投资吗？——基于中国经济政策不确定指数的实证研究 [J]. 金融研究，2015，（4）：115-129.

[213] 饶品贵，岳衡，姜国华. 经济政策不确定性与企业投资行为研究 [J]. 世界经济，2017，40（2）：27-51.

[214] Roll R.. The Hubris Hypothesis of Corporate Takeovers [J]. The Journal of Business, 1986, 59 (2): 437-467.

[215] Malmendier U. G., Tate A.. CEO Overconfidence and Corporate Investment [J]. Journal of Finance, 2005, 60 (6): 2661-2700.

[216] Heaton, J. B.. Managerial Optimism and Corporate Finance [J]. Financial Management, 2002, 31 (2): 33-45.

[217] Blanchard O. J., Lopez-de-Silanes F., Shleifer A.. What Do Firms Do with Cash Windfalls [J]. Journal of Financial Economics, 1994, 36 (3): 337-360.

[218] 徐倩. 不确定性、股权激励与非效率投资 [J]. 会计研究，2014（3）：41-48+95.

[219] Arrighi G.. The Long Twentieth Century [M]. Verso Books, 1994.

[220] Adler M., Stevens G. V. G.. The Trade Effects of Direct Investment [J]. The Journal of Finance. 1974, 29 (2): 655-676.

[221] Buckley P. J., Casson M.. Alternative Theories of the Multinational Enterprise [C]. In: The Future of the Multinational Enterprise [M]. London: Palgrave Macmillan, 1976.

[222] 张成思，张步昙. 中国实业投资率下降之谜：经济金融化视角 [J]. 经济研究，2016，51（12）：32-46.

[223] 王鑫. 新贸易保护主义盛行背景下我国投资替代贸易战略研究

[J]. 中国市场, 2017, No. 933 (14): 317-318.

[224] 张艳萍. 国际贸易与国际直接投资相互关系理论综述 [J]. 山西农经, 2018 (13): 14-16.

[225] Centre for International Economics. Guidelines for NCP legislation reviews 1999 (prepared for NCC) [EB/OL]. Hereinafter Guideline for NCP LR, 2007: 38-52.

[226] 任曙明, 张静. 补贴, 寻租成本与加成率——基于中国装备制造企业的实证研究 [J]. 管理世界, 2013, (10): 118-129.

[227] 魏下海, 董志强, 金钊. 腐败与企业生命力: 寻租和抽租影响开工率的经验研究 [J]. 世界经济, 2015, 38 (1): 105-125.

[228] 夏后学, 谭清美, 白俊红. 营商环境、企业寻租与市场创新——来自中国企业营商环境调查的经验证据 [J]. 经济研究, 2019, 54 (4): 84-98.

[229] 孟雁北. 我国垄断行业规制行为之公平竞争审查问题研究 [J]. 价格理论与实践, 2018, (11): 25-29.

[230] 熊凯军. 营商环境、政府支持与企业创新产出效率——基于技术比较优势的视角 [J]. 首都经济贸易大学学报, 2020, 22 (6): 83-93.

[231] 刘宏, 刘玉伟, 张佳. 对外直接投资、创新与出口产品质量升级——基于中国微观企业的实证研究 [J]. 国际商务 (对外经济贸易大学学报), 2020, (3): 100-114.

[232] 刘军, 付建栋. 营商环境优化, 双重关系与企业产能利用率 [J]. 上海财经大学学报, 2019, 21 (4): 70.

[233] 杨进, 张攀. 地区法治环境与企业绩效——基于中国营商环境调查数据的实证研究 [J]. 山西财经大学学报, 2018, 9: 1-17.

[234] 刘星, 吴先聪. 机构投资者异质性, 企业产权与公司绩效——基于股权分置改革前后的比较分析 [J]. 中国管理科学, 2011, 19 (5): 182-192.

[235] 潘攀, 邓超, 邱煜. 经济政策不确定性, 银行风险承担与企业

投资 [J]. 财经研究, 2020, 46 (2): 67-81.

[236] 何青, 李皓鹏. 融资约束, 现金持有量与企业投资时机选择 [J]. 南开经济研究, 2013, (3): 67-82.

[237] 刘端, 彭媛, 罗勇, 等. 现金持有在企业投资支出中的平滑作用——基于融资约束的视角 [J]. 中国管理科学, 2015, 23 (1): 10-16.

[238] 王碧珺, 谭语嫣, 余淼杰, 等. 融资约束是否抑制了中国民营企业对外直接投资 [J]. 世界经济, 2015, 12: 54-78.

[239] 刘莉亚, 何彦林, 王照飞, 等. 融资约束会影响中国企业对外直接投资吗？——基于微观视角的理论和实证分析 [J]. 金融研究, 2015 (8): 124-140.

[240] 王彦超. 融资约束, 现金持有与过度投资 [J]. 金融研究, 2009 (7): 121-133.

[241] 王彦超. 金融抑制与商业信用二次配置功能 [J]. 经济研究, 2014, 49 (6): 86-99.

[242] 王永钦, 李蔚, 戴芸. 僵尸企业如何影响了企业创新？——来自中国工业企业的证据 [J]. 经济研究, 2018, 53 (11): 99-114.

[243] 张栋, 谢志华, 王靖雯. 中国僵尸企业及其认定——基于钢铁业上市公司的探索性研究 [J]. 中国工业经济, 2016, (11): 90-107.

[244] 高尚全. 深化政府改革是贯彻科学发展观的关键 [J]. 中国改革, 2004, (10): 9-14.

[245] 周绍东. 中国工业企业技术创新与行政性进入退出壁垒 [J]. 内蒙古社会科学 (汉文版), 2008, (4): 78-81.

[246] 张前程. 基准利率调整与企业投资行为——来自中国上市公司的经验证据 [J]. 投资研究, 2014, 33 (2): 22-32.

[247] 李广众. 中国的实际利率与投资分析 [J]. 中山大学学报 (社会科学版), 2000, (1): 89-95.

[248] 王军. 中国投资函数的实证分析 [J]. 当代经济科学, 2001 (3): 19-24.

[249] 赵晓男, 刘霄. 货币政策对我国投资水平影响的实证分析 [J]. 中央财经大学学报, 2007, (4): 26-31.

[250] 任碧云, 杨雪梅. 论中国货币供应量对投资与消费的影响——基于股票市场途径的分析 [J]. 现代财经（天津财经大学学报）, 2012, 32 (1): 15-25.

[251] 李治国. 上市公司对外关联担保与公司治理的相关性——基于股权分置改革的背景 [J]. 山西财经大学学报, 2010, 32 (6): 98-104.

[252] 李泽广, 刘宇. 信贷支持机制与行业投资配置效率——基于市场化视角的实证研究 [J]. 财贸经济, 2009, (10): 20-24.

[253] 黄蓉. 中国固定资产投资的金融驱动力实证研究 [J]. 财经理论与实践, 2012, 33 (4): 49-52.

[254] 朱红军, 何贤杰, 陈信元. 金融发展、预算软约束与企业投资 [J]. 会计研究, 2006, (10): 64-71+96.

[255] 李斌, 江伟. 金融发展、融资约束与企业成长 [J]. 南开经济研究, 2006, (3): 68-78.

[256] 沈红波, 寇宏, 张川. 金融发展、融资约束与企业投资的实证研究 [J]. 中国工业经济, 2010, (6): 55-64.

[257] 刘慧龙, 王成方, 吴联生. 决策权配置、盈余管理与投资效率 [J]. 经济研究, 2014, 49 (8): 93-106.

[258] Levinsohn, J., Petrin A.. Estimating Production Functions Using Inputs to Control for Unobservables. Review of Economic Studies, 2003, 2: 317-341.

[259] 陆铭, 陈钊. 分割市场的经济增长——为什么经济开放可能加剧地方保护? [J]. 经济研究, 2009, 44 (3): 42-52.

[260] 陈汝影, 余东华. 资本深化、有偏技术进步与制造业全要素生产率 [J]. 现代经济探讨, 2020, (6): 62-69.

[261] 代中强, 刘从军. 知识产权保护、地区行政垄断与技术进步 [J]. 国际贸易问题, 2011, (4): 126-134.

[262] Whited T. M., Wu G.. Financial Constraints Risk [J]. Review of Financial Studies, 2006, 19 (2), 531-559.

[263] Doidge C., Karolyi G. A., Stulz R. M.. Why Do Country Characteristics Matter so much for Corporate Governance [J]. G Andrew Karolyi, 2010, 86 (1): 1-39.

[264] 胡奕明, 王雪婷, 张瑾. 金融资产配置动机: "蓄水池"或"替代"?——来自中国上市公司的证据 [J]. 经济研究, 2017, 52 (1): 181-194.

[265] Orhangazi O.. Financialization of the U. S. Economy and its Effects on Capital Accumulation: A Theoretical and Empirical Investigation [D]. Dissertations & Theses-Gradworks, 2006.

[266] 张成思. 金融计量学: 时间序列分析视角 [M]. 中国人民大学出版社, 2016.

[267] 谢家智, 王文涛, 江源. 制造业金融化、政府控制与技术创新 [J]. 经济学动态, 2014, (11): 78-88.

[268] 王红建, 曹瑜强, 杨庆, 等. 实体企业金融化促进还是抑制了企业创新——基于中国制造业上市公司的经验研究 [J]. 南开管理评论, 2017, 20 (1): 155-166.

[269] 彭俞超, 韩珣, 李建军. 经济政策不确定性与企业金融化 [J]. 中国工业经济, 2018, (1): 137-155.

[270] 陶晓慧, 钱淑琼, 林子昂. 资本市场开放与企业金融化——基于"沪港通"的准自然实验 [J]. 财会通讯, 2021, (6): 19-23.

[271] 杜勇, 何硕颖, 陈建英. 企业金融化影响审计定价吗 [J]. 审计研究, 2019, (4): 101-110.

[272] Baum C. F., Caglayan M., Ozkan N.. The Impact of Macroeconomic Uncertainty on Cash Holdings for Non-Financial Firms [J]. Review of Financial Economics, 2004, 15 (4): 289-304.

[273] Denis D. J., Sibilkov V.. Financial Constraints Investment and the

Value of Cash Holdings [J]. Social Science Electronic Publishing. 2009, 23 (1): 247-269.

[274] 朱映惠, 邵旭方. 宏观经济不确定性视角下实体企业金融资产配置动机 [J]. 金融监管研究, 2019, (7): 34-52.

[275] 王爱俭, 林楠. 中国外汇储备投资多样化研究 [J]. 现代财经 (天津财经大学学报), 2007, (3): 3-8.

[276] 托马斯·帕利, 房广顺 (译), 车艳秋 (译), 等. 金融化: 涵义和影响 [J]. 国外理论动态, 2010, (8): 8-20.

[277] 于连超, 张卫国, 毕茜. 产业政策与企业"脱实向虚": 市场导向还是政策套利 [J]. 南开管理评论, 2021, 24 (4): 128-142.

[278] 刘帷韬, 杨霞, 刘伟. 产业政策抑制了实体公司金融化吗——来自中国A股上市公司的证据 [J]. 广东财经大学学报, 2021, 36 (1): 37-49.

[279] 徐经长, 曾雪云. 公允价值计量与管理层薪酬契约 [J]. 会计研究, 2010, (3): 12-19+96.

[280] 邓超, 刘亦涵. 风投机构行业专业化投资强度对企业创新能力的影响 [J]. 科技进步与对策, 2017, 340 (5): 80-85.

[281] 李华民, 邓云峰, 吴非. 如何治理企业脱实向虚? ——基于利率市场化改革的效用识别, 异质性特征与机制检验 [J]. 财经理论与实践, 2020, 41 (4): 9-17.

[282] 吴一丁, 陈甜甜. 现金流风险对非金融企业金融化的影响研究——来自A股市场的经验证据 [J]. 金融与经济, 2020, (2): 24-30.

[283] 王虹, 何佳, 万旭仙. 行业锦标赛激励是否刺激了企业金融化 [J]. 现代财经 (天津财经大学学报), 2021, 41 (6): 3-19.

[284] 柳永明, 罗云峰. 外部盈利压力, 多元化股权投资与企业的金融化 [J]. 财经研究, 2019, 45 (3): 74-85.

[285] 任灿灿, 郭泽光, 田智文. 员工持股计划能抑制企业脱实向虚吗? [J]. 现代财经: 天津财经大学学报, 2021, (5): 46-67.

[286] 孟庆斌, 侯粲然. 社会责任履行与企业金融化——信息监督还是声誉保险 [J]. 经济学动态, 2020 (2): 45-58.

[287] 龚光明, 肖冰瑜. 海外背景董事与实体企业金融化 [J]. 工业技术经济, 2020, 39 (9): 9.

[288] 杜勇, 王婷. 管理者金融危机经历影响企业金融化水平吗？——基于中国上市公司的实证研究 [J]. 商业经济与管理, 2019, (8): 58-71.

[289] 韩忠雪, 高心仪. 家族企业多行业经营与股东财富增值——基于家族治理的调节作用 [J]. 经济与管理评论, 2021, 37 (3): 83-97.

[290] 梁上坤, 徐灿宇, 赵刚. 董事会断裂带与高管私有收益 [J]. 经济科学, 2021 (1): 69-82.

[291] 刘涛, 张连增. 去杠杆对我国保险公司的影响与建议 [J]. 未来与发展, 2018 (2): 64-67.

[292] 顾海峰, 高水文. 盈余管理促进了商业银行流动性创造吗？——外部审计质量和货币政策的调节作用 [J]. 国际金融研究, 2020, (9): 10.

[293] 李顺彬, 韩平. 我国实体企业金融化的宏观经济影响因素研究 [J]. 新经济, 2019 (11): 50-54.

[294] 张卫国, 董晋亭, 于连超, 等. 货币政策不确定性与企业金融化 [J]. 财会月刊, 2020 (10): 128-136.

[295] 孙华妤, 郑莉萍, 廖佳. 货币政策、信贷期限结构与企业金融化 [J]. 国际金融研究, 2021 (8): 13-21.

[296] 褚敏, 靳涛. 政府悖论、国有企业垄断与收入差距——基于中国转型特征的一个实证检验 [J]. 中国工业经济, 2013 (2): 18-30.

[297] 刘瑞明, 石磊. 上游垄断、非对称竞争与社会福利——兼论大中型国有企业利润的性质 [J]. 经济研究, 2011, 46 (12): 86-96.

[298] 王永进, 刘灿雷. 国有企业上游垄断阻碍了中国的经济增长？——基于制造业数据的微观考察 [J]. 管理世界, 2016 (6): 10-21

+187.

[299] Song Z., Kjetil S., Fabrizio Z.. Growing Like China [J]. American Economic Review, 2011, 101 (1): 196-233.

[300] 康妮, 陈林. 行政垄断加剧了企业生存风险吗? [J]. 财经研究, 2017, 43 (11): 17-29.

[301] Antrás P., Davin C., Thibault F., Russell H.. Measuring the Upstreamness of Production and Trade Flows [J]. American Economic Review, 2012, 102 (3): 412-416.

[302] 邓路. 投资者异质信念与定向增发股价长期市场表现 [J]. 会计研究, 2014, (11): 38-45+96.

[303] 邓路, 徐睿阳, 谷宇, 等. 管理者过度自信、海外收购及其经济后果——基于"兖州煤业"的案例研究 [J]. 管理评论, 2016, 28 (11): 252-263.

[304] Lamont O. A., Polk C.. The Diversification Discount: Cash Flows Versus Returns [J]. Journal of Finance, 2001, 56 (5): 1693-1721.

[305] Hadlock C. J., Pierce J. R.. New Evidence on Measuring Financial Constraints: Moving Beyond the KZ Index [J]. Review of Financial Studies, 2010, 23 (5): 1909-1940.

[306] Rangan K. P., Flannery M. J.. Partial Adjustments towards Target Capital [J]. Journal of Financial Economics, 2006, 79 (3): 469-506.

[307] 陆正飞, 杨德明. 商业信用: 替代性融资, 还是买方市场? [J]. 管理世界, 2011 (4): 6-14+45.

[308] 魏志华, 林亚清, 吴育辉等. 家族企业研究: 一个文献计量分析 [J]. 经济学 (季刊), 2014, 13 (1): 27-56.

[309] 彭中文. 货币政策, 内部治理与企业非效率投资——基于装备制造业上市公司的研究 [J]. 财经问题研究, 2016 (8): 44-49.

[310] 王善平, 彭莉莎. 国企高杠杆, 影子银行活动对R&D投入的挤出效应研究 [J]. 湘潭大学学报: 哲学社会科学版, 2018, 42 (3):

51-56.

[311] Holmstrom B.. Agency Costs and Innovation [J]. Journal of Economic Behavior & Organization, 1989, 12 (3): 305-327.

[312] 褚茂康, 左天燕, 王帆. 基于混合所有制经济改革的央企内部控制完善研究 [J]. 财政监督, 2020 (7): 91-95.

[313] 王燕妮. 高管激励对研发投入的影响研究——基于我国制造业上市公司的实证检验 [J]. 科学学研究, 2011, 29 (7): 1071-1078.

[314] 席龙胜, 张欣. 经济政策不确定性、高管激励与企业研发投入——基于沪深A股上市公司的平衡面板数据 [J]. 河南师范大学学报 (哲学社会科学版), 2021, 48 (3): 90-99.

[315] 翟淑萍, 毕晓方. 高管持股、政府资助与高新技术企业研发投资——兼议股权结构的治理效应 [J]. 科学学研究, 2016, 34 (9): 1371-1380.

[316] 苗淑娟. 吉林省科技型企业不同阶段资源获取战略研究. 吉林大学, 2018-07-05.

[317] 梁毕明, 齐聪俐. 高管激励还是市场竞争促进了研发投入 [J]. 税务与经济, 2019 (2): 56-63.

[318] 王楠, 苏杰, 黄静. CEO权力异质性视角下政府资助对创业板企业研发投入的影响研究 [J]. 管理学报, 2017, 14 (8): 1199-1207.

[319] 张栓兴, 邓杨娟, 温岩泽. CEO权力、研发投入和企业社会责任 [J]. 生产力研究, 2017 (11): 103-107+161.

[320] 苏方国, 卢宁, 罗旖顾, 高慧如. "资源福音"还是"资源诅咒"——政治关联、税收优惠对企业研发投入的影响 [J]. 广西社会科学, 2017 (10): 126-131.

[321] 严若森, 姜潇. 关于制度环境、政治关联、融资约束与企业研发投入的多重关系模型与实证研究 [J]. 管理学报, 2019, 16 (1): 72-84.

[322] 杨孝安, 程振, 陈宝东, 范佳佳. 政治关联、股权集中度与企

业绩效——基于民营房地产 A 股上市公司的实证分析 [J]. 西安工程大学学报，2019，33（5）：588－594.

[323] 梁彤缨，金镇城，苏德贵. 所有制性质、研发投入与企业社会责任 [J]. 科技管理研究，2016，36（7）：256－262.

[324] 邓若冰. 产权性质、政府补贴与企业研发投入——基于政治寻租视角 [J]. 软科学，2018，32（3）：5－9.

[325] 舒谦，陈治亚. 治理结构、研发投入与公司绩效——基于中国制造型上市公司数据的研究 [J]. 预测，2014，33（3）：45－50.

[326] 马嫣然，蔡建峰，王淼. 风险投资背景、持股比例对初创企业技术创新产出的影响——研发投入的中介效应 [J]. 科技进步与对策，2018，35（15）：1－8.

[327] 孙早，肖利平. 产业特征、公司治理与企业研发投入——来自中国战略性新兴产业 A 股上市公司的经验证据 [J]. 经济管理，2015，37（8）：23－34.

[328] 肖利平. 公司治理如何影响企业研发投入？——来自中国战略性新兴产业的经验考察 [J]. 产业经济研究，2016（1）：60－70.

[329] 张林刚，施小维，熊焰. 海外背景董事对企业社会责任缺失行为的改善作用 [J]. 哈尔滨商业大学学报（社会科学版），2020，（1）：34－49.

[330] 陈仲常，余翔. 企业研发投入的外部环境影响因素研究——基于产业层面的面板数据分析 [J]. 科研管理，2007（2）：78－84＋123.

[331] 沈弋，徐光华，钱明. 双元创新动因、研发投入与企业绩效——基于产权异质性的比较视角 [J]. 经济管理，2016，38（2）：69－80.

[332] 谢申祥，张铭心，黄保亮. 反倾销壁垒对我国出口企业生产率的影响 [J]. 数量经济技术经济研究，2017，34（2）：105－120.

[333] 康志勇，汤学良，刘馨. "鱼与熊掌能兼得"吗？——市场竞争、政府补贴与企业研发行为 [J]. 世界经济文汇，2018（4）：101－117.

[334] Dasgupta P. , Stiglitz J. . Industrial Structure and the Nature of In-

novative Activity [J]. Economic Journal, 1980, 90 (358): 226-293.

[335] 张耘, 钟少颖. 上市企业研发投入的现状和影响因素研究——基于跨行业数据的分析 [J]. 中国科技论坛, 2014 (3): 92-98.

[336] 王昀, 孙晓华. 加价能力、行业结构与企业研发投资——市场势力与技术创新关系的再检验 [J]. 科研管理, 2018, 39 (6): 141-149.

[337] Walicka A., Falicki J.. Reynolds Number Effects in the flow of an Electrorheological Fluid of a Casson Type between Fixed Surfaces of Revolution [J]. Applied Mathematics and Computation, 2015, 250: 636-649.

[338] 李昊洋, 程小可, 高升好. 税收激励影响企业研发投入吗？——基于固定资产加速折旧政策的检验 [J]. 科学学研究, 2017, 35 (11): 1680-1690.

[339] 李香菊, 杨欢. 助推我国经济高质量发展的税收优化研究 [J]. 税务研究, 2019, (5): 18-24.

[340] 邢斐, 王红建. 企业规模、市场竞争与研发补贴的实施绩效 [J]. 科研管理, 2018, 39 (7): 43-49.

[341] 俞立平, 钟昌标. 创新政策、研发补贴对企业研发投入的影响研究——机理、大小、规律 [J]. 数理统计与管理, 2020, 39 (6): 1060-1072.

[342] 芮明杰, 韩佳玲. 产业政策对企业研发创新的影响研究——基于促进创新型产业政策"信心效应"的视角 [J]. 经济与管理研究, 2020, 41 (9): 78-97.

[343] 苏子逢, 张笑. 政策"目标—工具"视角下政府创新补贴对企业研发投入的影响 [J]. 科技进步与对策, 2020, 37 (19): 133-140.

[344] 齐秀辉, 武志勇. 创新驱动视角下大中型工业企业创新能力动态综合评价 [J]. 科技进步与对策, 2015, 32 (21): 114-119.

[345] 曹阳, 易其其. 政府补助对企业研发投入与绩效的影响——基于生物医药制造业的实证研究 [J]. 科技管理研究, 2018, 38 (1): 40-

46.

［346］陈丽霖，冯星昱. 基于 IT 行业的治理结构、R&D 投入与企业绩效关系研究［J］. 研究与发展管理，2015，27（3）：45 – 56.

［347］尚洪涛，黄晓硕. 政府补贴、研发投入与创新绩效的动态交互效应［J］. 科学学研究，2018，36（3）：446 – 455 + 501.

［348］Blundell R. R., Griffith J., Reenen V.. Market Share Market Value and Innovation in a Panel of British Manufacturing Firms［J］. The Review of Economic Studies，1999，66（3）：529 – 554.

［349］刘诗源，林志帆，冷志鹏. 税收激励提高企业创新水平了吗？——基于企业生命周期理论的检验［J］. 经济研究，2020，55（6）：105 – 121.

［350］Tinbergen J.. Zur Theorie der langfristigen Wirtschafts entwicklung［J］. Weltwirtsch – aftliches Archiv. 1942. 55：511 – 549.

［351］Romer P. M.. Endogenous Technological Change［J］. Journal of Political Economy，1990，98（5）：71 – 99.

［352］才国伟，杨豪. 外商直接投资能否改善中国要素市场扭曲［J］. 中国工业经济，2019，（10）：42 – 60.

［353］张杰，周晓艳. 中国本土企业为何不创新——基于市场分割视角的一个解读［J］. 山西财经大学学报，2011，33（6）：82 – 93.

［354］张杰，周晓艳，李勇. 要素市场扭曲抑制了中国企业 R&D？［J］. 经济研究，2011，46（8）：78 – 91.

［355］Olley G S, Pakes A. The dynamics of productivity in the telecommunications equipment industry［J］. Econometrica，1996，64（6）：1263 – 1297.

［356］鲁晓东，连玉君. 中国工业企业全要素生产率估计：1999—2007［J］. 经济学（季刊），2012，11（2）：541 – 558.

［357］Solow R. M. Technical Change and the Aggregate Production Function. The Review of Economics and Statistics，1957，39（3）：312 – 320.

[358] De Loecker J., Frederic W.. Markups and Firm – Level Export Status [J]. American Economic Review, 2012, 102 (6): 2437 – 2471.

[359] 王贵东. 中国制造业企业的垄断行为: 寻租型还是创新型 [J]. 中国工业经济, 2017, (3): 83 – 100.

[360] 王贵东, 周京奎. 中国制造业企业垄断势力测度——兼论市场边界 [J]. 经济评论, 2017, (4): 30 – 44.

[361] 翟胜宝, 易旱琴, 郑洁, 唐玮, 曹学勤. 银企关系与企业投资效率——基于我国民营上市公司的经验证据 [J]. 会计研究, 2014, (4): 74 – 80 + 96.